JN426882

영재 유득공의

영재집

3

지은이 영재(泠齋) 유득공(柳得恭)

1748년(영조 24)~1807년(순조 7). 자는 혜보(惠甫), 호는 영재(泠齋)·고운당(古芸堂)·가상루(歌商樓) 등이며, 본관은 문화(文化)로, 조선 후기 정조 시대에 활동한 실학자이자 문인이다. 1779년(정조 3) 규장각 초대 검서관에 임명된 뒤 각종 국고문헌 편찬 및 정리 사업에 참여하였다. 이때의 경험은 훗날 그의 저술에 오롯이 발현된다. 이후 포천 현감, 양근 군수, 가평 군수, 풍천 부사를 역임하였고, 세 차례 연행을 다녀온 바 있다. 저서로는 문집인 『영재집(泠齋集)』을 비롯하여 『경도잡지(京都雜誌)』·『고운당필기(古芸堂筆記)』·『난양록(灤陽錄)』·『발해고(渤海考)』·『사군지(四郡志)』·『연대재유록(燕臺再遊錄)』·『열하기행시주(熱河紀行詩註)』·『이십일도회고시(二十一都懷古詩)』 등이 있다.

옮긴이 재단법인 실시학사 고전문학연구회

김광명 성균관대학교 동아시아학술원 연구원
김세호 경상대학교 한문학과 교수
김용태 성균관대학교 한문학과 교수
박진성 한국학중앙연구원 장서각 연구원
손혜리 한국학중앙연구원 인문학부 교수
신익철 한국학중앙연구원 인문학부 교수
양승목 경상대학교 한문학과 교수
윤세순 제주대학교 인문과학연구소 전임연구원
이성민 성균관대학교 대동문화연구원 수석연구원
이철희 성균관대학교 대동문화연구원 수석연구원
정환국 동국대학교 국어국문 문예창작학부 교수
한영규 성균관대학교 국어국문학과 교수

영재 유득공의 영재집 3

실시학사 실학번역총서 20

유득공 지음
실시학사 고전문학연구회 옮김
재단법인 실시학사 편

학자원

조선시대 「백동자도(百童子圖)」(국립고궁박물관 소장)
『영재집』 권5 5-10번 시 참조

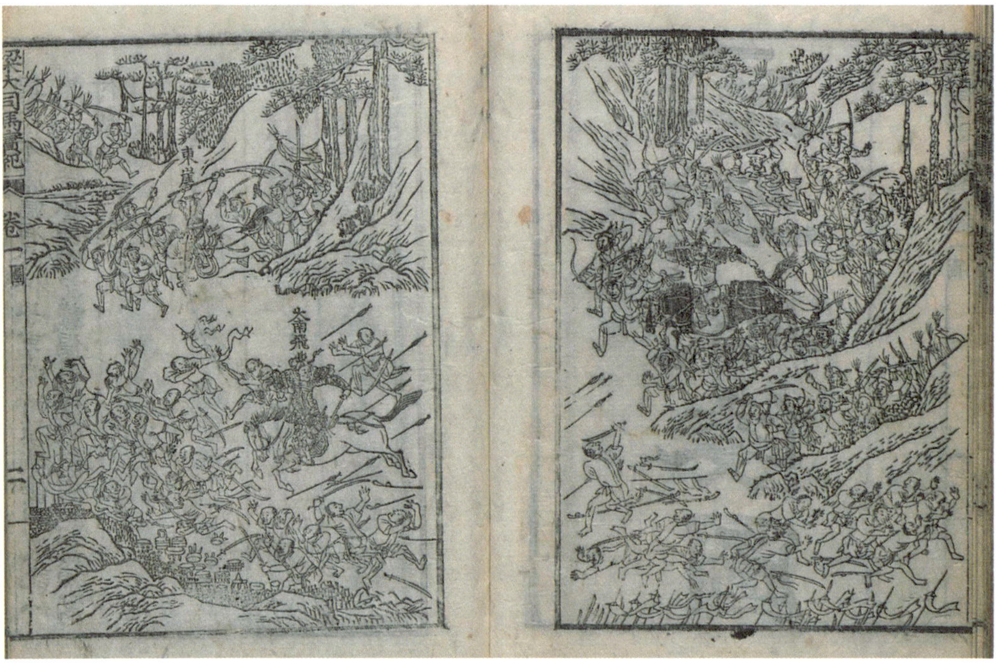

양대박(梁大樸)의 『양대사마실기(梁大司馬實紀)』 수록 「운암파왜도(雲巖破倭圖)」(한국학중앙연구원 장서각 소장)
『영재집』 권5 5-43번 시 참조

實學飜譯叢書를 펴내며

실시학사(實是學舍)에서 실학연구총서(實學研究叢書)를 발간하여 학계에 공헌하면서 뒤이어 실학번역총서(實學飜譯叢書)를 내기로 방침을 세운 것은 벌써 2년 전의 일이다. 실시학사가 재단법인으로 발전하면서 그 재정적 바탕 위에 여러 가지 사업을 수행하는 가운데 실학(實學)에 관한 우리나라 고전들을 골라, 한문으로 된 것을 우리글로 옮겨서 대중화 작업을 시도하기로 한 것이다.

여기, 이 기회에 나는 다시 몇 마디 말씀을 추가할 것이 있다. 이 실학번역총서를 낸다는 말을 전해 듣고 모하(慕何) 이헌조(李憲祖) 형이 앞서 거액을 낸 것 외에 다시 적지 않은 돈을 재단에 출연해 주었다. 나는 그의 학문에 대한 열정에 오직 감동을 느꼈을 뿐, 할 말을 잊었다. 오늘날 우리나라에서 사회문화에 대한 허심탄회(虛心坦懷)로 아낌없이 투자해 줄 인사가 계속해서 나와 준다면 우리 학계가 얼마나 다행할까 하는 생각을 금(禁)할 수 없었다.

실(實)은 실시학사가 법인으로 되기 전부터, 나는 성균관대학교에서 정년퇴임한 뒤에 진작 서울 강남에서 학사(學舍)의 문을 열고 젊은 제자들과 함께 고전을 강독하면서 동시에 번역에 착수하였고, 그 뒤 근교

고양(高陽)으로 옮겨온 뒤에도 그대로 계속하여 적지 않은 책들을 간행하였다.

예를 들면 경학연구회(經學硏究會)에서 다산 정약용(茶山 丁若鏞)의 『정체전중변(正體傳重辯)』, 『다산과 문산(文山)의 인성논쟁』, 『다산과 석천(石泉)의 경학논쟁』, 『다산과 대산(臺山) · 연천(淵泉)의 경학논쟁』, 『다산의 경학세계(經學世界)』, 『시경강의(詩經講義)』 5책 등을 번역 출판하였고, 고전문학연구회(古典文學硏究會)가 영재 유득공(泠齋 柳得恭)의 『이십일도회고시(二十一都懷古詩)』와 『열하기행시주(熱河紀行詩註)』 각 1책, 낙하생 이학규(洛下生 李學逵)의 『영남악부(嶺南樂府)』 1책, 그리고 『조희룡전집(趙熙龍全集)』 5책, 『이옥전집(李鈺全集)』 5책, 『산강 변영만(山康 卞榮晩)전집』 3책, 유재건(劉在建)의 『이향견문록(里鄕見聞錄)』 1책 등을 모두 번역 출판하였다. 이 열거한 전집들 중에는 종래 산실(散失) 분장(分藏)된 것이 적지 않아서 그것을 수집하고 재편집하는 데 많은 노력을 기울였다. 이 과정에서 제자들은 어려운 생활 속에서도 세월 따라 능력이 성장해 왔고 나는 그것을 보면서 유열(愉悅)을 느껴, 스스로 연로신쇠(年老身衰)해 가는 것도 잊고 있었다.

그런데 이제 번역 사업이 본격화되면서 많은 역자(譯者)가 한꺼번에 나오게 되고 나는 직접 일일이 참여할 수 없게 되고 보니 한편 불안한 점이 없지도 않다. 나는 지난날 한때 민족문화추진회(民族文化推進會, 韓國古典飜譯院의 前身)의 회장직을 맡아, 많은 직원들, 즉 전문으로 번역을 담당한 분들이 내놓은 원고들을 하나하나 점검할 수도 없어 그대로 출판에 부쳐 방대한 책자를 내게 되었다. 물론 역자들은 모두 한문 소양이 상당하고 또 성실하게 우리글로 옮겨 온 분들이지만 당시 책임자였던 나로서는 그 자리에서 물러난 지 오래된 지금에 와서도 마음 한구석에 빚이 되어 있는 것이 사실이다. 그런데 지금 또 실시학사에서 전건(前愆)을 되풀이하게 되는 것이 아닐까 걱정이 앞서기 때문이다.

그러나 이미 화살은 날았다. 이제 오직 정확하게 표적(標的)에 맞아 주기를 바랄 뿐이다.

2013년 초하(初夏)

李佑成

차 례

『영재집(泠齋集)』

권5

泠齋集

『영재집』 권5

유성(儒城) 유득공(柳得恭) 혜보(惠甫)가 짓다.

고금체시(古今體詩) 155수이다.

5-1

어제 석왕사비문[1]을 받들고 포천을 지나면서

奉御製釋王寺碑文過抱川

고색창연한 마홀군[2]에 이르자	蒼蒼馬忽郡
역마길 동쪽으로 갈라져 뻗었네.	馹路向東分.

1 어제 석왕사비문(御製釋王寺碑文) : 『홍재전서』 권15에 실려 있는 「安邊雪峯山釋王寺碑」를 말한다. 석왕사는 함경남도 안변군 문산면 雪峯山에 있는 절로 태조 이성계가 나라를 세우기 전에 無學大師의 해몽을 듣고 왕이 될 것을 기도하기 위해 지었다고 전해진다. 『정조실록』 14년(1790) 8월 21일 기사에서 정조가 석왕사에 비를 세우라고 명한 사실이 확인된다. 이날 전교에서 정조는 석왕사에 肅宗과 英祖의 어제 어필 비문이

홍엽의 누각에 비로소 올라 紅葉樓初上
청성의 북소리 다시 듣는다. 青城鼓再聞.
나그네 옷자락 협곡의 눈에 젖고 客袍沾硤雪
왕명의 깃발 관문 구름에 아스라하네. 征旆暗關雲.
고을 부로들 길을 막고 절하며 父老攔街拜
그립던 옛 원님 오셨다 하는구나. 依依舊使君.

【내가 포천 현감으로 있으면서 홍엽루를 건립했는데, 막 완공되었을 무렵에 양근 군수로 옮겨갔다. 고루에 쓴 연구에서 "경기 오른편 적현[3]은 산천이 수려하고, 옛 진 청성엔 고각 소리 웅장하네."라 하였다.[余宰抱川, 搆紅葉樓, 甫落成移楊根, 鼓樓一聯云, "右畿赤縣溪山麗, 古鎭青城鼓角雄."]】

남아있으며, 자신 또한 비문을 직접 지어 비를 세우고자 하는 뜻을 말하고 있다.

2 마홀군(馬忽郡) : 포천의 옛 명칭. 『삼국사기』에 "영락 6년(396년)에 백제의 58개 성을 점령한 뒤 그 지역에 馬忽郡을 설치하고 관아를 古车婁城에 두었다"라고 하였다. 신라 진흥왕 때 堅城郡이라 부르다가 경덕왕 때는 青城이란 지명으로 고쳐 불렀다. 고려 초에 와서 抱州라는 이름으로 불리다가, 포천이란 지명은 1413년(태조 13)에 생겨난 이름이라고 한다(『한국향토문화전자대전』).

3 적현(赤縣) : 도성 부근 지역을 일컫는 말로 전국시대 鄒衍이 中原을 '神州赤縣'이라고 칭했던 데서 유래하였다. 중국 唐代에 전국의 현을 7등급으로 나누면서 수도의 직접적인 통치를 받는 지역을 赤縣이라 하고, 그 다음을 畿縣이라 부르기도 했다.

5-2

회양[4] 길에서

淮陽道中

금화(金化)의 성곽 은계(銀溪)의 역참[5] 너머	金城銀驛外
맥국으로 통하는 길[6] 어느 해 뚫렸던가.	穿貊問何季.
동쪽 지경으로 천 봉우리 빼어나고	東界千峯秀
남쪽 관문엔 한줄기 길 길게 이어졌네.	南關一路綿.
돌집에선 저물녘 연기 피어오르고	暮烟生石屋
솔밭은 잔설로 뒤덮여 있구나.	殘雪覆松田.
차가운 산 새벽녘 시름에 잠겼노라니	愁絶寒山曉
어물 장사치의 방울 소리 울려 퍼진다.	魚商萬鐸連.

4 회양(淮陽) : 강원도 북동부에 있는 고을 이름으로 京元街道의 요지로 발달하였다. 지금은 북한 지역에 속하며 경내에 금강산이 있다.

5 금화(金化)의……역참 : 원문의 '金城'은 강원도 金化 지역의 옛 지명이고, '銀驛'은 淮陽府의 서쪽 5리에 있는 역원인 銀溪驛을 가리킨다.

6 맥국으로 통하는 길 : 원문 '穿貊'의 '貊'은 貊國을 뜻하는 것으로 보인다. 맥국은 춘천을 중심으로 강원도 북동쪽 일대에 있었던 고대의 小國으로 『삼국사기』의 「지리지」에 당나라 賈耽의 『古今郡國志』를 인용해 "고구려의 남동쪽 예의 서쪽이 옛 맥의 땅이다"라고 하였다.

5-3

철령에서

鐵嶺

철령 관문 북녘 황야에 임해 鐵關臨朔野
구름 기운에 늘 어두침침하다네. 雲氣常昏昏.
황초령비[7] 어느 곳에 있는가? 黃艸碑何處
현도의 고을 아직도 그대로인데, 玄菟府尙存.
노승 함보[8]는 떠나가고 老僧函普去
신기군 거느린 시중[9]이 주둔했었지. 神騎侍中屯.
만 리에 병화 이젠 없는데 萬里無征戍
저물녘 일산 드높이 펄럭이네. 亭亭暮傘翻.

7 황초령비(黃草嶺碑) : 황초령 정상에서 발견된 진흥왕순수비의 하나이다. 1852년(철종 3)에 당시 함경도관찰사 尹定鉉이 비를 보호하기 위해 정상의 원래 위치에서 고개 남쪽인 中嶺鎭 부근으로 옮겨 비각을 세워 보관하였으며, 현재는 북한의 함흥역사박물관에 보관되어 있다. 일부 학설에 의하면 고려 예종 때 尹瓘이 함흥평야의 여진족을 정복한 뒤 9성을 쌓을 때 철령에 있던 비석을 황초령으로 옮겼다고 한다.

8 노승 함보(函普) : 函普는 이 지역 출신으로 금나라의 시조가 되었다는 설이 있다. 『海東繹史』 권68 「人物考 金始祖函普」에서 "금나라의 시조 함보는 고려 사람이다. 처음에 고려에서 왔을 적에 나이가 이미 60여 세였다."라 하였다. 한편 이어서 "『平山府志』의 人物條에 실려 있기를, "本州의 僧 今俊이 여진으로 도망쳐 들어가서 阿之古村에 살았는데, 이 사람이 금나라의 선조이다."라고 하여 평산 출신의 승려가 금나라의 시조가 되었다는 기사도 아울러 수록해 놓았다.

9 신기군(神騎軍) 거느린 시중(侍中) : 시중은 여진족을 정벌하고 9성을 쌓은 尹瓘을 가리키는 것으로 보인다. 고려 숙종 때에 尹瓘의 건의로 別武班이 설치되었는데, 神騎軍, 神步軍 및 僧徒로 이루어진 降魔軍으로 구성되었다.

5-4

원현천[10]을 애도하는 만사

輓元玄川

요동 땅 건너감이 영영 이별이 되어	度遼成永別
돌아와 다시금 눈물로 적삼 적시네.	仍復淚盈衫.
북서에서 일찍이 술잔 날리었고	北署曾飛斝
남강 물길로 자주 찾아주었지.[11]	南江屢枉帆.
경전을 궁구하여 현감 인끈 드리웠고	窮經垂縣紱
노인 우대함에 중추부사의 교지 받았네.[12]	優老帶樞啣.
훗날 용문산을 지나게 되면	他日龍門路
부질없이 만길 바위를 올려다보리.[13]	空瞻萬仞巖.

10 원현천(元玄川) : 元重擧(1719~1790)를 가리키니, 현천은 그의 호이다. 원중거는 유득공을 비롯한 연암그룹 인물들과 깊이 교유한 인물로 본관이 원주, 자는 子才, 호는 玄川·遜菴·勿川이다. 1750년(영조26) 사마시에 합격하였으나 40세가 넘어서야 長興庫奉事에 보임되었다. 1763년(영조39)에 계미통신사의 서기로 일본을 다녀오며 『和國志』와 『乘槎錄』을 남기기도 하였다. 1770년(영조46)에 松羅道察訪으로 승직되었으나 60일 만에 그만두고, 선영이 있는 용문산 아래에 은거하였다. 이후 1776년(영조52) 무렵에 장원서주부로 있으면서 『海東邑誌』의 편찬에 참여하였다.

11 북서(北署)에서……찾아주었지 : 北署는 현재의 서울 북촌 부근에 있던 掌苑署를 말한다. 원중거는 1777년(정조1) 7월 2일에 장원서 別提로 임명되었으며, 이때 유득공이 방문하여 지은 시가 「장원서의 노송 노래. 현천옹을 위해 짓다[掌苑署老松歌 爲玄川翁作]」(『泠齋集』 卷2)라는 제목으로 실려 있다. 남강은 남한강을 가리키며, 원중거가 양근 군수로 있는 유득공을 방문한 사실을 읊은 시가 「사월초파일에 원물천 어른이 지나는 길에 관사를 방문하다[浴佛日勿川元丈歷訪郡齋]」(『泠齋集』 卷4)이다.

12 현감……받았네 : 원중거는 1789년에 간행된 『海東邑誌』의 편찬에 참여하였고, 이듬해 木川縣監을 제수받았다. 1790년 6월에는 72세의 나이로 壽職으로 첨지중추부사에 가자되었다(『일성록』 정조 14년(1790) 6월 24일).

13 만길……올려다보리 : 만길 바위는 원중거의 은거지인 용문산 勿川 근처에 있던 봉황

5-5

잠에서 깨어나

睡起

바람 잠잠하고 화로 연기 실낱같이 피어오르는데	風定銅爐縷縷烟
아무런 생각 없이 난간 가에 기대었네.	頓無情緖倚欄邊.
세상사 무어 신기해할 일 있으랴	世間豈有新奇事
참외 맛 매미 울음소리 지난해와 비슷하구나.	瓜味蟬聲似去季.

대를 가리키는 것으로 보인다. 유득공은 「浴佛日勿川元丈歷訪郡齋」(『冷齋集』 卷4)에서 "천길 높은 곳에 올라 한번 옷 먼지 떨쳤네[千仞登臨一振衣.]"라고 하여, 원중거가 은거하여 속세로부터 초탈한 삶을 살았음을 기린 바 있다.

5-6

비성에서 병제를 편찬할 때 박 령(박지원)·홍 황주(홍원섭)·이 주서가 찾아와서 차운해 짓다[14]

秘省纂次兵制 朴令洪黃州李注書見訪次韻

조복에 은은한 향기 저물녘 훈향(熏香) 머금었는데	朝衣香淡晚籠薰
천록각의 초가을 정취 교서관에 나누어졌네.	天祿新秋校局分.
온 정원의 숲 빛 푸른 기와에 흘러내리고	一院林光流翠瓦
뭇 봉우리 비 올 기색 검은 구름이 머금었네.	千峰雨意閣烏雲.
서적 편찬하노라니 홀연 남은 더위도 잊게 되고	著書忽覺消殘暑
옛이야기에 살짝 취기 오름 내맡길 만하네.	話舊差堪倚小醺.
이제부터 준치와 귤의 아쉬움[15] 남지 않으리니	從此可無鰣橘恨
연옹이 문장뿐 아니라 시도 잘 짓는구려.	燕翁詩好不徒文.

---

14 비성(秘省)에서……짓다 : 秘省은 秘書省, 즉 규장각의 外閣인 校書館을 가리킨다. 이 자리에 함께 참여한 박제가는 「신해년(1791) 7월 이덕무, 유득공과 함께 왕명을 받들어 『國朝兵事』를 편찬할 때 비성에 局을 설치하였다. 성대중이 마침 이곳에서 숙직하였는데, 태호·연암·옥류 등이 우연히 함께 모였다[辛亥七月 同青莊泠菴 奉命纂輯國朝兵事 開局於秘省 而青城適就直 太湖燕巖玉流諸公偶集]」(『貞蕤閣集』 3集)라는 시를 남기고 있어, 이 시가 지어진 배경을 알려준다. 이를 참조하면 제목에서 朴令은 박지원을 가리키고, 洪黃州는 자가 太湖로 황주목사를 지낸 洪元燮(1744~1807)임을 알 수 있다. 홍원섭의 문집 『太湖集』에는 「秘省雅集疊前韻」이 수록되어 있는데, 그 시에 붙인 소주에 연암과 이덕무·박제가·유득공·성대중 등과 함께 지었다고 밝히고 있다. 李注書가 누구인지는 확실치 않은데, 박제가의 회인시 「戲倣王漁洋歲暮懷人」 60수 가운데 「李注書」가 실려 있어 동일 인물일 것으로 추정된다. 아마도 유득공, 박제가 등과 친분이 있었던 李明淵이 아닌가 싶다.

15 준치와 귤의 아쉬움 : 송나라 彭淵材가 말하기를 "五恨이 있는데, 첫째는 준치[鰣魚]가 뼈가 많은 것, 둘째는 金橘이 너무 신[酸] 것, 셋째는 蓴菜가 성질이 冷한 것, 넷째는 해당화가 향기가 없는 것, 다섯째는 曾子固(曾鞏)가 詩에 능하지 못한 것이다." 하였다(『冷涼夜話』).

5-7

「노주설안도」[16]에 적다

題蘆洲雪雁圖

안개 낀 강에서 쪼아 먹으며 만리 길 떠날 마음이라	飮啄烟江萬里心
꿈속에서도 갈대 부들에 쓸쓸한 생각 일으키네.	夢中蒲葦動蕭森.
한평생 도랑물의 거위 오리만 보아왔거니	平生溝水看鵝鴨
뉘라서 인간 세상에 준걸찬 새 있음 알랴.	誰識人間有俊禽.

16 「노주설안도(蘆洲雪雁圖)」 : 눈 내리는 갈대밭에 내려앉은 기러기 떼를 그린 그림으로 박제가가 소장 하였던 것이다. 박제가는 「蘆洲雪雁圖歌」의 小序에서 "그린 이가 누구인지는 모른다. 위에 朱文의 작은 둥근 도장이 있으나, 흐릿해서 알아볼 수가 없다. 네모난 도장은 虎符의 인장인데, 혹 彭鯤躍이라고도 한다. 심사정이 늘 이를 본받았다고 한다.[不知作者. 上有朱文小圓印, 迷不可辨. 方印虎符之印, 或曰彭鯤躍. 沈師正常師之云.]"(『貞蕤閣集』 3集)라고 하였다. 호부는 무관이 관찰사나 절제사의 외관직으로 나갈 때 주는 병부 구실을 하는 인장을 말하고, 팽곤약은 청나라 화가로 갈대와 기러기 그림에 능했다고 한다. 이덕무 또한 「題虎符蘆洲雪鴈圖」란 제목의 시가 『雅亭遺稿』 권4에 실려 있다.

5-8

비성에서 중양절을 맞이하며

秘省重陽

술꾼과 시벗 부침을 함께 하니	酒人吟侶共浮沈
문사와 무인 어우러짐도 또한 좋구나.	更許文林伴羽林.
가을 나무 외론 탑 꼭대기에 희미하게 보이고	秋樹微分孤墖頂
석양빛 비끼어 누각엔 반나마 그늘 드리웠네.	夕陽斜界半樓陰.
책을 읽어 대략 병농의 제도 깨쳤고	讀書粗識兵農制
변새 나감에 만주어 한어를 할 줄 안다오.	出塞能爲滿漢音.
때마침 중양절 맞아 세악수[17] 부르니	恰遇重陽招細樂
쌍강 곡조의 필률에 해금이 곁들였구나.	雙腔觱篥引奚琴.

17 세악수(細樂手) : 세악은 적은 수의 악기로 구성된 음악을 말하며, 대체로 피리 · 젓대 · 해금 · 장구 · 북을 포함한 三絃六角으로 편성됐다. 여기서는 軍營 소속의 樂隊를 일컫는 것으로 보인다. 조선 후기 龍虎營 소속의 세악수가 유명하여 민간의 연회에 초청되기도 하였음이 『靑城雜記』 「丐帥」에 보인다.

5-9

「장씨충효열정려록」[18] 뒤에 적다

題張氏忠孝烈旌閭錄後

아! 만력 임진년 삼남 지방 의병의 깃발 곳곳에서 휘날렸건만

鳴呼萬曆壬辰三南義旗卓處處

뉘라서 장공 부자[19]처럼 충과 효가 함께 널리 알려졌으랴.

孰如張公父子忠孝雙著.

강개한 성품의 장공 훈신의 후손으로　張公慷慨勳臣孫

소매 떨치고 눈물 삼키며 왜적과는 함께 살아갈 수 없다 맹세했지.

投袂飮泣誓不與賊俱存.

---

18 「장씨충효열정려록(張氏忠孝烈旌閭錄)」: 임진왜란 당시 의병장 張翮과 그의 아들 張士逸, 그리고 장사일의 아들 張漢의 부인 李氏가 삼대에 걸쳐 旌閭를 받게 된 전말을 기록한 글로 작자가 누구인지는 확실치 않다. 洪元燮이 「張氏三旌錄序」에서 "천안의 장씨에 삼대에 걸쳐 세 번 정려를 받은 집안이 있다. '충신'은 훈련원 정으로 병조참판에 추증된 張翮의 旌門이고, '효자'는 군자감 참봉 張士逸의 정문이며, '열녀'는 충의위 張漢의 처 李氏의 정문이다.[天安張氏有三世而三旌其閭者, 曰忠臣, 訓鍊院正贈兵曹參判張翮之閭; 曰孝子, 軍資監參奉張士逸之閭; 曰烈女, 忠義衛張漢妻李氏之閭也.]"라고 하였다(『太湖集』 卷5).

19 장공(張公) 부자 : 張翮과 그의 아들 張士逸을 말한다. 장핵은 본관은 安東, 자는 凌雲으로 태조 때의 개국공신인 花山府院君 張思吉의 후손이다. 천안시 풍세면 출신으로 어려서부터 용력이 있어 고을 사람들이 關雲將이라 불렀기에, 雲將이라 칭하였다고 한다. 1583년(선조16) 무과에 급제하여 訓鍊院 正을 지내다가 1592년에 벼슬을 사직하고 고향으로 돌아오는 길에 왜란이 일어난 것을 알고 의병을 모아 竹山, 鎭川 어름에 방어진을 치고 왜적을 막다가 순국하였다. 장핵이 전사했을 때 몸속에 혈서로 쓴 '死國'이라는 휘장이 나왔다고 한다. 장사일은 남은 병사들을 수습하여 복수하고자 수개월 동안 힘껏 싸우다가 군량이 다하고 군사들이 흩어지자 고향으로 돌아와 부친 묘소에서 시묘살이하다가 3년 만에 죽었다고 한다. 장핵 부자의 행적에 관해서는 李喜朝의 「忠臣張翮傳」(『芝村集』 卷25)에 상세한 기록이 보인다.

죽산과 진천에서 적병 공격하여 사살함에 擊賊殺賊于竹鎭
호접진[20] 좌우가 무너지고 뚫렸다네. 左潰右決蝴蜨陣.
검이 부러지고 창이 꺾여 포위 풀지 못함에 劒摧槊折未解圍
피에 적셔 '사국(死國)'이란 두 글자 옷소매에 썼네.
蘸血大書死國二字于其衣.

비통함에 잠긴 아들 묵최[21]로 복수장이 되어 哀哀墨衰復讐將
도원수 휘하에 글을 올려 군량미 요청하였네. 上書幕府求兵餉.
청정 행장 석만자[22]의 목을 베지 못한지라 未斬淸正行長石曼子頭
돌아와 잣나무 부여잡고 슬피 울부짖음에[23] 눈물이 다 말라버렸네.
歸來攀栢悲號淚盡休.

그대는 보지 못했소? 충신의 집 효자 마을에 君不見忠臣之家孝子里
어진 며느리 머리카락 팔아 드실 음식 이바지하였네. 賢婦鬻髮供甘旨.
겨울철 죽순과 얼음 강물의 잉어[24]는 옛날에 혹 있었다지만
冬筍氷鯉古或聞

---

20 호접진(蝴蜨陣) : 부채 모양의 진법으로 왜군이 즐겨 사용했다고 한다.

21 묵최(墨衰) : 검은색 상복으로, 베로 된 直領에 黑笠과 黑帶를 착용한다. 묵최의 기원은 춘추시대에 晉文公의 아들 襄公이 아버지의 장사를 치르자마자 곧바로 秦나라와 싸우러 나갔는데, 상복에다 검정 물을 들여서 입고 나간 데에서 연유한 것이다.

22 청정(淸正) 행장(行長) 석만자(石曼子) : 임진왜란 때 일본군을 이끌었던 대표적인 세 장군, 즉 加籐淸正・小西行長・石曼子를 말한다.

23 잣나무……울부짖음에 : 원문은 '攀柏悲號'로 어버이의 죽음을 몹시 슬퍼함을 뜻한다. 晉나라 王裒의 부친 王儀가 司馬昭에 의해 죽임을 당하자 왕부가 여막을 짓고 시묘하면서 아침저녁으로 묘소 가의 잣나무를 부여잡고 슬피 울부짖었는데 잣나무가 왕부가 흘린 눈물 때문에 말라죽은 고사가 있다(『晉書』 卷88 「孝友傳 王裒」).

24 겨울철……잉어 : 원문의 '冬筍氷鯉'는 효행에 관한 대표적인 고사이다. 삼국 시대 吳나라 사람 孟宗의 어머니가 겨울철에 죽순을 먹고 싶어 하였는데, 맹종이 눈밭에 나가 죽순이 없음을 슬퍼하자 갑자기 죽순이 솟아났다고 한다. 그리고 西晉 王祥은 어려서부터 효성이 지극하여 그의 계모가 생선을 먹고 싶어 하자 한겨울에 얼음을 깨고 잉어 두 마리를 얻었다고 한다.

기이하구나! 머리카락 잘라내면 금방 다시 구름처럼 풍성해졌다오.
異哉髮剪復長美如雲.

하루아침에 오랑캐 기병 호서 땅 침범하여 一朝虜騎犯湖界
어진 며느리 어린애 안고 황량한 성채에 숨었네. 賢婦抱兒竄荒砦.
입이 있어 적군 꾸짖음에 적의 간담 서늘해졌고 有口罵賊賊膽寒
칼이 있어 자진하니 의리로 편히 여기는 바였네.[25] 有刀自裁義所安.
호서의 산 우뚝 솟았고 호서의 강물 오열하듯 흐르는데
湖之山矗矗兮湖水咽咽
이 세 분의 충의 효성 열절을 여기에서 보네. 視此三旌忠孝烈.

【고 훈련원 정(正) 장핵은 정난공신 화성군 철(哲)의 5대손이다. 만력 임진년(1592)에 의병을 일으켜 죽산 진천 등지에서 왜적을 토벌하다가 포위되어 기력이 다해 죽었다. 아들 사일은 묵최로 군사를 거느리고 복수하려 하였으나 군량이 떨어지고 병사가 흩어지고 말았다. 여막에서 시묘살이 3년 만에 슬픔으로 몸이 상해 죽었다. 장핵의 손자 한(漢)의 처 이씨는 시아버지를 봉양하면서 머리카락을 팔아 음식을 갖추어 드렸는데, 머리카락이 번번이 금방 풍성히 자라났다. 병자년 호란 때 어린애를 안고 목성에서 적병을 피했는데, 적기가 포로로 잡아 겁탈하려 하자 이씨는 칼로 목을 찔러 자결했다. 이에 모두 정려문이 세워졌다.[故訓鍊院正張翮, 靖難功臣花城君哲五世孫也. 萬曆壬辰, 起義兵討倭於竹山鎭川之間, 被圍力盡而死. 子士逸墨衰領兵志復讐, 糧乏兵散, 廬墓三季, 哀毁而死. 翮孫漢妻李氏養舅, 鬻髮供具, 髮輒茁美. 丙子虜亂, 抱幼子避兵于木城, 賊騎獲之欲逼, 李氏以刀自刎. 並旌閭.]】

25 하루아침에……바였네 : 병자호란 당시 이씨의 행적을 묘사한 이 부분이 洪元燮의 「張氏三旌錄序」에는 다음과 같이 기술되어 있다. “장한은 병자년 난리를 당하여 黑城山 아래에서 적병을 피했다. 적의 기병이 이르러 칼날이 장한에 미치려 하자 李氏가 지아비를 몸으로 감싸며 숨기었다. 적병이 장한을 내버려두고 이씨를 끌고 가 겁탈하려 하자, 이씨는 칼을 꺼내 목을 찔러 자결하였다.[漢當丙子之難, 避兵黑城山下, 賊騎至, 刃將及漢, 李氏翼蔽其夫. 賊舍漢而縛李欲劫之, 李乃引刀自刎而死.]”(『太湖集』 卷5)

5-10

맹영광의 「백동도」[26]에 부치는 노래

孟永光百童圖歌

그림은 모두 6폭으로 "회계 산인 맹영광이 심양 객관에서 그렸다"라고 적혀 있으며, '정명씨(貞明氏)'라는 작은 인장이 찍혀있다. 대개 우리 효종께서 심양관에 계실 때에 맹영광이 그려서 바친 것으로 나중에 외척[27] 아무개에게 하사했는데, 지금은 이생 아무개가 소장하고 있다. 맹영광의 이름은 『국조화징록』[28]에 보인다.

26 맹영광(孟永光)의 「백동도(百童圖)」 : 맹영광은 명말청초에 활동한 화가로, 자는 月心, 호는 貞明・萍齋・樂癡이다. 절강성 회계 山陰 사람으로 인물 초상과 화훼에 뛰어났다. 명말 祖大壽가 大淩河를 지킬 때에 초상화를 그리고자 초청하였는데, 성이 함락되던 날에 맹영광도 붙들리고 말았다. 이후 청군에 의해 머리를 깎인 채 심양에서 살다가 봉림대군을 만나 瀋陽館에서 그림 그리는 일을 하였다. 병자호란의 볼모로 심양에 체류했던 봉림대군, 김상헌, 김육 등과 교유하였으며, 1647년 4월 사은사로 사행하였던 인평대군을 따라 조선에 들어왔다. 그리고 궁궐 근처에 집을 마련하여 궁궐 내에서 인조의 총애를 받으며 활동하다가 1648년 청으로 귀국하였다. 맹영광은 봉림대군이 심양관에 억류되었을 때 「百童圖」 병풍을 그려 올렸는데, 이는 그곳에서 1641년 현종이 탄생한 것과 밀접한 관계가 있는 것으로 추정된다. 백동도는 百子圖라고 칭해지기도 하며, 雙髻의 머리모양을 한 동자의 여러 가지 놀이 모습을 화려한 색채로 그린 것이다. 물가에 괴석과 화초 혹은 화려한 건물을 배경으로 장군놀이, 닭싸움, 풀싸움, 연꽃 따기, 원숭이 놀이, 잠자리 잡기, 매화나무에 오르기 등의 여러 가지의 놀이를 하는 모습을 담고 있다. 맹영광은 김상헌의 義氣를 흠모하여 도연명의 고사를 그린 「淵明採菊圖」를 바쳤으며, 김육의 초상화를 그려주기도 하였다. 현재 실학박물관 소장 「領議政潛谷金文貞公小眞」이 맹영광이 그린 김육의 초상으로 알려져 있다.

27 외척 : 원문 '戚畹'은 戚里와 같은 말로 제왕의 외척이 모여 살던 곳을 말한다, 송나라 兪文豹의 『吹劍錄』에 "한나라의 천하는 척원에 의해 피폐했고, 당나라의 천하는 환관에 의해 피폐했다.[漢之天下, 弊於戚畹, 唐之天下, 弊於宦竪.]"라 하였다.

28 『국조화징록(國朝畫徵錄)』 : 중국 청대의 문인 화가인 張庚(1685~1760)이 편찬한 책으로 청초부터 건륭 연간까지의 화가의 평전을 기록하였다. 상권 117인의 대부분은 명의 유민 화가이며, 중권에 104인, 하권에는 方外, 閨秀 등 76인, 부록에 명인 2인을 수록하

圖凡六幅, 題云'會稽山人孟永光寫于瀋陽客館.' 小印貞明氏. 蓋我孝廟在瀋館時, 永光寫進者也. 後賜某戚畹, 今爲李生某所藏. 永光名見畫徵錄中.

지난날 압록강 서편으로 심양을 지날 적에　　昔者西游過瀋陽
조선관[29]을 물었더니, 모두 자세히 알지 못했네.　　問朝鮮館皆未詳.
늙은 역관 야리수 가리켜 보였는데　　老譯指點耶里水
야판정[30] 앞에 봄풀이 향기로웠네.　　野坂亭前春艸香.
지금 이 그림 보며 세 번 탄식하노니　　今見此圖三歎息
화사는 맹영광이라 하네.　　畫師云是孟永光.
병정 연간에 참혹한 재앙[31]을 만나　　丙丁年間逢陽九
읍루의 옛 성에 봉림대군께서 머물렀지.[32]　　挹婁古城龍潛鄉.

고 있다. 각각의 소전에는 저자의 논평이 첨부되어 있다.

29 조선관(朝鮮館) : 병자호란이 끝난 후 소현세자와 봉림대군 일행이 청나라 볼모의 신분으로 심양에 와서 머물던 瀋館을 말한다. 청 태종은 1636년 병자호란에서 조선의 항복을 받은 후 조선과 군신 관계를 맺고 소현세자와 鳳林大君, 三學士 이하 관원 180명을 볼모로 삼아 당시 청의 수도였던 심양으로 압송했다. 소현세자와 봉림대군은 청이 명에 승리한 뒤 1644년 심양에서 북경으로 옮겼다가 1645년 2월 귀국할 때까지 무려 8년간 이곳에서 생활했다. 심관은 조선 역사에서 유일하게 타국에서 국왕(현종)이 출생한 장소이기도 하다.

30 야리수(耶里水)……야판정(野坂亭) : 야리수는 중국 遼寧省을 흐르는 강으로 遼河의 지류인 渾河를 말한다. 혼하는 요동에서 심양으로 들어가기 전에 건너는 하천으로 瀋水, 혹은 야리수라고도 불린다. 김창업의 『연행일기』에 "혼하는 일명 耶里江으로 크기는 우리나라의 猪灘만 하다.……전하는 말에 孝廟가 심양관에 있을 적에 여기에 정자를 지었다고 한다. 전에 본 『侍講院日記』에 '호인이 세자에게 野坂田을 주어서 채소를 심게 했다.'고 하였는데, 바로 이곳이다."(1712년 12월 6일 기사)라고 한 것이 보인다.

31 병정(丙丁)연간에……재앙 : 병정 연간은 병자년(1636, 인조 14)과 정축년(1637)에 걸쳐 일어났던 병자호란을 가리킨다. 원문 '陽九'는 참혹한 재앙을 일컫는 말로 九는 陽의 極數로, 양만 있고 음이 없으므로 만물이 교섭할 수 없어 천하가 어지러워진다고 한다. 陰陽家에서 4,500년 되는 1元 중에 陽厄이 다섯 번, 陰厄이 네 번 발생한다고 한다.

맹생, 맹생이여 오회[33]의 나그네로 孟生孟生吳會客
풍진 세상 떠돌아다니며 애끓는 슬픔 겪었구려. 飄泊風塵堪斷腸.
생각해 봄에 낮게 드리운 전장[34]에서 향불 피우고 想見燒香氈帳底
그림으로 공양하며 기나긴 날 보냈겠지. 丹靑供奉消晝長.

1폭은 아홉 동자 모두 벌거숭이로 一幅九童皆渾脫
옥처럼 흰 넓적다리 뭉친 백설처럼 토실토실하구나. 腓腿玉肌凝雪肪.
살랑살랑 가을바람에 높다란 버들가지 흔들리고 秋風裊裊動高柳
연잎과 연꽃 네모난 연못에 흩어져 있네. 荷葉荷花散方塘.
꽃 꺾는 아이 절반, 꽃 빼앗는 아이도 절반인데 折花者半奪花半
머리채 부여잡고 다리를 잡고 난리법석이 났네. 捽髻抱股狂之狂.
연밥 쪼개며 얌전히 앉아있는 아이도 있는데 有剖蓮子端坐者
찾아와서 달라는 놈 이르자 씨방을 감추는구나. 有來乞者匿其房.

2폭은 종려나무 그늘에서 닭싸움 벌어졌는데 二幅鬪雞櫚陰裡
흰 수닭 푸른 수탉 목덜미 털이 길게 뻗쳤구나. 白雄靑雄項毛張.
닭 주인 앞에 쪼그려 앉아 무릎이 귀에 닿았는데 雞主前坐膝過耳
벌떡 일어나 곧장 닭과 함께 승부를 겨루네. 竦聳直與雞頡頏.
닭 또한 분을 못 이겨 상대를 노려보지만 雞亦忿甚只見敵

32 읍루(挹婁)의……머물렀지 : 挹婁는 고조선 때 滿州 지방에서 살던 부족명으로 나중에 肅愼, 靺鞨이라는 이름으로 불린 여진족을 말한다. 원문의 '龍潛'은 용이 잠겨 있다는 뜻으로 임금이 제왕이 되기 전에 왕자로 있을 때를 이르는 말로 여기에서는 鳳林大君을 가리킨다.

33 오회(吳會) : 중국 會稽郡의 吳縣과 會縣의 병칭으로 浙江 지역에 속한다.

34 전장(氈帳) : 毛氈으로 빙 둘러쳐서 만든 장막으로 北胡들의 옥사로 몽고족의 이동식 주택인 게르 등을 말한다.

사람이 안고 가버리면 모두 잊어버릴 터. 人抱而去都可忘.
세 아이 나중에 왔는데 큰 놈이 작은 놈 거느려 三兒後至大領小
하나를 안고 하나를 끌며 얼르는 모습 귀엽구나. 抱一提一憐相將.
또 한 작은 아이는 손 모아 뛰어오르며 又一小兒攢手躍
다른 애 모자 옆에 꽃가지 꽂은 것 부러워하네. 慕他花枝揷帽旁.
한 아이는 닭같이 하고 싶지는 않은 듯 意或不與雞相屬
작은 아이 입술 빨며 수숫대처럼 달게 여기네. 吮小兒唇甘如糖.

3폭엔 무엇이 그려졌는가? 第三幅中何所有
봉선화[35]에 가을 해당화로구나. 好女兒花秋海棠.
난간 돌아간 곳 붉은 빛 찬란한데 欄干轉處紅爛爛
맨드라미가 숙인 것에 쳐든 것도 보이네. 又見雞冠低復昂.
가을바람 부는 칠월 중순 좋은 철 可是金風七月半
나비 날개 하얀 바탕에 노란 점박이도 섞여있네. 蜨翅銀粉糝雄黃.
너희들 부채 들고 나비 치려 하지 말거라 若曹將扇勿撲蜨
본디 연약한 나비 상할까 내 염려되는구나. 蜨本脆弱吾恐傷.
날개 접고 내려앉은 나비 한 점 눈송이 같은데 停蜨合翅雪一點
손가락 갈퀴처럼 구부려 잡으려 하니 날아갈 듯 말 듯.
鉤指往捕颺未颺.
태호의 돌들[36] 비취빛 영롱한데 太湖之石玲瓏翠

35 봉선화 : 원문 '好女兒花'는 봉선화의 이칭이다. 『고운당필기』 권4 「雜卉幽花」에서 『본초강목』을 인용해 "그 꽃은 꽃잎, 날개, 꼬리, 꽃대가 모두 봉황처럼 빼어나다. 여인들이 꽃잎을 따서 손톱을 물들인다. 열매는 복숭아 모양인데 여물면 터져 갈라지므로 여러 가지 이름이 생겼다. 송나라 광종의 왕비인 李后의 이름이 鳳이었으므로 궁중에서는 봉선화를 好女兒花라고 불렀다."고 하였다.

36 태호(太湖)의 돌들 : 태호는 중국 蘇州府에 있는 호수 이름이다. 이 호수에서 나는 돌

엿보는 놈 웃음 지으며 몸을 반쯤 숨기고 있네. 有窺而笑身半藏.

4폭에는 투초하는 아이들 있는데 第四幅中鬪艸侶
한 아이 옷깃 걷어쥐고 한 아이는 광주리 들었네. 或扱其衽或提筐.
쌍쌍이 짝을 이룬 것 이미 눈에 가득한데 作雙作對已滿眼
자잘한 여러 향초들 이름 붙일 수가 없네. 瑣瑣不能名羣芳.
이긴 아이 손가락 튕기고 진 아이 팔뚝 내미는데 贏者指彈輸者腕
재잘재잘 애교 떨고 욕지거리도 하여 당해낼 수 없구나. 呢喃嬌罵不可當.
또 다른 한 무리는 귀뚜라미를 잡아다가 又別一隊捕蟋蟀
자그마한 사롱에 넣어 달아나지 못하게 했네. 小小絲籠禁逋亡.
뻗친 수염에 넓적다리 비벼대며 싸움 한창 무르익었는데 張鬚舞股正酣鬪
미미한 벌레가 저렇게 억셀 줄 어찌 알았으랴. 豈意微蟲許雄强.
달려와서 구경하려는 놈 땅에 넘어져 엎어져서 走來觀者跌仆地
눈썹 찌그리고 눈알 휘둥그래져 진짜 우는 얼굴이구나. 眉斜眼彎眞啼粧.

5폭은 원숭이 놀이인데 그 눈이 괴이하게 생겨 五幅弄猴猴眼怪
지팡이 짚고 노려보며 금방이라도 뛰어오를 듯하네. 荷杖而睨方跳踉.
푸른 수건 이마에 싸맨 놈이 가장 영리하니 青巾抹額者最黠
원숭이 매질하며 가르쳐서 양순하게 길들였구나. 撻猴訓猴馴而良.
둥둥 울리는 징 소리에 맞춰 춤을 추는데 鳴鑼丁東按節舞

이 구멍이 많고 기이한 모양을 이룬 것이 많아 분재나 정원석에 쓰이며, 태호석이라 한다.

시골 아낙 지아비인지 산도[37] 아가씨인지.	野女之夫山都娘.
둘러싸고 구경하는 놈들 모두 서른 명인데	週遭觀之總三十
얼룩무늬 바지에 꽃 신발 신고 비단 배자 입었네.	斑袴花屐錦裲襠.
등에는 모두 글자 수놓은 보 늘어뜨렸는데	背上皆懸繡字褡
오래 살고 부귀하며 돈이 집에 가득하라는 말이네.	長命富貴金滿堂.
6폭에서 끝나는데 홍매 나무가 그려져	止於六幅紅梅樹
왼쪽 오른쪽으로 뒤틀린 늙은 가지 푸른 빛 띠었네.	左拏右拏榦老蒼.
여러 아이 나무 타고 올라가 마음껏 꺾어서	羣童緣樹恣意拗
활짝 핀 꽃이 다투어 휘날려 떨어져 내리는구나.	老花簌簌爭飄揚.
검정 개가 좌우에서 끄는 작은 수레 삐걱거리며	小車轣轆驂玄狗
붉은 옷 어린애 태우고 회랑을 돌아가네.	載紅衣孩轉迴廊.
이 그림 본디 궁중에서 소장하던 것으로	此畵元係秘府藏
민간 세상에 흘러 들어와 오랜 세월 겪었네.	流落人間閱星霜.
전하는 말로 여덟 폭 중 두 폭이 망실되었는데	傳言八幅佚其二
화단에는 안타깝게도 보완할 길이 없다 하네.	畵林嗟無補亡章.
그림 감상하면서 어찌 세상을 논하지 않을 수 있으랴	讀畵烏可不論世
이때는 참으로 요동 일대에 큰 변고[38]가 일어났지.	是時遼瀋眞滄桑.

37 산도(山都) : 사람을 닮은 원숭이의 일종으로 사람을 보면 웃는다고 한다. 『爾雅』「釋獸」에서는 산도를 '狒狒'라고 칭하면서, 郭璞의 주석에서 "그 모양이 사람과 같은데 얼굴은 길고 입술은 검다."라고 하였다.

38 요동 일대에 큰 변고 : 원문의 '遼瀋은 遼陽과 瀋陽을 중심으로 하는 요동 일대를 말한다. 그리고 원문 '滄桑'은 '滄海桑田'의 줄인 말로 桑田碧海와 같은 뜻으로 커다란 변고를 이른다.

송산의 대포 소리와 행산의 나는 화살에	松山礮響杏山箭
만주족 한족의 젊은이들 다투어 창상을 입었네.	滿漢健兒爭裹創.
포효하는 범과 같은 팔장사[39]가	闞如虓虎八壯士
성인(효종)을 호위하면서 전쟁터에서 지켰다네.	翼護聖人看戰場.
징소리 울리며 깃발 세우고 승전가 부르며 돌아오는 이들	鳴鑼卓旗唱凱返
우록장경에 패륵[40] 군왕이라네.	牛彔章京貝勒王.
참으로 아이들 놀이일 뿐 족히 말할 것 있으랴	眞兒戲耳何足道
비란[41]으로 쥐새끼 쏘고 황양[42]을 타는구나.	斐蘭躾鼠騎黃羊.

39 포효하는 범과 같은 팔장사(八壯士) : 1637년(인조14)에 소현세자와 봉림대군이 볼모로 심양에 갈 때에 具仁垕의 천거로 수행원으로 따라간 8인을 가리킨다. 이들의 성명은 朴培元・趙壤・申晉翼・張愛聲・吳孝誠・金志雄・朴起星・張士敏으로 세자와 대군을 늘 가까이서 호위하였다고 한다. 귀국하여 왕위에 오른 효종은 1656년(효종 7)에 別軍職廳을 설치하여 팔장사에게 후한 녹봉을 주고 깨끗한 의장으로 시위하게 했으며, 그 자손들에게 대대로 그 직을 물려받게 했다(『青莊館全書』 卷57 「盎葉記 四」). 한편, '포효하는 범과 같은(闞如虓虎)'이라는 표현은 『시경』 「大雅 常武」에 "임금이 위무를 떨치어 우레처럼 노하였네. 범 같은 그의 신하가 나아가니 포효하는 범과 같았네.[王奮厥武, 如震如怒. 進厥虎臣, 闞如虓虎.]"라는 구절에서 원용한 것이다. 주희는 이 시의 주석에서 '闞'을 '奮怒之貌'로 풀이하였다.

40 우록장경(牛彔章京)에 패륵(貝勒) : 牛彔은 八旗制에서 300명 정도의 군사로 구성되는 니루(niru)의 한자 명칭이고, 章京은 장군을 의미하는 만주어 장긴(janggin)의 한자 명칭이다. 우록장경은 청대의 군사 조직인 八旗制에서 가장 소규모 단위를 이끄는 장군을 지칭한다. 팔기제는 다섯 니루[牛彔]가 하나의 잘란(jalan, 甲喇)을 이루고, 다섯 질란이 하나의 구사(gūsa, 固山)를 이루어 여덟 구사가 곧 八旗가 되는 편제이다. 貝勒은 多羅貝勒의 약칭으로, 청대 종실 봉작의 하나이다. 親王, 郡王에 이어 세 번째 작위로 만주어로는 '도로이 버이러(doroi beile)'라 부른다.

41 비란(斐蘭) : 만주족 아이들이 가지고 놀던 활의 명칭이다. 『고운당필기』 권3 「吉林風俗」에서 『乾隆御製詩』 2집에 『吉林土風雜咏』 12수가 있다고 하며, 그중 4수가 斐蘭을 읊은 것으로, "느릅나무와 버드나무로 만든 활을 비란이라 하고, 가시나무와 쑥대를 깎아 화살을 만들고 그 화살에 꿩이나 닭의 깃털을 잘라 깃을 붙인 것을 '鈕勘'이라 한다."고 하였다.

42 황양(黃羊) : 털 빛깔이 누런 야생양으로, 초원 지대나 사막 지대에 산다.

그 당시 칼날 빼 들고 적을 정벌하고자 했으니　　當季思欲制挺撻
『춘추』에 담긴 뜻 모두 존왕양이(尊王攘夷)에 있다네.　全部春秋在尊攘.
이제야 백 명의 동자가 우의적인 필치임을 알겠으니
　　方知百童是寓筆
곽가의 풍연[43]에 대략 견줄 수 있겠네.　　郭家風鳶差可方.
용렬한 화가가 어찌 그림에 담긴 뜻을 알랴?　　庸師詎識畫中意
본떠 그려 혼례 병풍으로 주며 아들 얻기를 축원하는구나.[44]
　　摸與婚屛祝弄璋.

번역 신익철

---

43 곽가(郭家)의 풍연(風鳶) : 郭家는 北宋의 화가 郭忠恕(?~977)를 가리킨다. 그는 그림을 그려 달라는 사람이 있으면 화를 내며 물리치고 스스로 홍이 날 때만 그렸다고 하며, 蘇軾의 「郭忠恕畫贊幷叙」에 다음과 같은 내용이 보인다. 郭從義가 곽충서를 山亭에 맞이해서 그림 그릴 환경을 조성해 놓고 곽충서가 스스로 홍이 나서 그릴 때까지 마냥 기다린 반면에, 岐 땅 사람의 아들은 오랫동안 후히 대접한 다음 그림을 그려 달라며 비단을 보냈다. 곽충서가 비단 한 귀퉁이에 먼 산의 봉우리 몇 개를 그려주자 곽종의가 귀중하게 여긴 데 비해, 岐 땅 사람의 아들을 위해서는 어린아이가 얼레를 잡고 연 날리는 모습을 그려주면서 연줄을 몇 길이나 되게 그려서 노여움을 샀다고 한다(『東坡全集』 卷94).

44 본떠……축원하는구나 : 원문의 '弄璋'은 득남을 뜻하는 말이다. 『시경』 「小雅 斯干」에 "이에 아들을 낳아 침상에서 재우며 바지를 입히며 구슬을 갖고 놀게 한다.[乃生男子, 載寢之牀, 載衣之裳, 載弄之璋.]"라고 하였다. 관련 연구에 따르면 현전하는 19세기에 그려진 「百子圖」의 구성이 이 시에서 말한 것과 매우 흡사해 맹영광의 「백동도」가 이 당시 유행한 範本일 가능성이 높은 것으로 본다. 아울러 「백자도」가 多男子의 상징으로 여겨졌기에 혼례 병풍으로 주며 득남을 기원하는 민화류의 그림이 성행했다고 한다(김선정, 「조선후기 百子圖 연구」(이화여대 석사논문, 2001.) 참조).

5-11

제용감 판관으로 도성에 머물며 차운해 짓다[45]

濟用監留都次韻

붉은꽃 자색풀 관장하는 곳[46]이러니	似是紅花紫艸監
십년 동안 문원에 있으며 다시 겸직하네.	十季文苑再兼啣.
남은 연꽃 옥이슬 쓸쓸히 맺혀 있고	殘荷玉露凄仍在
몇 그루 나무 서리단풍 온통 물들었네.	數樹丹霜着已咸.
임시로 무관 쓰고 을골 더했고	權戴武冠添乙骨
한가로이 패사 읽다 신함에 이르네.[47]	閒看稗史到辛函.
가을꽃은 젊던 얼굴 변했음 비웃는데	秋花却笑朱顔改
지난번 낭관이 이제 5품 관복 입었구나.	前度郎今五品衫.

45 제용감……짓다 : 유득공이 1792년 제용감 판관(종5품)에 재직하던 중 감회를 읊은 시이다. 제목의 '留都'는 왕이 도성 밖으로 행차할 때 신하가 머물러 있는 것을 말하는데, 1792년 9월 정조가 선릉과 광릉에 행차한 기록이 보인다. 『고운당필기』에는 이 시를 지은 상황에 대해 "계묘년(1783)에 나는 금정도 찰방에서 내직으로 옮겨 제용감주부가 되었다. 신해년(1791)에 또 와서별제에서 품계가 올라 제용감판관에 제수되었는데, 지난날 노닐던 것을 회상하니 벌써 아득하였다. 숙직 중에 '似是紅花紫草監, 十年文苑再兼銜.'라는 시구를 지었는데, 역시 사실을 기록한 것이다.[歲癸卯, 余以金井道察訪, 內移本監主簿. 辛亥, 又以瓦署別提, 陞授判官, 回想前遊, 已漠然矣. 直中有句云, '似是紅花紫草監, 十年文苑再兼銜.' 蓋亦記實云.]"라고 기록되어 있다.

46 붉은꽃……곳 : 붉은꽃과 자색풀의 원문은 '紅花'와 '紫艸'이다. 모두 염료로 사용하는 화초이며, 제용감이 의복 및 포목·비단 등의 관리와 염색 등을 관장하는 곳임을 일컫는 표현이다.

47 임시로……이르네 : 유득공이 10년 동안 재임했던 규장각 검서관은 서얼 출신 문사들을 대우하기 위해 마련한 자리로 5~9품에 해당하는 軍職을 받았으므로 무관의 복장을 착용하도록 되어 있었다. '乙骨'은 호랑이에게 있다는 '乙'자 모양의 뼈를 가리킨다. 이를 갖고 있으면 위엄 있게 된다고 전해지며, 『지봉유설』 권20 「禽蟲部 獸」조에서 관련 내용을 볼 수 있다. '辛函'은 天干의 차례에 따라 8번째 책상자를 뜻하는 것으로 보인다.

5-12

연경에 가는 검서관 박계지[48]에게 지어 주다

贈朴繼之檢書赴燕

유유히 흐르는 압록강 물결	悠悠鼉淥水
우리들 건넌 것 모두 세 번이라네.	吾輩渡凡三.
서국에서 장차 늙어갈 따름인데	書局行將老
군복 차림도 달갑게 여길 바라.	戎裝是所甘.
산천은 장성 바깥[49]에 이어졌고	山川連口外
오랜 벗은 강남 땅에 있겠지.	知舊在江南.
내원의 봄밤에 등불 밝히고	內院春燈夕
종이 가득할 그대 이야기 기다리겠네.	遲君滿紙談.

48 박계지(朴繼之) : 朴宗善(1759~1819)으로 繼之는 그의 자이며, 호는 菱洋이다. 연암 박지원의 삼종형인 錦城尉 朴明源의 서장자이다. 서자라는 신분 때문에 규장각 검서관과 음성 현감 등의 말직에 종사하였다. 박지원, 박제가, 이덕무, 유득공 등 실학파 문인들과 친분이 두터웠다. 1792년과 1794년 두 차례 연행한 경험이 있으며, 이 시는 그의 첫 번째 연행 때 지어진 작품이다. 저서로『菱洋詩集』이 전하는데, 다양한 시체와 시풍을 폭넓게 구사하고 있어 시인으로서 대가의 반열에 올려도 손색이 없다는 학계의 평가를 받고 있다.

49 장성 바깥 : 원문은 '口外'에서 口는 만리장성에 있는 출입구를 뜻하며, 구외는 만리장성 바깥 지역을 가리킨다.

5-13

북청도호부사로 부임하는 성용연을 전별하며[50]

別成龍淵赴北靑都護任

인생의 부침 예부터 말할 것 없나니	升沈終古不須云
십년 동안 맑은 인연으로 교서관에 있었지.	十載緣淸秘省芸.
늙어가매 포부는 여전히 세상을 덮고	老去風裒猶蓋世
때가 와 지은 사부 문득 구름 위로 치솟았네.[51]	時來詞賦忽凌雲.
성상의 평으로 특별히 3품직에 오름 허여하니	宸評特許登三品
속된 안목으로는 1문의 값어치도 쳐준 적 없었지.	俗眼曾無直一文.
봄바람 불 제 그리는 마음 끝이 있으랴	何限東風相憶處
옥저성 밖에 버들개지 어지러이 흩날리리.	沃沮城外柳紛紜.

50 북청도호부사로……전별하며 : 成龍淵은 서얼출신 문인인 成大中(1732~1809)으로, 용연은 그의 호이다. 성대중은 본관은 昌寧이고, 자는 士執, 호는 靑城·醇齋·龍淵 등이 있다. 1756년(영조32)에 정시문과에 급제한 후 1763년에 통신사 趙曮을 수행하여 일본에 다녀왔고 이후 興海郡守 등을 지냈다. 정조의 총애를 받았으며, 규장각 검서관으로서 이덕무·박제가·유득공 등과 교유하였다. 1792년 문체반정 때 정조가 여러 관리에게 글을 지어 올리게 하였는데, 성대중이 功令賦體로 지어 올린 글을 특별히 칭찬하면서 외3품직인 북청도호부사에 특임하였다. 서얼출신임에도 뛰어난 능력으로 청직에 올라 영·정조대 서얼통청의 상징적 인물이 되었다.

51 때가……치솟았네 : '구름 위로 치솟았네[凌雲]'는 司馬相如의 「大人賦」를 염두에 둔 표현이다. 한무제가 이 작품을 두고 "표표히 구름 위로 치솟는 기상이 있고, 천지간을 노니는 듯한 의취가 있다.[飄飄有凌雲之氣, 似游天地之間意.]"라 평하여 이후 「凌雲賦」라 불리기도 한다. 여기서는 성대중이 정조에게 글을 바쳐 왕의 칭찬을 듣고 높은 벼슬을 얻게 된 상황을 두고 쓴 표현이다. 이러한 맥락을 고려하면 '때가 와 지은 사부'의 때는 왕에게 인정받을 수 있는 기회를 의미한다.

5-14

이문원 연회에서 학사 서영보[52]와 남공철,[53] 승지 이서구, 동료 이덕무와 함께 시를 짓는데 '은(恩)'자 운을 얻어 북청도호부사로 부임하는 성대중에게 지어 주다[54]

摛文院公讌 徐南二學士薑山承旨懋官寮兄同賦 得恩字 贈北青成都護

어제가 입춘이라 봄기운 벌써 따뜻하고	昨日立春春已暄
동풍에 날리는 버들가지 금문을 비추네.	東風吹柳暎金門.
북청 사또 떠나매 이별하려 하니	青州使君行將別

52 서영보(徐榮輔) : 1759(영조35)~1816(순조16). 본관은 達城, 자는 景在, 호는 竹石이다. 1789년(정조13) 식년문과에 장원급제해서 수찬을 거쳐 암행어사로 민정을 다스리고 이후 검교직각을 거쳐 승지, 대사간을 지낸 뒤 황해도관찰사로 검교직각, 원임직각 등을 겸하였다. 이후 경기도관찰사, 성균관대사성, 형조판서, 예조판서, 호조판서, 예문관제학 등을 지내고 평안도관찰사로 외직에 나갔다가 규장각제학을 거쳐 이조판서가 되었다. 시호는 文憲이며, 저서로 『竹石館遺集』이 있다.

53 南公轍 : 1760(영조36)~1840(헌종6). 대제학 南有容의 아들로, 본관은 宜寧, 자는 元平, 호는 금릉, 시호는 文獻이다. 1784년(정조8)에 아버지가 정조의 사부였던 관계로 음보로 洗馬를 제수받았고, 이듬해 2월 사헌부 감찰에 임명되었다. 1792년(정조16) 과거급제 후 바로 규장각 직각이 되었다. 순정한 고문을 구사하여 정조의 칭찬을 받은 바 있으며, 순조 때는 우의정을 거쳐 영의정을 역임하면서 14년간 재상의 자리에 있었다.

54 이문원……주다 : 1792년(정조16) 12월 17일 정조는 성균관 유생들을 비롯하여 승지, 낭관, 교리, 검서관 등 여러 관리들에게 '아침에 일어나 보니 이른바 눈 깊이 석 자가 정말이로다.[朝起視之, 眞所謂雪深三尺.]'를 주제로 글을 지어 올리게 하고, 답안을 직접 살펴 우수자 6인에게 상을 내렸다. 이는 정조의 문체반정 정책과 깊이 관련되어 있는데, 성대중이 그 취지에 맞게 고문으로 가작을 바쳐 특별한 칭찬을 받았던 것이다. 그에 대한 전별연 또한 정조의 명으로 성대하게 열렸는데, 이 시는 이 연회 때 동료들과 함께 지은 작품이다. 이때 '恩'자 운을 공유하며 지은 작품 가운데 성대중과 이덕무의 작품은 확인이 된다(『青城集』 卷3, 『青莊館全書』 卷12). 참고로 성대중이 부임한 북청도호부사는 서얼 출신으로서 역임한 가장 높은 직위에 해당한다. 유득공은 따로 『고운당필기』 권3 「進箋」 조에 당시의 상황을 자세히 기록하고 있다.

이문원 대청 술단지엔 술이 가득.	摛文堂上酒盈樽.
오늘 이 주연 어떤 자리인지 알아야 할지니	今日應知此酒否
한 잔 두 잔마다 임금 은혜에 감격하네.	一觴兩觴感君恩.
올린 책문과 바친 시부 모두 으뜸 차지하니	對策獻賦俱第一
동중서 사마상여[55]와 견주어 어떠한가.	何似江都與文園.
풍류와 문채 넘치는 두 학사	風流文彩兩學士
승정원의 대신은 시단을 압도하네.	銀臺鉅公傾詞垣.
이 자리의 성대함 일찍이 없었던 바	此席甚侈未曾有
청문 밖에 친 휘장[56] 말할 것도 못되네.	青門供帳何足論.
옛 거문고 튕겨보고 옛 석경 두드리며	一彈古琴敲古磬
풍아 드높여 시의 근원 찾노라.	揚扢風雅溯厥源.
하량의 시, 백량의 체[57] 참으로 오래되었거니와	河梁栢梁眞尙矣
『문선』의 체격, 신성이 날마다 많아졌네.	選體新聲日趨繁.
이백과 두보의 광채 만 길에 빛나는데	李杜光焰燭萬丈
송나라 초 문인들 서곤을 본떴네.[58]	宋初詞臣効西崑.

55 동중서(董仲舒) 사마상여(司馬相如) : 원문은 '江都'와 '文園'로 동중서는 江都相, 사마상여는 孝文園令을 지냈으므로 이렇게 일컫는다.

56 청문(靑門)……휘장 : 원문의 '靑門'은 한나라 장안성의 동남쪽 문 이름으로, 문 밖에 있던 灞橋라는 다리가 전별의 장소로 유명하였다. '供帳'은 연회 등을 위해 휘장, 음식, 비품 따위를 갖추는 것을 말한다.

57 하량(河梁)의 시, 백량(柏梁)의 체 : 河梁은 李陵이 고국으로 돌아가는 蘇武를 송별했다는 다리로, 이때 지은 시가 오언시의 시초가 되었다고 전해진다. 栢梁은 한무제가 장안에 세운 柏梁臺로, 여기서 연회를 열며 여러 신하들과 돌아가며 시를 창수하였다. 이때 지어진 시를 '백량체'라 일컬으며, 이를 칠언시의 효시로 본다.

58 송나라……본떴네 : 원문의 '詞臣'은 관각의 문인들을 칭하는 말이다. 송나라 초기 조정에 있으면서 함께 어울려 시작활동을 했던 楊億, 劉筠, 錢惟演, 丁謂, 張詠 등이 대표적인 인물로 꼽히며, 이들의 시를 엮은 『西崑酬唱集』이 전하고 있다. 대개 만당기의 유미주의적 시풍을 이은 것으로, 이러한 시체를 '서곤체'라 칭하기도 한다.

원호문(元好問)[59] 앞에 있고 우집(虞集)[60] 뒤에 있어 遺山在前道園後
금・원 시대 적막하여 몇 사람만 시명떨쳤지. 數子寥寥鳴金元.
이반룡(李攀龍)[61]의 모방과 의작도 물리거늘 雪樓摸擬亦可厭
하물며 재잘대는 서위(徐渭)[62]와 원굉도(袁宏道)[63]라니.
何況啁啾徐與袁.
내 이 말 듣고 깜짝 놀라 눈 휘둥그레지니 我聞此語瞠乎駭
처음엔 바다를 보려 했지만 끝내 울타리만 엿본 꼴이라네.
始望其洋終窺藩.
바야흐로 지금 성인께서 임금의 자리에 계시어 方今聖人御九五
「운문」 대악[64]으로 황제(黃帝) 시절 뒤쫓네. 雲門大樂追黃軒.

---

59 원호문(元好問) : 1190~1257. 금나라 및 원나라 초기에 활동한 시인으로, 자는 裕之, 원문의 '遺山'은 그의 호이다. 20대 중반부터 문명을 얻어 '元才子'라 일컬어졌으며, 금나라를 대표하는 문인으로 꼽힌다. 원나라가 들어선 이후 관직을 거부하고 시작과 저술 활동에만 매진하였다. 저서로 『杜詩學』, 『中州集』, 『遺山集』 등이 있다.

60 우집(虞集) : 1272~1348. 원나라 시인으로, 자는 伯生, 원문의 '道園'은 그의 호이다. 詩書에 뛰어나 楊載, 范悙, 揭奚斯 등과 함께 元詩 四大家로 꼽히며, 특히 원나라 문종의 신임을 받아 규장각 侍書學士를 역임하였다. 저서로 『道園遺稿』, 『道園學古錄』 등이 있다.

61 이반룡(李攀龍) : 1514~1570. 명나라 문인으로, 자는 于鱗, 호는 滄溟이다. 원문의 '雪樓'는 그가 은거했던 白雪樓를 칭한 것이다. 고문을 중시하는 擬古派 작가로, 王世貞 등과 더불어 後七子로 꼽힌다. 단 왕세정이 『藝苑巵言』에서 그의 작품을 두고 "옛 법첩을 임모한 것 같을 따름이다.[似臨摹帖耳.]"라 했을 정도로, 의고적 경향에 경도되어 모작 수준에 그친다는 평을 받기도 한다. 저서로 『李滄溟集』, 『古今詩刪』 등이 있다.

62 서위(徐渭) : 1521~1593. 명나라 문인으로 절강 출신. 자는 文長, 호는 青藤이다. 분방한 성품으로 시문과 서화에 두루 뛰어났으며, 의고파의 모방적 경향을 반대하고 작가적 개성과 독창성을 중시하였다. 저서로 『南詞敍錄』, 『徐文長全集』 등이 있으며, 잡극 「四聲猿」을 짓기도 하였다.

63 원굉도(袁宏道) : 1568~1610. 명나라 문인으로 형주부 공안 출신. 자는 中郎, 호는 石公이다. 형 袁宗道, 동생 袁中道와 함께 '三袁'으로 일컬어지며, 이른바 公安派로 불린다. 李贄의 문하에서 수학하였으며, 시 창작에 있어 개성과 독창을 중시하여 의고주의적 경향을 비판하였다. 저서로 『袁中郎集』, 『瓶花齋雜錄』 등이 있다.

박주 휘저어 순주 만드니 꽃에서 열매로 나아감이요 激滴爲醇華就實
새긴 것 깎아내 질박함 이루니 나무의 기운 뿌리에 감춤이라.[65]
斲雕成樸木晦根.
가을 반딧불이 내는 빛 촉룡[66]인 듯하고 秋螢放光若燭龍
새벽 귀뚜라미 우는 소리 곤현[67]과도 같구나. 晨蛩吐音如絃鵾.
태사가 채집한 시 바치며 절하고 하례하니 太史陳詩拜且賀
우리나라 풍속 온유하고도 도탑구나. 大東風俗溫而敦.
북청 사또 어느 날에야 돌아올까 青州使君歸何日
현도성 위에 올라 멀리 대궐 바라보리. 玄菟城上望九閽.
그대 현도성에 모란꽃[68] 만 송이나 된다 자랑 말게나
君莫誇玄菟城牡丹花萬本
모란꽃 아래서 이야기 나눌 이 뉘 있으리. 牡丹花下誰與言.

---

64 「운문(雲門)」 대악(大樂) : 「운문」은 주나라 때 악곡명으로 黃帝 시절에 지어진 것이라 전한다. 대악은 임금의 행사에 사용되는 음악을 칭한다.

65 나무의……감춤이라 : 원문은 '木晦根'으로, 劉子翬가 朱熹에게 元晦라는 자를 지어주며 "나무는 뿌리에 감추어 봄날 꽃가지 만발하고, 사람은 몸에 감추어 정신이 안에서 살찐다.[木晦於根, 春容燁敷; 人晦於身, 神明內腴.]"라 한 데서 유래한 말이다.

66 촉룡(燭龍) : 촛불을 입에 물고 빛을 비춰준다는 상상 속의 동물. 굴원이 「天問」이란 작품에서 이 시어를 썼는데, 王逸이 "하늘의 서북편에 어둡고 해가 없는 나라가 있는데, 용이 있어 초를 물고 비춰준다.[天之西北有幽冥無日之國, 有龍銜燭而照之也.]"라 풀이한 바 있다.

67 곤현(鵾絃) : '絃鵾'과 같은 말로 곤현은 鵾雞(댓닭)의 힘줄로 만든 악기줄을 뜻한다. 소식의 「杜介熙熙堂」이란 시에 "곤현을 쇠술대로 타니 소리가 우레 같아라[鵾絃鐵撥響如雷.]"라는 구절이 있다.

68 현도성에 모란꽃 : 玄菟는 漢四郡 중 하나로 지금의 함경도 지역에 해당한다. 함경도 경흥 지역에 덩굴로 자라는 모란이 있는데, 宋 徽宗이 금나라에 의해 북쪽 땅에 억류되어 있을 때 그의 花石綱에 있던 것을 가져다 심은 것이라는 설이 있다. 『지봉유설』 권20 「卉木部 花」 조에 관련 내용이 보인다.

5-15

대보름 이틀 뒤 학사 남공철과 승지 이서구가 승정원에서 함께 숙직하며 지은 시에 차운하다[69]

上元後二日 次南學士李承旨銀臺伴直韻

지난날의 결백한 마음 지니고	夙昔秉素衷
맑은 밤 승정원에 숙직하네.	淸夜棲華省.
마음으로 통하매 밝은 달 떠오르고	心知皓月生
마주 앉아 있으매 봄숲도 고요하다.	坐對春林靚.
어두운 회랑에 떠오르는 달빛 비쳐 들고	陰廊展初輝
층층 도성엔 남은 빛 걸려 있네.	層城挂餘景.
맑은 이 마음 서로 비슷하다 여긴다면	冲襟許相似
한 마디 그리움 부치고자 하네.	願言寄寸耿.

69 대보름……차운하다 : 『고운당필기』 권3 「韋左司體」에 이 시를 짓게 된 정황이 자세히 기록되어 있다. 이에 따르면 유득공은 이서구의 원시가 韋應物의 체와 비슷하다고 생각하여 자신도 그러한 시체에 따라 시를 지었다고 하였다.

5-16

교서관에서 책을 편수하다 작고한 벗 이덕무[70]가 떠올라 붓 가는 대로 쓰고 한바탕 통곡하다

芸省編書 憶靑莊故友 信筆一慟

풍진세상에 노닐던 것 정녕 얼마나 되었던고	游戲風塵定幾時
그 때는 골개숙이 지리숙과 벗하듯 했지.[71]	當年滑个友支離.
한밤중 등불 앞의 꿈 쓸쓸하고	凄然夜半燈前夢
인간세상 술 마신 뒤의 슬픔 끝이 없어라.	無限人間酒後悲.
화옥과 청산[72]은 고개 돌리는 사이이건만	華屋靑山回首是
「양춘」과 「백설」[73]에 애 끊는 이 누구일까.	陽春白雪斷腸誰.
초가을 비성에서 책을 편수하는데	新秋秘省編書處
예전처럼 매미 울음[74] 버들가지에서 들려오네.	依舊吟蟬着柳枝.

70 작고한 벗 이덕무 : 이덕무는 1793년 1월 25일에 세상을 떠났다.

71 그……했지 : 滑介叔과 支離叔은 『莊子』 「至樂」편에서 삶과 죽음이 다르지 않음을 말하는 우언 속에 등장하는 인물들이다. 둘이 옛날 黃帝가 노닐던 곳에 갔을 때 갑자기 골개숙의 왼팔에 혹이 생겨나게 되는데, 지리숙이 골개숙에게 그 혹을 꺼려하는가 묻자 골개숙은 그렇지 않다고 하며 삶이란 천지의 기운을 빌린 것이요 죽고 사는 것은 밤과 낮이 바뀌는 것과 같거늘 꺼릴 것이 무어 있겠는가라고 대답했다는 내용이다. 여기서는 유득공이 이덕무와 뜻을 같이하며 깊이 교유했던 지난날을 추억하며 쓴 표현이다.

72 화옥(華屋)과 청산(靑山) : 생전의 화려한 집이 쓸쓸히 구릉이 되고 말았다는 의미로, 순식간에 흥망성쇠가 지나감을 이르는 표현이다. 曹植의 「箜篌引」에 "살아서 화려한 집에 거처하다, 쓸쓸히 산 언덕으로 돌아갔구나.[生在華屋處, 零落歸山丘.]"라는 시구에서 유래한 말로, '華屋山丘'라고도 쓴다.

73 「양춘(陽春)」과 「백설(白雪)」 : 宋玉의 「對楚王問」에 따르면, 초나라 가곡 중 「양춘」과 「백설」이란 곡이 있는데 수준이 아주 높아 이에 화답하여 부르는 이가 매우 드물었다고 한다. 이로부터 고상한 아취를 알아주는 知音을 뜻하는 표현으로 쓰인다.

74 매미 울음 : 이덕무의 堂號 중 하나가 蟬橘堂이었던 바, 시를 짓는 당시의 정경을 묘사

5-17

주부 서가운[75]을 애도하며 짓다 【다섯 수】

悼徐稼雲主簿 【五首】

기억하는가, 그대 집 살구나무 앞에서 記否君家杏樹前
당시 그대 소년이고 나는 청년이었지. 君時丱角我青年.
달밤에 손잡고 꽃 사이에서 취하니 月中携手花間醉
잠깐의 천진난만함 참으로 사랑스러웠지. 一霎淸狂劇可憐.

그대의 스승 나의 벗인 이청장 君師我友李青莊
태산으로 노닐러 간[76] 나이 오십 남짓이라네. 游岱之季五十强.
그대 엊그제 눈물 쏟으며 나를 찾아왔는데 君昨汍瀾來向我
지금 따져보매 누가 더 황망할꼬. 如今計較又誰忙.

내가 지은 「이십일도회고시」 아끼어서 愛我東韓懷古詩
세필로 정사하여 오사란[77]에 빛났지. 蠅頭爲寫暎烏絲.

하는 동시에 이덕무에 대한 그리움을 담아낸 시어라 하겠다.

75 서가운(徐稼雲) : 徐有年(1756~1793)으로 '稼雲'은 그의 자이다. 이덕무의 동생 李公茂의 어릴 적 친구이자 서얼 출신의 문사로 유득공, 이덕무, 박제가 등과 교유하였으며, 『청장관전서』, 『정유각집』 등에 그에게 준 증시, 만시, 편지 등이 보인다. 1777년 진사가 되어 典獄署參奉, 濟用監奉事, 尙衣院主簿, 北部都事 등을 역임하였다.

76 태산으로 노닐러 간 : 원문은 '游岱'로, 죽음을 완곡하게 이르는 말이다. 岱는 岱宗 곧 泰山을 말한다. 張華의 『博物志』에 "태산은 天孫이라고도 하는데 天帝의 자손임을 말하며 사람의 혼백을 부르는 일을 주관한다.[泰山, 一曰天孫, 言爲天帝孫也, 主召人魂魄.]"라 하였으며, 劉楨이 지은 「贈五官中郎將」에 "늘 두려운 것은 대종에 노닐어 친구를 다시 보지 못하는 것이라.[常恐遊岱宗, 不復見故人.]"라는 구절이 보인다.

77 오사란(烏絲欄) : 글을 쓰기 편하게 괘선을 그어 놓은 종이를 말한다.

우연찮게 가져가 금대의 문사에게 선물하매[78] 偶然持贈金臺客
윤택한 그 글씨 더 간직하지 못함이 한스럽네. 恨不藏存看筆滋.

숙직하며 찾아갈 이 더는 없기에 更無人可直中尋
예전처럼 규장각 깊이 틀어박혀 서책 초록하네. 依舊鈔書內院深.
회화나무 꽃[79] 무성한 상의원[80] 동쪽 편 簌簌槐花東織室
시원한 신 신고 마지못해 가을그늘 따라 나서보네. 凉鞾强復踏秋陰.

만사에 명이 있거늘 그 어찌하랴 萬事其如有命何
젊은 나이로 관로에 나갔다가 곧 넘어지고 말았네.[81] 妙齡通籍轉蹉跎.
애달파라, 역로길에 송사까지 겪었으니 哀哉馹路兼詞訟
어찌 그다지도 사람들에게 받아들여지지 못했던가. 胡大關人不許他.

78 우연찮게……선물하매 : 유득공이 1790년 연행에서 紀昀을 만나 수고본 『이십일도회고시』를 선물한 일을 가리킨다. 이 시의 내용으로 보아 당시 기윤에게 준 수고본이 서유년이 淨寫한 것인 듯하다. 金臺는 전국시대 燕나라 昭王이 인재를 초빙하고자 세운 黃金臺를 말하여, 연 지역에 속한 북경을 일컫는 말이다.

79 회화나무 꽃 : 한여름에 황백색 꽃을 피우며, 약재나 황색의 염료로 사용된다. 유득공은 『고운당필기』에 제용감에서 사용하는 염료를 나열하며 회화나무 꽃도 적어둔 바 있다.(『古芸堂筆記』 卷4 「濟用監」)

80 상의원 : 원문의 '織室'은 한나라 때 옷감의 관리와 의복의 제조를 관장했던 관서를 뜻한다. 여기서는 서유년이 죽기 전 마지막 직책이 상의원주부였던바, 상의원을 가리키는 것으로 보았다.

81 곧 넘어지고 말았네 : 『일성록』에 서유년이 처벌이나 심문을 받았던 기록이 종종 보인다. 1786년(정조10) 1월에 하옥되어 있다가 保放되었고, 그 이듬해 1월에는 어가를 모시고 가다가 먼저 돌아간 일로 의금부에서 태형 40대를 맞았다는 기록이 있다. 또 1791년 2월에는 나이가 찼으나 혼례를 올리지 않은 이들로 지목되어 심문을 당하기도 하였다.

5-18

이사거[82] 현감을 추억하여 만시를 짓다 【네 수】

追輓李斯擧縣監 【四首】

용진[83] 나루터 길 멀고 멀어라	龍津津口路悠悠
봉래와 영주에서 한가로이 노닐던 일 떠오르네.	記得蓬瀛汗漫游.
동각의 방울소리[84]에 놀라 정신없이 말에 올라	東閣鈴聲驚抂騎
공무[85] 급히 처리하고 강가 누각에서 이야기 나누었지.	快麾朱墨話江樓.

대동강 가 호쾌한 피리 애달픈 가야금 가락	豪竹哀絲浿水濱
풍류와 문채 모두 지난 일이라.	風流文雅摠前塵.
아리따운 기녀에게 쪽지 먼저 보내	赫蹏先致紅娥袖
연경 만리길 떠나는 사람 붙들고 술 마셨지.	留飮燕雲萬里人.

82 이사거(李斯擧) : 李鴻祥(?~1793?)으로 斯擧는 그의 자이며, 호는 茶山이다. 서얼 출신으로 유득공, 성대중, 이덕무, 홍원섭 등과 교유했으며, 『청성집』, 『청장관전서』, 『태호집』 등에서 그와 관련된 시를 찾아볼 수 있다. 양지 현감, 찰방 등을 역임하였으며, 1781년(정조5) 경상감사 李文源의 비장으로 있을 때 뇌물을 받고 전횡을 일삼았다는 죄목으로 유배에 처해지기도 하였다. 1771년 서장관 沈頤之를 따라 연행길에 올랐으며, 이때 孔廣森을 만나 孔子의 화상을 받아왔다는 기록도 보인다.

83 용진(龍津) : 경기도 양평 양수리의 옛 이름.

84 동각(東閣)의 방울소리 : 동각은 조정에선 재상, 지방에선 감사나 수령이 집무하는 공간을 말하며, 때로는 지방관을 칭하는 말로도 쓰인다. 방울소리는 이른바 '懸鈴'의 소리로 보인다. 급한 소식을 전하는 공문을 보낼 때 정도에 따라 1~3개의 방울을 달아서 발송하였는데, 3개를 단[三懸鈴] 경우가 가장 긴급한 것이었다.

85 공무 : 원문의 '朱墨'은 공문서나 장부를 붉은 먹과 검은 먹으로 정리한 데서 유래한 표현으로, 공문서 또는 관청의 업무를 처리하는 것을 뜻한다.

『여지승람』 다시 편수한 것 몇 번째 상자인가[86] 輿地重修第幾函
새로 연 서국에 군관 직함으로 참여했지. 新榮書局帶軍啣.
근래 대궐 연회에서 종종 함께 자리하매 伊來公讌頻聯席
희끗희끗 서리 앉은 귀밑머리에 바랜 녹삼[87]이었지. 霜鬢依依舊綠衫.

그대의 북정편 「국풍(國風)」·「이소(離騷)」 이어 北征篇述繼風騷
얇은 백추지에 붓 기운 호방하였지. 白硾箋輕筆意豪.
그리워라 평소 술잔 나누며 시 읊던 곳 依戀平生觴詠地
교서관 주변 발간 복사꽃 피어나네. 秘書齋畔綻緋桃.

86 『여지승람』……상자인가 : 1789년 6월 정조는 규장각에 『동국여지승람』의 체제를 본뜬 『海東邑誌』의 편찬 작업을 완수하라 명하며 각 지역별로 담당자를 정하였는데, 이홍상은 전라우도 담당이었다. 참고로 이때 성대중은 한성부, 박제가는 경기, 유득공은 원춘도(강원도), 이덕무는 평안도 등을 맡게 되었다.

87 녹삼(綠衫) : 녹색의 公服. 대체로 조정의 하급 관원이 착용하는 복식으로, 조선시대엔 7~9품 관료의 공복이었다.

5-19

북둔[88]의 복사꽃 【두 수】

北屯桃花 【二首】

십년 만에 다시 북산의 사립문 두드리니	十季重叩北山扉
눈에 익숙한 복사꽃 오솔길 한낮의 햇살 싱그럽네.	眼慣桃蹊淨午暉.
새로 사귄 벗[89] 몇몇 술자리에 찾아와	今雨幾人來酒所
며칠 동안 봄바람에 꽃잎 날리는 데 머물러 있네.	東風數日駐花飛.
푸른 시내 길 단청 바랜 정자 둘러 있고	青溪路帶微紅橉
방초 핀 봄날 연두빛 옷과 어우러지네.	芳艸春迷淺碧衣.
그저 잠시 짬을 얻어 말 타고 떠나왔는데	但得小閒騎馬去
꽃구경할 벗들이 아주 없지는 않구나.	看花伴侶未全稀.
한 줄기 시냇물 판자문 몇몇 돌아 흐르고	一帶溪流幾板扉
성가퀴 높은 곳에 지는 햇살 걸려 있네.	女墻高處挂斜暉.
화사한 복사꽃 여린 버들잎 집집마다 보기 좋고	夭桃嫩柳村村好
돌아온 제비 새로 온 꾀꼬리 곳곳에서 날아드네.	舊燕新鶯處處飛.

88 북둔(北屯) : 御營廳의 城北屯이 있었던 곳으로, 현재 성균관대학교 뒤편 성북동 일대이며, 北渚洞, 北笛洞, 北寺洞, 墨寺洞 등으로도 불린다. 자하문 북쪽의 도화동과 함께 복사꽃이 아름답기로 유명하였으며, 살구꽃이 아름다운 필운대와 더불어 한양에서 꽃구경의 명소로 꼽혔다.

89 새로 사귄 벗 : 원문은 '今雨'로, 두보가 「秋述」이라는 시의 서문에서 "내가 병으로 장안의 여관에 누워 있었는데 비가 많이 와서 물고기가 생기고 이끼가 침상까지 올라왔다. 늘 오가던 객들이 예전에는 비가 와도 왔는데, 요사이는 비가 오면 오지 않는다.[杜子臥病長安旅次, 多雨生魚, 青苔及榻. 常時車馬之客, 舊雨來, 今雨不來.]"라 한 데서 유래한 말이다. 참고로 오랜 벗은 '舊雨'라 일컫는다.

이내 낀 풀밭 말 타고 돌아가는 이들로 나뉘고	烟艸平分歸騎影
떨어진 꽃잎 취객의 옷섶에 한가득 쌓이네.	落英多積醉人衣.
도성의 동쪽 삼월의 봄기운 한량 있으랴만	城東三月春何限
맑은 술에 향그러운 꽃내음 이만한 것 드무리.	酒碧花香似此稀.

5-20

늦은 봄 이송정[90]에서 마시며

春晩飮二松亭

떨어지는 꽃 향기로운 풀로 섬돌 뜨락 짙어가는데	落花芳艸暗堦庭
그대 크게 노래하시게나 한 번 들어보겠네.	君且高歌試一聽.
늙어가매 풍정일랑 반점도 남지 않았는데	老去風懷無半點
눈앞의 봄빛은 세 번째 마디를 지나는구나.	眼前春色過三停.
안석에 기대어 내가 나를 잊음[91]만 못하리니	莫如隱几吾忘我
애오라지 그림자가 형체에게 주는 시[92]를 짓는다네.	聊復題詩影贈形.
버들솜은 바람결에 달라붙었다 날려가는데	柳絮風中扶着去
몇 사람 취해 있고 몇 사람 깨어 있는가.	幾人沈醉幾人醒.

90 이송정(二松亭) : 성균관 근처에 있었던 정자로, 『太學契帖』 발문에 성균관 유생들이 이곳에서 꽃놀이, 강론, 탄금, 시작 등을 하고 노닐었다는 내용이 보인다.

91 안석에……잊음 : 『莊子』「齊物論」에 나오는 南郭子綦와 顔成子游의 대화를 염두에 둔 표현이다. 남곽자기가 안석에 기대어 하늘을 향해 긴 숨을 내쉬자, 안성자유는 지금 안석에 기댄 사람은 예전에 안석에 기대어 있던 사람과 다른 것 같다고 묻는다. 그러자 남곽자기는 제자의 질문을 칭찬하며 '지금 나는 나를 잊었다[今者吾喪我]'라 대답한다. 자신을 잊고 천지와 함께 호흡하는 경지에 대해 설명하는 대목이다.

92 그림자가……시 : 陶潛의 이른바 形·影·神 3수를 염두에 둔 표현이다. 즉 「형체가 그림자에게 주는 말[形贈影]」, 「그림자가 형체에게 답하는 말[影答形]」, 「정신의 풀이[神釋]」 등으로, 삶과 죽음, 천지조화의 순리 등에 대한 사유를 담은 작품이다.

5-21

숙직을 마치고 나오는 날 계성[93]의 서재에 들러 전라도 관찰사로 있는 강산 시랑에게 부치다[94]

出直日 過季成書齋 寄薑山侍郎按節湖南

벼슬살이 부침에 맡길 뿐	游宦任浮沈
품은 뜻 늘 한가롭고 여유 있다네.	齎志恒蕭散.
숙직하며 삼월 지내다	持被在季春
옷 갈아입고 나오니 하순이라.	更衣值下澣.
말 돌려 그윽한 집 방문하니	旋騎過幽軒
수염 덥수룩하고 키 작은 이 와 있네.[95]	有客髯且短.
섬돌 앞 두 그루 복숭아나무	堦前兩桃株
홍도화 벽도화 한껏 피어있네.	紅碧花開滿.
그 가운데 춤추는 두 마리 학	中有雙舞鶴
펼친 날개 일산처럼 새하얗구나.	軒翅皓如繖.
당세의 현인 남쪽 지방 다스리매	時賢理南服

93 계성(季成) : 李韶九(1766~?)로, 계성은 그의 자이다. 형 李經九와 함께 이서구의 이복동생이다. 1790년(정조14) 증광시에서 진사로 급제하였으며, 참봉을 지냈다. 참고로 이서구의 문집 『척재집』에 그에 대한 제문 「祭季弟【季成】文」이 실려 있다.

94 전라도관찰사로……부치다 : 이서구는 1793년 8월 16일부터 1795년 5월 22일까지 전라도관찰사로 있었다. 이 시는 1794년 봄에 지어졌다.

95 수염……있네 : 『영재집』 권4의 「초서행을 지어 차수에게 주다[草書行 贈次修]」라는 시에서 "세 번째 검서관 수염 많고 키 작은데[第三檢書髯且短.]"라 한 것과 같이, 수염이 많고 키가 작았던 박제가를 일컬은 표현이다. 참고로 미국 버클리대학교에 소장되어 있는 『영재집』에는 이 시의 제목이 「同在先 過季成書齋 寄薑山李公按節湖南」으로 되어 있어 박제가와 함께 이서구의 서재를 방문했음이 분명히 밝혀져 있다.

정히 또 다시 봄가뭄 우려하겠네.[96]	正復憂春旱.
우리 같은 이들 무얼 하겠는가	吾儕何爲者
누각창 열어젖히고 찻잔 쥐고 있다네.	開樓把茗椀.
공이 이를 보면 응당 웃으며	公應見之笑
시 지어 화답하고 낙관 찍어 보내리라.	題詩爲落款.

96 정히……우려하겠네 : 『정조실록』과 『일성록』 등의 사료에 따르면, 1793년에는 경기도와 해서 지방이 큰 가뭄에 시달렸으며, 1794년에는 음력 6~7월 경에 경기도와 삼남 지방이 극심한 가뭄을 겪은 것이 확인된다.

5-22

갑인년 3월 15일 꽃구경과 낚시를 하면서 갱진하다[97] 【두 수】

甲寅三月十五日 賞花釣魚 賡進【二首】

못 가 정자로 어가 모시고 나가니	池檄陪仙蹕
숲속 꽃 또 한바탕 봄이로다.	林花又一春.
따뜻한 바람 술잔 휘감아 돌고	和風樽外轉
맑은 폭포 난간 앞에 시원스럽네.	晴瀑檻前新.
풀 나무에 은택 두루 미치고	艸樹恩光遍
이내는 진실로 그림 같이 펴져 있구나.	烟嵐畵意眞.
이리저리 거닐다 달 또한 맞이해야 하기에	逍遙應待月
번화한 거리에서 돌아가는 수레 멈추네.	綺陌駐歸輪.

은촉에 사롱 씌워 아름다운 누각 비추고	銀燭紗籠映畵樓
피리 부는 소리 목란배에 들려오네.	笛聲吹送木蘭舟.
누각 안과 배 안 모두 천상세계이니	樓中舟裏俱天上
건너편에서 물끄러미 바라보는 이 누구인가.	凝望何人在岸頭.

【누각 위, 배 안, 언덕 위에서 시신(侍臣)들이 운자를 골라 짓고 시축을 만들었던 일은 「갑인갱재축」[98]에 자세하다.[樓上舟中岸上, 侍臣拈韻分軸事, 詳甲寅賡載軸.]】

97 갑인년……갱진하다 : 갑인년인 1794년(정조18) 3월 15일 정조가 창덕궁 芙蓉亭으로 행차하여 여러 신료와 그 자제 및 검서관 등 54명과 함께 꽃구경, 낚시, 뱃놀이 등을 하며 신하들과 시를 주고받은 일이 있다. 유득공은 이 일을 『고운당필기』 권5에 「甲寅賞花釣魚」라는 제목으로 기록해두었다. 바로 뒤의 「又恭記」 2수도 이 때 지은 시로 역시 같은 조목에 실려 있다. 한편 이때 정조가 지은 시는 『홍재전서』 권6에 「夜登芙蓉亭小樓」라는 제목으로 실려 있다. 참고로 賡進은 임금이 지은 시문에 화답하여 지어 바치는 것을 뜻한다.

98 「갑인갱재축(甲寅賡載軸)」 : 규장각 한국학연구원에 소장된 『賡載軸』 제2책에 「內苑賞花甲寅賡載軸」이라는 제목으로 실려 있다. 참고로 '갱재축'은 군신간에 주고받은 시문을 엮어 책으로 만든 것을 뜻하며, 여러 종이 남아 있다. 위의 자료는 1781년부터 1795년까지 거행된 행사에서 정조가 신하들과 주고받은 시를 모아둔 것이다.

5-23

또 받들어 쓰다 【두 수】

又恭記 【二首】

아쟁 타고 완함(阮咸)[99] 뜯는 것 세간에서 알거니와　搊箏劈阮世間知
세 섬[100]에 노니는 신선들 새롭게 사(詞)를 짓네.　三島游仙另有詞.
눈처럼 하얀 비류강 바닥의 옥돌[101]로　雪白沸流江底玉
쌍피리 새겨 만들어 달빛 끼고 부네.　雕成雙笛月中吹.

둥실둥실 목란배 타고 멀리 바라보니　漾漾蘭舟望裏賒
누각 앞 봄 물결 위로 복사꽃 넘실거리네.　樓前春浪漲桃花.
푸른 산 푸른 물은 천자의 일이러니　山青水綠天家事
구름무늬 비단돛 돌아가매 수놓은 글자 비껴 날리네.[102]　雲錦帆迴繡字斜.

번역 양승목

---

99 완함(阮咸) : 고대 중국의 현악기로, 4줄로 된 일종의 비파. 晉나라 죽림칠현의 한 사람인 완함이 이 악기를 만들고 잘 타서 그의 이름을 따서 부른다.

100 세 섬 : 신선과 관련하여 세 섬이라 하면 으레 瀛洲・蓬萊・方丈을 일컫는다. 여기서는 정조와 신하들이 노닐었던 창덕궁 후원의 부용지에 조성된 섬을 말한 것으로 보인다.

101 비류강(沸流江) 바닥의 옥돌 : 이른 바 成川玉. 평안도 성천을 지나는 비류강에서 나는 백옥이 유명하였다. 유득공은 성천옥에 대해 "白玉出沸流江, 燈一對, 笛一雙, 硯一方, 若有人兮倚雪窓."라는 銘文을 짓기도 하였다(『泠齋集』 卷12 「硯銘」).

102 구름무늬……날리네 : 『고운당필기』 권5 「甲寅賞花釣魚」에는 수놓은 글자가 "어기어차 한 소리에 산수 푸르도다[欸乃一聲山水綠.]"였다고 기록되어 있다. 이는 유종원의 「漁翁」에 나오는 구절로, 유유자적한 어부의 삶을 노래한 것이다. 이 시의 轉句에서 '푸른 산 푸른 물'이라 한 것은 이와 관련된 것으로 보이는데, 다만 여기서는 임금의 은택으로 천하가 태평성대라는 함의를 가진 것으로 판단된다.

비로소 가평군에 당도하여 공무의 여가에 읊조린 잡영 【여덟 수】

始到加平郡 公餘雜詠 【八首】

벼슬살이 남강에 이어 북강 고을	宦跡南江又北江
방울 울리며 앞길 인도하는 관노 두 명이라.[103]	鈴聲前導皁衣雙.
동헌에 이르니 공무 없기에	却來郡閣無公事
활짝 열린 창 너머 몇 겹 구름산 마주하고 있네.	數疊雲山對拓窓.

【한강 상류에 남북으로 두 개의 강이 있다. 양근은 남한강의 오른쪽에 있고 가평은 북한강의 오른쪽에 있는데, 모두 내가 부임한 곳이다.[104][漢江上游南北二江, 楊根在南江之右, 加平在北江之右, 皆余所治也.]】

붉은 당귀주 비장에 스미어 향기로운데	當歸紅酒沁脾馨
한낮 술에 취해 작은 정자 기대었네.	向午醺醺倚小亭.
꿈에선 우리집 매화나무 아래인데	夢在吾家梅樹下
누군가 흔들어 깜짝 놀라 깨어났네.	有誰搖撼驀然醒.

피리 불고 북 울리며 동쪽 누대 오르는데	鳴笳擊鼓上東臺
관목 숲 짙은 그늘에 험한 돌길 펼쳐지네.	灌木陰濃石棧開.
맥 땅 뚫은 황량한 기념 비석[105] 어느 때 일인가	穿貊荒碑何代事

103 방울……명이라 : 수령 부임 시, 新迎 행차에는 부임지 관아의 吏房・隨陪・工房・通引・及唱奴・使令・丘從奴・房子奴 등이 참여했다.

104 모두……곳이다 : 유득공은 1788년(정조12) 10월 12일 양근 군수에, 1794년(정조18) 3월 29일 가평 군수에 제수되었다.

105 맥(貊) 땅……비석 : 漢武帝의 신하 彭吳가 춘천지역의 貊國을 제압하고 세운 비석을 가리키는 듯하다. 유득공의 『이십일도회고시』「貊 春川府」에서 '『漢書』에 무제가 즉위하고 나서, 팽오가 濊・貊・朝鮮의 길을 뚫었다.'는 구절을 인용하였고, 이어서 "소

소양강 물결 아득히 멀리서 흘러오네.　　昭陽江水杳然來.

【군치(郡治)의 동쪽으로 춘천부 경계에 초연대[106]가 있는데, 소양강 물이 대 아래로 흘러간다.[郡治東春川府界, 有超然臺, 昭陽江流出臺下.]】

조가의 누대[107] 아래 물결 넘실넘실　　曹家臺下水鱗鱗
철쭉꽃 봄날 예전 마을에 남아있네.　　躑躅花殘古縣春.
종종 보니 우거진 등나무 바위에 그윽하고　　時見深藤幽石上
청설모 단정히 앉아 길가는 이에게 읍하네.　　青鼦端坐揖行人.

【조종에서 현(縣)을 폐하여 본군에 소속시켰는데, 길이 조가의 누대를 지나갔다. 개울이 굽이굽이 흘러 십리 동안에 네 번을 건넜는데, 양쪽 언덕에 철쭉꽃이 무성하게 피어있었다.[朝宗廢縣屬本郡, 路經曹家臺, 泉流屈繚, 十里四渡, 兩岸躑躅花盛開.]】

사람이 소 울음소리 배워서 외려 소 부리니　　人學牛音却教牛
뿌연 안개 깊은 곳 음매 울음소리 외쳐대네.　　烟嵐深處喝牟牟.
푸른 봉우리에 가득 심은 붉은 기장, 누런 기장　　碧峰滿種紅黃黍
여름 가뭄, 가을 서리 또한 근심할 것 없다네.　　夏旱秋霜也不愁.

【산골 농사에서 소의 울음소리를 내어 소를 부리고, 소에 쟁기를 매달아 마음대로 꺾고 돌린다. 산 기장은 붉고 누런 두 종류가 있는데, 메마른 땅을 좋아하고 비를 꺼리며, 서리에도 강하다.[硤農作牛音訓牛, 牛服犁折旋如意, 山黍有紅黃二種, 喜旱忌雨又耐霜.]】

양강 물은 창진에 닿았는데, 잔존한 통도비 가시덤불에 묻혀있네. 동사는 반고의 기록 살피지 않아 요나라 때 임금이 한나라 때 신하에게 명했다 하네.[昭陽江水接滄津, 通道碑殘沒棘榛. 東史未窮班掾志, 堯時君命漢時臣.]"라는 시를 지었다.

106 초연대(超然臺) : 가평현 동쪽 5리에 있는 대로, 산기슭이 강 모퉁이로 곧장 들어가 깎아지른 절벽이 되어 자연스럽게 형성되었다. 위에는 정자가 있어 빼어나 경치를 조망할 수 있다(『東國輿地誌』 卷2 「楊州鎭」).

107 조가(曹家)의 누대 : 曺氏들이 모여 살던 마을에 있던 누대를 가리키는 듯하다. 현재 경기도 가평군 상면 덕현리에 '조가터(마을)'이라는 지명이 있다. 이곳에 조씨들이 많이 살았다고 하여, 조가댁 동네라고 하였다고 한다. 한편 마을 형태가 조개 모양과 같다고 하여 '조개터'라고 했다는 설도 있다.

숲속에 빗발 흩날려 유의 껴입고	一林飛雨擁油衣
관례대로 산창에서 장부 살피고 돌아오네.	隨例山倉按簿歸.
초여름 청평 시냇가 길 건노라니	初夏清平川上路
온통 꿀 향기 뿜는 들장미로구나.	蜜香都是野薔薇.

정북쪽 깊은 숲으로 어둑어둑 보이지 않고	直北林霏黯不開
춘천과 낭천[108]의 푸른 산빛 무성히 쌓였네.	春狼山色蔚藍堆.
일곱 마을 명포수들로 별동대 만들어	七村名礮團成哨
때때로 검은 곰, 흰 사슴 잡아 오네.	時拕玄熊白鹿來.

【고을 북쪽은 춘천·낭천 땅에 접해있어 사나운 짐승이 많다. 그래서 포수로 별동대를 두었는데, 겨울철이면 곰과 멧돼지 따위를 잡아 바쳤다.[郡北與春川狼川接壤, 多猛獸, 置別哨礮手, 冬月獻熊猪之屬.]】

고을의 관속[109] 모두 고기잡이 노련하여	郡功曹盡老於漁
큰길가에 복사꽃 성긴 그물 사이로 비추네.	官道桃花映網踈.
한강 상류에서의 인연 얕지 않아	洌水上游緣未淺
오년 만에 다시 쏘가리 보게 되네.	五季重見錦鱗魚.

108 낭천(狼川) : 현재 강원도 화천군 지역을 가리킨다. 본래 고구려의 狌川郡이었는데, 신라 경덕왕 때 狼川縣으로 바꾸었다.

109 관속(官屬) : 원문의 '功曹'은 郡吏의 명칭으로 쓰인다.

5-25

군재에서 홀로 지내면서 한양 집에서 공령문을 익히고 있는 본학과 본예[110] 두 아이가 생각나서 칠언절구 8수를 부쳤는데, 간간이 속어가 섞여있기에 절로 웃음이 났다

郡齋獨居 念學藝二兒在京第課功令 寄七絶八首 間雜俚語 以自笑焉.

해당화 작약 먼저 피었다 하는데	玫瑰芍藥報先開
석류꽃은 응당 내가 오길 기다리리.	應有榴花待我來.
잡다한 업무 밀려있어 돌아가지 못하는데	朱墨叢殘歸未得
꾀꼬리[111] 노랫소리 뜨락 홰나무에 가득하네.	栗留聲老滿庭槐.

구구[112]거리는 비둘기 푸른 가지에 숨어들더니	局促鳴鳩隱翠柯
저물녘 시원한 빗줄기 못의 연잎에 떨어지네.	晩來凉雨散池荷.
일리우[113] 내렸음 급히 보고하고	飛報一犁霏灑狀
누워서 시골 아낙네 모내기 소리 듣네.	臥聽村婦揷秧歌.

【군현에서 비가 내리면 포정사[113]에 보고하는데, 매양 일컫기를 혹은 비우(霏雨), 쇄우(灑雨)라 하고, 또 리우(犁雨), 서우(鋤雨)[114]에 가깝다고 했다.[郡縣得雨, 報布政司, 每稱或霏或灑, 幾犁幾鋤.]】

---

110 본학(本學)과 본예(本藝) : 본학은 유득공의 큰아들이고, 본예는 둘째 아들이다. 유본학은 字가 伯敎, 호는 問菴이며, 검서관을 지냈다. 저서로 『問菴文藁』가 있다. 유본예(1777~1842)는 호가 樹園·樹軒居士이고, 검서관과 현감을 지냈으며, 『漢京識略』의 저자로 알려져 있다.

111 꾀꼬리 : 원문의 '栗留'는 꾀꼬리 소리를 음차한 것으로, 꾀꼬리를 가리키기도 한다.

112 구구 : 원문의 '局促'은 비둘기 울음소리를 음차한 것이다.

113 일리우(一犁雨) : 논밭에 쟁기질하기에 알맞게 내린 봄비. 즉 농기구인 쟁기가 들어갈 정도만큼 토양에 스며든 빗물을 가리키는 말이다.

114 포정사((布政司) : 관찰사가 직무를 보는 관아를 가리킨다. 중국 명나라 때 지방 장관을

끌어모은 숯과 땔감 더미 북쪽 나루에 쌓이니　炭引柴綱湊北津
청평고을 주막들 물고기 비늘처럼 늘어서 있네.　淸平店屋似魚鱗.
거듭거듭 인쇄해 마을마다 방 내걸어　村村揭榜重重印
육모방망이로 위세 떨며 주정뱅이 단속하네.　白棍威風勘酒人.

못가 작은 누각에 몇 번이나 올라 바라보았던가　池邊小閣幾登臨
연지 찍은 듯한[116] 푸른 산에 저녁놀 물드네.　寶靨山靑夕照沈.
골짝 입구 연기 피어나는 인가 참으로 그림 같아　硤口人烟眞畫意
떡갈나무 껍질 처마 하얀 느릅나무 숲 사이로 보이네.　槲皮簷露白楡林.

매실 노랗게 익는 시절 보슬보슬 비 내리니　梅子黃時雨態纖
쪽풀 풀어놓은 듯한 강물에 삿대 반나마 잠기네.　挼藍江水半篙添.
구름 돛 아득히 외진 골짝 뚫고 가니　雲帆杳杳穿窮硤
동편 우수주[117] 쪽으로 소금 장수 지나가네.　牛首州東去販鹽.

식성 청고해 기름진 음식 싫어하니 어찌하랴　習性淸高奈厭脂

포정사라 한 것에서 유래하였다.

115 비우(霏雨)……서우(鋤雨) : 강우량의 정도를 일컫는 말이다. 각 지역 군수에게 강우량을 상위 관청에 보고하게 했는데, 이때 강우량을 霏雨·灑雨·犁雨·鋤雨 등으로 칭하였다. 霏雨는 제법 많이 내린 비, 灑雨는 흩뿌리듯 내린 비, 犁雨는 쟁기질할 수 있을 정도로 내린 비, 鋤雨는 호미질할 수 있을 정도로 내린 비를 가리킨다.

116 연지 찍은 듯한 : 원문 '寶靨'는 고대 여성들이 머리를 장식했던 꽃비녀 花鈿나 眉間에 찍는 연지를 가리킨다. 여기서는 후자의 의미로 사용되었는데, 그 모양과 색깔이 다양하였다. 본 시에서는 봄 산에 꽃이 피어 울긋불긋한 것을 이렇게 표현한 듯하다.

117 우수주(牛首州) : 지금의 강원도 춘천, 혹은 그 일대를 지칭한다. 637년(신라 선덕여왕 6) 처음으로 이 지역에 州를 설치하였으며, 牛首는 牛頭·首若·走壤·烏根乃라고도 불렸다.

당귀 싹도 쇠하여 이미 철이 지났구나. 當歸芽老已多時.
아침저녁마다 계순탕[118] 마주하니 朝朝暮暮當雞笋
참으로 푹 끓인 우리집 아욱국 생각나네. 正憶吾家爛煮葵.

영졸 크게 외친들 그 위엄 두려워하랴 鈴卒咆哮肯慴威
송정 느긋이 걸으며 선비들에게 의뢰하네.[119] 訟庭徐步賴儒衣.
그대에게 묻노니, 소매 속에 무엇 지녔는가 問君袖裏持何物
추벌춘소, 큰 시비거리라 하네. 秋伐春燒大是非.

【고을 백성들이 화전으로 송사가 많은데, 이 화전은 본디 정해진 경계가 없기 때문이다. 가을에 나무를 베고 봄이 되면 태우는데, 이를 '가을에 베고 봄에 태운다.[秋伐春燒]'고 한다.[郡民多訟火田, 此田元無定界故也. 秋而伐木, 待春而燒, 謂之秋伐春燒.]】

북 치고 피리 불던 높은 누대 예전엔 구름까지 솟았는데 鼓吹樓高舊入雲
어느 해런가 달자가 불살라 쓸어버렸다네. 何季韃子棄如焚.
숨기 바쁜 태수 참으로 비웃음 살만하니 占便太守眞堪笑

---

118 계순탕(雞笋湯) : 닭과 죽순에 파와 마늘 등의 양념을 넣고 되직하게 끓여낸 탕요리인 듯하다. 지금도 중국에는 '竹笋鷄片'이라는 명칭의 요리가 있다. 『영재집』 권5의 「동음령의 '옥병서간포소어' 시에 차운하다[次洞陰令玉屛西澗捕小魚韻]」 시에는 "산골 집에선 닭과 죽순 비교적 쉽게 얻을 수 있지만 큰 돼지 깊은 산중에서 필시 바칠 수 없을 것이네[硤戶雞笋差易得, 豣在深山未必獻.]"라는 구절이 있다. 또한 정약용의 「夏日田園雜興效范楊二家體二十四首」 시에는 "죽순과 닭고기 넉넉히 넣고 뽕나무버섯 섞어 끓인다면 시 모임에 골동갱을 걱정할 것 없다네.[筍鷄剩有桑鵝糝, 詩會無憂骨董羹.]"라는 구절이 있다.

119 영졸(鈴卒)……의뢰하네 : 鈴卒은 지방 관아에 소속된 下隷인데, 수령이 집무실에서 堂 아래 사람들에게 명령 등을 내리면 섬돌에 서서 수령의 말을 큰소리로 외쳐 堂 아래 사람들에게 잘 전달되도록 하는 일 등을 하였다. 訟庭은 訟事를 판결하는 곳을 가리킨다. 지방 관아에서 송사가 발생할 경우 일반 백성들이 儒生의 도움을 받아 訴狀을 작성해서 송사에 임하는 것을 이렇게 표현한 듯하다.

극락암 속에서 비취빛 치마 붙들고 있었지.　　　極樂菴中擁翠裙.

【숭정 병자년(1636)에 청나라 군사가 동쪽 지역을 노략질하자, 군수 아무개가 관아의 식솔을 이끌고 백둔산[120]의 극락암으로 피신하였다. 정축년 정월 13일에 몽고 군사가 관아를 불태워 쓸어버렸다.[崇禎丙子, 淸兵東搶, 郡守某携衙眷, 避于栢屯山之極樂菴中. 丁丑正月十三日, 蒙古兵焚蕩衙舍.]】

120 백둔산(栢屯山) : 가평군에 있는 明智山의 栢屯峰을 가리킨다.

5-26

비 내리는 여름날 남 령[121]의 시에 차운하다

夏雨次南令韻

누군들 직소에 이르러 일에 열중할 수 있으랴　誰能直到宦情濃
아직 집중하지 못할 때면 곧장 게으른 마음 생긴다네.　未到濃時便覺慵.
모여서 시 읊던 애틋함 백탑에 남아있어　吟社可憐餘白塔
직소에서도 푸른 봉우리 마주한 채 다시 얘기 나누었지.　直廬還說對青峰.
남색 도포로 비 맞은 채 퇴호[122] 살펴 기록하고　藍袍帶雨鈔頹戶
횃불 들고 순찰하며 빠진 일꾼 점검한다네.　蠟炬巡更點缺傭.
남루[123]에 누워 청복 누리던 시절 떠올려보매　憶臥南樓清福享
상제께서도 손벽 치며 기꺼이 허여하였으리.　天公拍手肯相容.

121 남 령(南令) : 남공철을 가리킨다. 앞의 5-14번 시 53번 주석 참조. 1784년(정조8) 음보로 세마를 제수받은 이후 掌樂院 主簿를 거쳐 宗廟署 令을 지냈다. 유득공보다 10여년 연하로 유득공이 연행하면서 지은 '熱河紀行詩註'를 보여줄 정도로 친분이 있었다. 남공철의 『金陵集』에 「惠甫自熱河還 投示紀行詩註 題後」라는 시가 있다.

122 퇴호(頹戶) : 장마나 수해 따위로 가옥이 무너진 家口를 가리킨다.

123 남루(南樓) : 晉代의 재상 庾亮이 그의 지인들과 시를 읊조리며 풍류를 즐기던 누대를 가리킨다. 유량은 일찍이 征西將軍이 되어 武昌에 있을 때 長江 가에 누각을 세우고 이를 '南樓'라 하였다. 어느 가을날 밤에 달이 막 떠오르고 天氣가 아주 쾌청하자, 유량은 남루에 올라가서 그의 佐吏인 殷浩・王胡之 등과 함께 시를 읊조리며 고상한 풍류를 만끽했다고 한다(『世說新語』「容止」). 여기서는 유득공・남공철・이서구・박제가 등의 文友들이 함께 모여 수창하며 노닐던 누대를 말하는 듯하다.

5-27

재차 연경에 가는 검서 박계지에게 지어 주다

贈朴繼之檢書再赴燕

상제께서 쓸어버려 확 트인 요동 벌판	天公濶掃遼東野
우리들 말고삐 놓고 가는 데 해롭지 않았지.	不妨吾曹去縱馬.
몽고 왕자 평안히 지내는지 물어보고	蒙古王子問平安
만주 장군 웃으며 서로 바라보았지.	滿洲將軍笑相看.
돌아와 금마서[124]에서 숙직함에	歸來寓直金馬署
자리 함께한 세 사람 모두 중국말 하였지.	坐上三人皆華語.
벗들 영락하여 본래의 뜻 무뎌지고	朋知零落志業荒
세월 날듯이 지나가 얼굴 모습 늙어가네.	歲月飛騰顔髮蒼.
사해의 벗들과 사귀어 논할 일 또다시 있으랴	論交四海復何有
소양강 가에서 늙어가는 원님이라네.	昭陽江上老太守.
들으니, 그대 푸른 군복 다시 입고서는	聞君重著碧戎袍
웃으며 처자와 작별했다 하니 진정 영웅호걸이라.	笑別妻兒眞英豪.
가을바람 소슬히 부는 마자수[125]	秋風蕭蕭馬訾水
먼 곳 가는 수레 아득히 천 리길 향하리.	征車委遲向千里.
꿈속에서 뒤따라가 유관[126]을 지날 즈음	夢中相隨度渝關
깨어 보니 새벽달만 마침 산에 걸려 있네.	覺來殘月正含山.

124 금마서(金馬署) : 여기서는 유득공이 검서관으로 근무한 奎章閣을 가리킨다. 漢나라 武帝가 大宛의 말을 얻은 기념으로 미앙궁의 魯班門 밖에 銅으로 만든 말의 동상을 세우고 그 문을 金馬門이라 이름하였다. 이후 武帝는 황제의 詔書를 작성하는 관리들이 금마문에서 조서를 기다리거나 드나들며 황제의 명을 수행하도록 하였다.

125 마자수(馬訾水) : 압록강의 옛 이름으로 마자강이라고도 한다.

126 유관(渝關) : 산해관의 별칭으로, 臨渝關, 楡關이라고도 일컫는다.

5-28

봄눈 내린 가릉관[127]에서 동파공의 취성당 시[128]에 차운하여 본학과 본예 두 아들에게 보여주다

嘉陵館春雪 次坡公聚星堂韻 示學藝二兒

온갖 나뭇가지 뒤엉키고 잎사귀 하나 없는데 萬木槎枒無一葉
이월 초순에 때마침 눈꽃 옷 입었네. 二月初旬正着雪.
산골짝에서 한겨울 보내면서도 여태 보지 못했는데 硤裏經冬見未曾
공무 마친 뒤 술잔 들고 기막힌 경치 감상하네. 公餘把杯賞奇絶.
눈 덮여 흐릿한 들빛 두렁길 덮었고 模糊野色籠畦畛
반짝반짝 빛나는 강물 굽이굽이 흐르네. 的皪江流帶曲折.
저물녘 하얗게 얼어붙은 설렁줄[129] 보고 向晩白見鈴索凍
새벽까지 책 읽느라 푸른 등불 끄지 않았네. 抵曉靑未書燈滅.
똑똑 떨어지는 물방울, 봄날 기와 따뜻해짐 알게 되고 微滴已識春瓦暵

127 가릉관(嘉陵館) : 嘉陵은 가평의 옛 명칭이다. 가릉관은 1794년 가평 군수로 재직하던 유득공이 집무를 보던 곳을 가리키는 듯하다.

128 취성당(聚星堂) 시 : 『聚星堂雪』을 가리킨다. 소식이 汝陰 태수로 있을 때, 눈 내리는 날 취성당에서 歐陽脩의 두 아들과 함께 구양수의 禁體詩를 본받아 지은 詠雪詩이다. 禁體詩란 漢詩의 詠物에서 그 詩題에 흔히 쓰이는 글자의 사용을 금하는 것을 말한다. 구양수가 潁州 太守로 있을 때 눈이 내리자, 빈객들과 詠雪詩를 지으면서 시제에 흔히 쓰이는 글자들을 금하기로 한 것이 그 시초인데, 당시 영설시에서는 玉·月·梨·梅·練·絮·鷺·鶴·鵞·銀 등의 글자를 사용하지 말도록 규정했다.

129 설렁줄 : 원문의 '鈴索'은 설렁을 울릴 때 잡아당기는 줄을 가리킨다. 설렁은 처마 끝 같은 곳에 달아 놓아 사람을 부를 때 줄을 잡아당기면 소리를 내는 방울이다.

훽 떨어지는 눈 뭉치, 여린 가지 끌어당겨 문득 놀라네.
颯墜忽驚柔枝掣.
지난날 유람 회상컨대 태반이 꿈결 같고 回思舊游多夢幻
해묵은 과업 다시 해보려니 눈앞 흐릿해져 시름겹네.
更尋宿業愁眼纈.
뜰에 가득한 것 온통 몽롱한 달빛이요 滿庭都是月朦朧
창 너머 때때로 부스스 부는 바람 소리라. 隔窓時復風騷屑.
취옹과 파선[130] 모두 천고의 사람이요 醉翁坡仙皆千古
소금 뿌려지고 버들솜 날림[131] 이 한순간이라네. 撒鹽飛絮纔一瞥.
문서와 장부에 부침하며 어느덧 늘그막에 이르렀지만
浮沈文簿已堪老
풍아 찾아 읊조림은 여전히 기쁜 일이라네. 抖擻風雅猶可說.
너희에게 시인의 바른 법안[132] 보여주나니 示爾詩家正法眼
진짜 금 가려 취하고 쇠는 전부 버려야 하리. 揀取眞金都棄鐵.

130 취옹(醉翁)과 파선(坡仙) : 취옹은 歐陽脩의 호이고, 파선은 蘇軾의 별칭이다. 소식이 죄를 지어 黃州의 團練副使로 좌천되었을 때 西湖의 東坡에 雪堂을 짓고, 나룻배를 타고 짚신을 신고선 詩歌를 읊조리며 산수 사이를 방랑했던 데서 유래하였다.

131 소금……날림 : 눈이 펄펄 내리는 모습을 비유한 표현이다. 晉나라 謝安이 집안의 子姪들과 앉아 있을 때 갑자기 눈이 펄펄 내리자, 자질들에게 눈 내리는 모양이 무엇과 같은지 물어보았다. 이에 조카인 謝朗이 "공중에서 소금을 뿌리는 것에 비길 만합니다.[撒鹽空中差可擬.]"라고 하니, 姪女인 謝道韞이 "버들개지가 바람에 일어나는 것보다 못합니다.[未若柳絮因風起.]"라고 말하여, 사안이 크게 기뻐했다는 고사가 있다(『世說新語』「言語」).

132 법안(法眼) : 五眼의 하나로, 현상의 다양한 차이를 분명히 봄으로써 중생을 병으로부터 구제할 수 있다고 한다.

5-29

을묘년 3월 7일 임금께서 세심대에 행차하여 지은 시에 화답하여 올리다[133]

乙卯三月七日 駕幸洗心臺賡進

해마다 꽃 피면 이 대에 오르는데	季季花發上茲臺
올해는 꽃이 곱절이나 난만하게 피었네.	花到今年倍爛開.
화성으로 능행(陵幸) 갔다 온 뒤라서[134]	爲是華城旋蹕後
온갖 꽃 일제히 빛나 만수의 축배 올리는 듯.	百花齊映萬季杯.

133 을묘년……올린다 : 『고운당필기』 권5 「洗心臺賞花」에 "을묘년(1795, 정조19) 3월 7일 상이 세심대로 행차하여 꽃구경을 하였는데 의궤청의 편집 일을 하는 신하들이 모두 隨從하였다. 상이 故 重臣 박문수의 칠언절구 시에 차운하여 시를 지었는데 아마 감회가 일어나서일 것이다. 이 일은 御製 서문에 자세히 나타나 있다. 신하들도 화답시를 지어 바쳤다."라는 내용이 보인다. 정조가 박문수의 시에 대해 感懷를 느낀 것은 그 시에 사도세자의 탄신을 축하하는 의미를 담고 있기 때문이다. 박문수는 1735년(영조11) 인왕산 필운대에 올라 사도세자가 태어난 기쁨을 시로 읊조렸다(『弘齋全書』 卷182 「洗心臺賡載軸」 참조). 그런데 공교롭게도 1764년(영조40) 봄에 사도세자의 사당인 思悼廟가 필운대에 세워졌다. 이해 여름에 사도묘가 창경궁 동쪽에 있는 함춘원으로 옮겨졌지만, 弼雲臺는 정조에게 사도세자를 떠오르게 하는 장소였다. 그래서 정조가 부친에 대한 그리운 마음을 담아 대 이름을 洗心臺로 바꾸었다.

134 화성으로……뒤라서 : 정조는 1789년(정조13) 사도세자의 무덤을 수원의 花山 쪽으로 옮기고 顯隆園이라 승격한 이후 매년 이곳을 방문했다. 그런데 1795년 을묘년은 어머니 혜경궁 홍씨(1735~1815)가 회갑을 맞는 해였고, 사도세자와 혜경궁 홍씨는 동갑이기도 했다. 따라서 을묘년이 정조에게는 특별한 의미가 있는 해였기에 화성의 장락당에서 혜경궁의 회갑연을 열었고, 돌아오는 길에 세심대에 올랐던 것이다.

5-29-1

앞의 운으로 다시 짓다

再疊

북쪽 산기슭 봄 돌아와 세심대 행차하시니	北麓春回駐蹕臺
멀리 큰길가 버드나무 희미하게 보이네.	九衢烟柳望中開.
평생 몇 번이나 봄꽃 보러 이르렀던가	平生幾度看花到
오늘은 꽃 앞에서 어주(御酒) 내려 주셨네.	今日花前御賜杯.

5-30

을묘년 3월 9일 꽃을 감상하고 고기를 낚았는데[135] 세심대 운자로 지은 임금의 시에 화답하여 올리다

乙卯三月九日 賞花釣魚 用洗心臺韻賡進

천상에도 누대 있다면 응당 이럴지니	秖應天上有樓臺
물 굽어보는 붉은 난간 사방으로 트였네.	臨水紅欄面面開.
저물녘 봄 연못에서 비단 닻줄 옮기니	向晩春塘移錦纜
은혜로운 만곡의 물결 깊은 술잔에 출렁이네.	恩波萬斛漾深杯.

135 을묘년……낚았는데 : 『고운당필기』 권5 「乙卯賞花釣魚」에 당시 望春亭에서 철쭉꽃을 감상하고, 상이 부용정에서 신하들에게 낚싯대를 주어 고기를 낚게 한 일 등이 자세히 기록되어 있다.

5-31

장가를 지어 철옹성으로 부임하는 서 학사에게 부치다[136]

長歌 奉寄徐學士出鎭鐵瓮城

평생토록 철옹성 알지 못했는데 平生不識鐵瓮城

안북 누대[137]에서 구름 너머 흰 비단 띠 두른 모습 가리켜만 보았지. 安北樓中指點雲際縞帶縈.

구름인지 아닌지, 띠인지 아닌지 알 수 없는데 雲非雲兮帶非帶

철옹성 몇 굽이 뭇 산 너머로 튀어나와 있는 것이라 했지. 云是鐵瓮數曲繞出羣山外.

길 가던 중이라 감히 바쁜 일정 어긋나게 할 수 없어 行人未敢扛馹程

누대 내려와 서글픈 마음으로 청패[138] 건넜네. 下樓惆悵涉淸浿.

내 지금 늙어서 멀리 노니는 일 두렵지만 如今老去怕遠游

꿈속의 혼은 여전히 안북 누대 그리워한다오. 魂夢依依安北樓.

136 철옹성(鐵瓮城)으로……부치다 : 철옹성은 평안북도 영변에 있는 寧邊邑城의 이칭이며, 徐學士는 1795년(정조19)에 寧邊都護府使로 부임한 徐榮輔를 가리킨다. 영변읍성은 4개의 성으로 이루어져 있는데, 영변읍을 돌아 쌓은 본성과 본성 안의 서쪽 부분을 구획한 약산성은 고구려 때의 성이고, 그 밖의 북성과 신성은 그 이후에 쌓은 성이다. 이 성들을 아울러 '영변철옹성' 또는 '철옹성'이라 일컬었다.

137 안북(安北) 누대 : 百祥樓를 가리킨다. 현재 평안남도 안주시에 위치한 樓臺로, 고려 때 창건되고 조선시대에 개보수되었다. 드넓은 안주 평야와 청천강 그리고 온갖 경치를 볼 수 있어 관서팔경의 하나로 꼽혔으며, '관서제일루'라 불리기도 했다. 지금의 백상루는 한국전쟁 당시 파괴되어 1977년 재건된 것이다.

138 청패(淸浿) : 일반적으로 淸浿는 대동강을 가리키는데, 간혹 압록강이나 청천강을 일컫기도 한다. 安北[安州]이 평안남북도의 경계에 있으므로 여기서는 청천강을 말하는 듯하다.

철옹 태수는 금규의 선비[139]인데　鐵瓮太守金閨彦
산 길고 물 멀어 그립지만 만나볼 수 없다네.　山長水遠望不見.
태수 매우 어질어 미치광이 나를 용납해주어　太守甚賢容我狂
이문원 예전 직소에서 마음껏 얘기 나누었지.　縱談摛文舊直院.
팔도의 성지 지도로 궁구하고　八路城池圖繪窮
사군의 산하 두루 고증하였네.[140]　四郡山河考證遍.
흉중에 무엇 있는지 한번 물어보매　胸中何有試問之
만개의 갑옷 우뚝하고 만권의 책 있다 하였지.　磈礧萬甲兼萬卷.
황당[141] 한 가운데 조패[142] 내걸리자　黃堂正中懸操牌
성 가득 철마의 발굽 소리 천둥처럼 울리고　滿城雷動鐵馬蹄.
관서의 씩씩한 사나이들 범처럼 고함치며　關西健兒闞如虎
비취 깃털 붉은 삭모[143]로 일제히 무릎 꿇고 조아리네.　翠翎紅毦跪叩齊.
빈객과 시종 푸른 말 탄 채 뒤섞여 있고　賓從雜遝青絲騎
노래 부르는 기녀 검푸른 쪽머리로 뽐내는구나.　歌妓娙姹鴉鬟翠.
묘향산 푸르고 높디높은데　妙香之山碧岧嶢
단궁[144]과 행도[145] 옛일 읊조리네.　檀宮荇都吟故事.

---

139 금규(金閨)의 선비 : 금규는 '金馬門'으로, 여기서는 규장각을 가리킨다. 서영보는 1789년(정조13) 3월 문과 殿試에서 장원급제하고, 1790년 9월에 규장각 직각에 임명되었다.

140 사군(四郡)의……고증하였네 : 여기서 사군은 漢四郡, 즉 樂浪郡·臨屯郡·眞番郡·玄菟郡을 가리킨다. 유득공은 고대 북방영역에 관심이 많아 1795년 『四郡志』를 편찬한 바 있다.

141 황당(黃堂) : 雄黃의 染料를 칠한 太守의 廳舍를 가리키는데, 지방 장관을 지칭하는 말로도 쓰인다.

142 조패(操牌) : 군사훈련[操鍊]을 알리기 위해 내거는 나무패를 말한다.

143 삭모(槊毛) : 旗나 槍 따위의 머리에 술이나 이삭 모양으로 만들어 매단 붉은색의 가는 털을 말한다.

그대 보지 못했나, 소양 산리[146] 참으로 재주 없어서　　君不見昭陽散吏眞不才

날마다 계순탕 먹으며 석 잔 술 마심을.　　日噉雞笋灌三杯.

검안에 실입한 것[147] 탄식한들 무슨 소용이랴　　檢案失入何嗟及

삼일 동안 감옥 갇혀 심문받고 돌아왔네.　　三日圓扉聽勘回.

억지로 붓 잡고 늘 하던 일 일삼는데　　强理筆硯尋舊業

새벽녘 빈 뜨락 가을 낙엽 소리에 놀라네.　　空庭早有驚秋葉.

---

144 단궁(檀宮) : 檀君窟을 가리키는 듯하다. 단군굴은 묘향산 향로봉의 남쪽 기슭에 있는 바위 동굴로, 이곳에서 곰이 사람으로 변하여 단군을 낳았다고 전해진다. 한편 檀君臺는 향로봉 중턱에 있는 바위로, 단군이 이곳에서 弓術을 연마했다는 전설이 있다.

145 행도(荇都) : 荇人國의 都城이라는 말로, 寧邊의 별칭이다. 『삼국사기』 권13 「東明聖王本紀」에, 荇人國은 太白山 동남쪽에 있는데, 동명왕 6년에 烏伊와 扶芬奴를 보내 쳐서 빼앗아 城邑을 설치했다는 기록이 보인다. 태백산은 여러 지역의 산 이름으로 사용되지만, 위치상 여기서는 묘향산을 가리킨다. 一然은 『삼국유사』에서 태백산을 지금의 妙香山이라고 하였다.

146 소양 산리(散吏) : 산리는 散官이라고도 하는데 여기서는 낮은 벼슬아치를 가리키는 말로 사용되었다. 당시 유득공이 가평 군수로 재직 중이었으므로 자신을 소양 산리라 일컬은 듯하다.

147 검안(檢案)에……것 : 검안은 조선시대 살인사건이 발생한 경우에, 시체의 檢驗에서부터 그 사건에 관련된 피의자・증인 등의 審理內容을 기록한 문서를 가리킨다. 失入은 罪人을 판결할 때 잘못하여 형벌을 지나치게 무겁게 적용한 것을 의미한다. 『일성록』 정조 19년(1795) 6월 2일 기사에 의하면, 당시 가평 군수였던 유득공이 獄事를 잘못 처리하였다는 경기감사의 장계가 있자, 정조는 가평 군수를 의금부로 잡아다 신문하여 엄히 다스리라는 傳敎를 내렸다.

5-32

영해 유배지에 있는 강산 시랑에게 부치다

奉寄薑山侍郞寧海謫中

어디서 상봉함이 가장 좋지 않을까	何處相逢最不佳
엊그제 공과 감옥에서 만났지.	昨者與公逢犴狴.
나는 공이 올 줄 알고 앉아 기다렸는데	我知公來坐而待
공이 문득 나를 보고는 흠칫 물러서며 놀랐네.	公忽見我却立駭.
공에게 어찌 들판에 굶어 죽은 이 많았는가 묻자[148]	問公胡爲野莩多
나에게 공은 어떻게 옥첩 잘못됐는지 물어보았지.	問我胡爲獄牒譌.
독서와 윷놀이 비록 다르지만 양을 잃음은 똑같고[149]	書博雖殊亡羊等
화와 복은 서로 말미암으니, 말을 잃은들 어쩌랴.[150]	禍福相因失馬那.

148 공에게……묻자 : 1795년 봄에 호남 암행어사 鄭晩錫이 전라도 지역에 굶어 죽은 시체가 나뒹굴고, 還穀에 대한 문제가 제대로 처리되고 있지 않다는 書啓를 올렸다. 이 때문에 당시 전라 감사였던 李書九는 체차되어 의금부로 잡혀와 신문을 받고 寧海府로 유배되었다(『일성록』 정조 19년(1795) 5월 26일, 6월 5일).

149 독서와……똑같고 : 獄事의 성격은 다르지만 의금부에 잡혀온 처지는 유득공이나 이서구 모두 같다는 의미이다. 『莊子』 「騈拇」에 "장과 곡 두 사람이 똑같이 양을 치다가 모두 자기 양을 잃어버렸다. 장에게 무슨 일로 양을 잃었느냐고 묻자 책을 손에 들고 읽다가 잃었다 하고, 곡에게도 똑같이 묻자 윷놀이를 하다가 잃었다고 하였다. 이 두 사람이 한 일은 서로 달랐지만 양을 잃은 것은 똑같았다.[臧穀二人相與牧羊, 而 俱亡其羊. 問臧奚事, 則挾策讀書; 問穀奚事, 則博塞以遊. 二人者, 事業不同, 其於亡羊均也.]"라는 내용이 있다.

150 화와……어쩌랴 : '塞翁之馬' 고사를 염두해 두고 한 말이다. 길흉화복은 반복되는 것이니 지금은 새옹이 말을 잃은 것처럼 우리에게 禍가 닥쳤지만, 언젠가는 다시 福이 찾아올 것이라는 속뜻이 담겨있다.

창살 사이로 마주하여 한 번 손바닥 어루만지며　　㔹然相對一拊掌
물에 빠진 자 웃고 힘겨운 자 하소연하는 듯하였지.[151]　　溺者之笑勞者歌.
이별의 그리움 참으로 가을밤만큼 긴데　　離懷正與秋宵永
서리 내린 밤, 곱디고운 달 조령에 걸려있으리.　　霜月娟娟挂鳥嶺.

번역 윤세순

---

151 물에……듯하였지 : '물에 빠진 자 웃고'라는 말은 다급한 상황에서 웃는 얼굴을 하고 있지만 마음은 근심스럽다는 의미이다. 『춘추좌씨전』 哀公 20년 조에 "물에 빠진 사람은 반드시 웃는 얼굴을 한다.[溺人必笑.]"라는 구절이 있다. 한편 고생한 자 하소연한다는 말은 韓詩의 "힘겨운 자 그 일을 노래 부르네.[勞者歌其事.]"라는 구절에서 유래한 듯하다.

5-33

기려객[152]

騎驢客

관서의 정주에 김생이라는 자가 있다. 한 마리 나귀를 타고 온 나라 안을 유람하기를 10년으로 기약하였으니, 또한 호협한 마음이 있는 사람이다. 기려객이라 자호하고 나에게 와서 시를 청하기에 장난삼아 지어 준다.

關西之定州有金生者, 騎一驢, 游匝域內, 期以十季, 亦有心人也. 自號騎驢客, 來請詩, 戲贈之.

나귀는 요동 벌에서 생산되는데	驢産於遼野
왕왕 마자수 건너오기도 하여,	往往渡馬訾.
서울 사람과 관서 사람들	都人與西客
복건에 청포 입고 나귀를 탄다네.	幅巾靑袍騎.
이놈 타고 동쪽 남쪽 돌아다니면	騎而適東南
깜짝 놀라지 않는 사람 없어	莫不大駭之.
말이라 하기엔 귀가 어쩜 저리 쫑긋하며	馬也耳何高
소인가 하니 발굽이 갈라지지 않았기에	牛歟蹄不歧.
시골 샌님들 박장대소 터트리며	學究撫掌笑

152 기려객(騎驢客) : 나귀 타고 떠도는 나그네라는 뜻인데, 定州에 사는 金生의 자호이기도 하다. 이서구의 『惕齋集』 권3에 「김생 명려가 정주에서 찾아오다[金生鳴礪自定州至]」라는 시의 제목으로 미루어 김생의 자는 鳴礪로 보인다.

커다란 토끼에 고삐 매었다 하네. 兎之大者羈.
지금 그대 이 나귀에 올라타고서 今君騎此物
십 년 기약하여 사방을 돌아다닌다 하니 十匝于四陲.
어찌 이처럼 커다란 토끼 있으랴 寧有許大兎
나귀 있음을 사람들이 비로소 알리라. 有驢人始知.

5-34

병진년 정월 24일 화성에서 돌아올 때 지은 어제시에 화답해 올리다[153]

丙辰正月二十四日 華城回鑾賡進

군복 차림에 구름 문양 환히 빛나니	戎裝雲錦爛
성상의 수레 화성에 납시었네.[154]	車駕幸陪京.
행차하는 길에 봄날 풍광 고왔고	蹕路姸春物
재계하던 밤엔 빗소리에 느꺼웠네.	齋宵感雨聲.
온천에 행차하던 그 의용 뵙는 듯하고	溫泉儀怳覩
감로 내린 상서로움 또한 드러나네.[155]	甘露瑞仍呈.
저물녘 어가의 방울 소리 오래도록 멈추었는데	向晩凝鑾久
지지대 앞에 화성이 아련히 보이네.	臺前縹緲城.

153 병진년……올리다 : 정조는 1796년(정조20) 1월 20일 顯隆園 배알을 위해 華城에 행차하고 1월 24일 환궁한 바 있다. 환궁하는 날 遲遲臺에서 오언율시 한 편을 짓고 수행한 신하와 도성에 머문 신하 모두에게 화답해 올리게 하였는데, 당시 정조를 수행한 영재가 이때 지은 시이다. 참고로 정조의 원시는 다음과 같다. "晨昏不盡慕, 此日又華城. 霢霂寢園雨, 徘徊齋殿情. 若爲三夜宿, 猶有七分成. 矯首遲遲路, 梧雲望裏生."(『弘齋全書』 卷7 「廿一何日 來省象設……志感以一律」 참조).

154 군복……납시었네 : 1760년(영조36) 7월 18일 思悼世子가 온천욕을 위해 溫陽行宮에 행차할 때 華城을 지났는데 당시 군복을 입었다. 정조는 이를 추모하는 의미로 화성에 행차할 때는 반드시 군복을 입었다고 한다(『일성록』 정조 20년(1796) 1월 24일).

155 감로(甘露)……드러나네 : 정조가 행차했을 때 비가 내린 것을 말한 것으로 보인다. 감로는 천하가 태평할 때 하늘에서 내린다는 단 이슬을 말하는데, 여기서는 이날 내린 비를 미화한 표현이다.

5-35

병진년 2월 초하루에 중화척을 하사하며 지은 어제시에 화답해 올리다[156]

丙辰二月初一日 宣賜中和尺賡進

봄날이라 인방과 묘방이 만나니	惟春寅卯會
괘로는 진괘와 건괘가 겹쳤다네.[157]	爲卦震乾重.
해곡의 대와 양두산의 기장을 참작했고[158]	嶰竹參羊黍
순임금의 옥형과 우임금의 황종척에 견주었네.[159]	虞衡較禹鍾.

156 병진년……올리다 : 정조는 1796년(정조20) 2월 초하루에 신하들에게 中和尺을 하사하고 오언율시 한 수를 지어서 화답하게 했는데, 이때 지은 시이다. 중화척은 중국 조정에서 中和節인 2월 초하루에 신하들에게 하사했던 자[尺]인데, 백성들을 공평하게 다스려 하늘의 뜻에 어긋남이 없도록 하라는 의미를 담았다. 우리나라에서는 정조가 처음 이 고사를 본받아 중화척을 하사하였다고 한다(『洌陽歲時記』). 현재 국립중앙박물관에 정조가 하사한 중화척이 소장되어 있고 상단에 정조의 어제시가 새겨져 있는데, 그 원문은 다음과 같다. "頒尺中和節, 紅泥下九重. 拱星依紫極, 絫黍叶黃鍾. 漢帝提三日, 陳君臥百容. 裁來五色線, 許爾補山龍."(『弘齋全書』 卷7 「春仲朔日 頒公卿近臣尺 修中和節故事 帶詩以寵之」 참조).

157 봄날이라……겹쳤다네 : 夏나라 曆은 초저녁에 북두칠성의 자루별이 寅方(동북방)을 가리키는 달을 정월로 삼았으니, 卯方(동방)을 가리키는 달은 2월이 된다. 여기서 인방과 묘방이 만난다는 것은 막 2월이 시작되는 때를 의미하는 말로 보인다. 또 『주역』에서 2월을 상징하는 卦는 大壯卦[䷡]로, 상괘는 震卦[☳], 하괘는 建卦[☰]로 이루어져 있다.

158 해곡(嶰谷)의……참작했고 : 嶰谷은 崑崙山 북쪽 골짜기로 좋은 대나무가 생산되었다. 黃帝가 신하 伶倫에게 音律을 만들게 하자, 伶倫이 해곡의 대로 黃鐘管을 만들어 음률의 기준으로 삼고 이어 12율을 만들었다고 한다(『漢書』 卷21上 「律曆志」 第1上). 황종관의 길이는 자의 기준이 되기도 하니, 이를 黃鍾尺이라고 한다. 羊頭山은 山西省 上黨에 있는 산인데, 이곳에서 생산된 검은 기장[秬黍] 100개를 늘어놓은 뒤 그 길이를 자의 기준으로 삼고, 그 무게를 저울의 기준으로 삼았으며, 그 부피를 量의 기준으로 삼았다고 한다.

159 순임금의……견주었네 : 원문 '虞衡'은 원래 산림과 川澤을 관장하는 관원을 말하는데,

치와 푼이 있어 손마디 쌓은 듯하고[160]	錙分生積指
허리춤과 옷깃 만들어 의용에 이바지하리.[161]	要襋備修容.
한 치 한 자 모두가 성상의 은혜이니	尺寸皆恩造
사림에서 섭공의 용이 아닌가 부끄러워하네.[162]	詞林愧葉龍.

여기서는 有虞氏 즉 순임금의 玉衡을 의미한다. 玉衡은 천문을 관측하는 대통이니, 『書經』「舜典」에 "선기와 옥형으로 살펴서 칠정을 가지런히 하셨다.[在璿璣玉衡, 以齊七政.]"라고 하였다. 禹임금의 鍾에서 종은 우임금의 黃鍾尺을 뜻하는 듯하다.

160 치(錙)와……듯하고 : 자에 그려진 눈금을 말한다. 黃鍾尺은 검은 기장의 낟알 1개의 너비를 1分, 10개를 포갠 너비를 1錙로 하여 총 9錙로 제작했다고 한다.

161 허리춤과……이바지하리 : 옷을 재단할 때 자를 사용한다는 말로 보인다. 『시경』「魏風 葛屨」에 "바지춤 달고 옷깃 만들어, 좋은 님 입게 하리라.[要之襋之, 好人服之.]"라는 구절이 있다.

162 사림(詞林)에서……부끄러워하네 : 재주도 없으면서 임금의 은총을 받는 것이 부끄럽다는 말로 보인다. 葉公의 용은 사이비를 뜻하는 말로 쓰인다. 춘추시대 楚나라 대부 葉公子高가 용을 좋아해서 집안 곳곳에 용을 새겨 장식해 놓았는데, 진짜 용이 내려오자 무서워서 달아났다는 고사가 전한다(『新序』「雜事」 5). 사림은 翰林院의 별칭인데, 여기서는 규장각의 의미로 쓰인 듯하다.

5-36

2월 9일에 눈이 내렸기에 차수와 함께 다시 동파의 시에 차운하다[163]

仲春初九日有雪 同次修又次坡韻

근래 들어 시 엮으매 지엽적인 말일랑 싫어져	屬詞季來厭枝葉
더는 소금 따위로 눈을 빗대지 않으려 하니,	更不將鹽擬議雪.
비유하면 참선함에 게송 이미 없는 것과 같고	譬如參禪偈已無
지음을 만남에 거문고 줄 홀연 끊어진 격이라네.[164]	況遇知音絃忽絶.
후오백년[165]에 속한 바로 오늘에	後五百年正今日
풍류의 아취 거슬러 오르며 세세히 보니,	沿溯風雅見委折.
동파옹은 본시 과거의 부처인지라[166]	坡翁自是過去佛

163 2월……차운하다 : 1796년(정조20) 2월 9일에 지은 작품이다. 영재가 차운한 蘇軾의 시는 「취성당의 눈[聚星堂雪]」이다. 朴齊家가 함께 지은 시가 『정유각집』 4집에 「검서 유혜풍과 함께 동쪽 내각에서 옛일을 이야기하다가 앞 시의 운을 써서 다시 짓다[偕柳惠風檢書于東內閣話舊 復用前韻]」라는 제목으로 실려 있고, 영재의 이 시도 부기되어 있다.

164 비유하면……격이라네 : 참선을 위해서는 게송이 필요하고 벗을 만나면 거문고가 필요한데 이것이 없다는 말로, 일반적인 시 창작의 법도를 벗어남을 비유한 말로 보인다. 참고로, 晉나라 陶潛이 줄이 없는 無絃琴을 연주했다는 고사가 전한다(『晉書』 卷94 「陶潛列傳」).

165 후오백년(後五百年) : 佛法이 쇠퇴하는 시기를 말하는데, 五五百年이라고도 한다. 불교에서 부처가 열반에 든 이후 2500년을 500년씩 다섯 시기로 나누는데, 첫째 시기는 解脫하는 자가 많은 시기, 두 번째 시기는 禪定을 얻는 자가 많은 시기, 세 번째 시기는 불법을 듣고 따르는 자가 많은 시기, 네 번째 시기는 사찰의 건립이 많은 시기이며, 다섯 번째 시기는 각자 자신의 견해만 고집하며 서로 다투어 불법이 쇠퇴하는 시기라고 한다(『佛光大辭典』 '五五百年' 항목 참조).

166 동파옹(東坡翁)은……부처인지라 : 동파옹은 송나라 蘇軾을 말한다. 소식은 평생에 걸쳐 불교에도 심취하였는데, 소식의 벗 승려 惠洪이 편찬한 『冷齋夜話』 권7 「夢迎五祖

길이 남은 불성을 누가 능히 없애랴. 佛性長在誰能滅.
매화꽃 피려는데 가벼운 한기 억누르지만 梅枝未吐輕寒勒
버들가지 눈 틔우려나 미풍이 끌어주네. 柳絲欲弄微風掣.
장난으로 던진 쌀[167] 펄펄 날림에 놀라고 狡獪擲米驚簌簌
아리땁게 뿌려진 꽃 가득해서 걱정이네. 娉婷散花愁纈纈.
용공의 처음 뜻 비를 내리려 했는데[168] 龍公初意在行雨
땅에 이르기 전 얼어 가루 되어 날리지만, 未墜而凍鬆成屑.
봄 산의 기운이 옥처럼 따뜻하니 春山氣味溫如玉
자욱한 눈 내버려 두어도 순식간에 녹으리. 任他模糊消一瞥.
가득 쌓인 시 이야기 누가 있어 정리하랴 充棟詩話有誰理
그대와 크게 웃으며 때때로 이야기 나누는데, 與君解頤時時說.
소유각[169] 위에서 비파 잡고 연주하면 小酉閣上携琵琶
연못 속에 참으로 유빈철이 있으리라.[170] 池中定有蕤賓鐵.

戒禪師」에 소식의 前身이 북송 雲門宗의 고승인 五祖戒禪師였다는 내용이 보인다.

167 장난으로 던진 쌀 : 원래는 옥을 비유하는 말인데, 여기에서는 눈을 말한다. 전설상의 선녀 麻姑가 땅에 쌀을 던지자 모두 진주로 변했는데, 신선 王方平이 말하기를 "마고는 옛날처럼 젊지만 나는 늙었으니, 더 이상 이들 무리처럼 장난으로 변화시키는 것을 좋아하지 않는다.[姑故少年也, 吾老矣, 不喜復作此曹輩狡獪變化也.]"라고 한 고사가 전한다(『神仙傳』「王遠」).

168 용공(龍公)의……했는데 : 용공은 당나라 때 宣城縣令을 지낸 張路斯이다. 그가 죽은 뒤 龍王으로 변했다고 믿어 사람들이 張龍公祠라는 사당을 세웠는데, 기우제를 지내면 그때마다 응험이 있었다고 한다(『江南通志』卷42「輿地志 潁州府 張龍公祠」). 한편, 蘇軾의 「취성당의 눈[聚星堂雪]」 서문에 "장용공에게 비 내리기를 기도하여 약간의 눈을 얻었다.[禱雨張龍公, 得小雪.]"라는 내용이 보인다.

169 소유각(小酉閣) : 小酉齋를 말한다. 검서관의 직소로 사용된 건물로 大酉齋와 소유재가 있었는데, 대유재는 창덕궁 규장각 안쪽의 북쪽 편에 있었고, 소유재는 규장각 안쪽의 동쪽에 있었다. 유득공의 둘째 아들 柳本藝의 『漢京識略』에 의하면, 대유재는 정조의 명에 따라 유득공이 이름을 짓고 소유재는 박제가가 공사를 감독하였다고 한다.

170 연못……있으리라 : 유빈철은 方響이라는 악기를 말한다. 당나라 때 樂吏 廉郊가 平泉別墅에서 하룻밤 묵으며 연못가에서 비파를 잡고 「蕤賓調」를 연주하자 갑자기 연못에

서 蕤賓鐵이라는 方響이 튀어 올랐는데, 절묘한 비파 연주에 악기가 서로 감응한 것이 었다는 고사가 전한다. 蕤賓은 12악률 중 제7률에 해당하는 소리이다. 方響은 16개의 네모난 쇠판을 8개씩 상하로 걸어두고 치는 타악기의 하나이다(『樂書』 卷125 「樂圖論」 참조).

5-37

황단에서 친향할 때 지은 어제시에 화답해 올리다[171]

皇壇親享賡進

어슴푸레한 구름 수레[172] 저 멀리 친림한 듯하니	恍惚雲輧望裏親
매산[173]의 꽃과 나무에 몇 번이나 봄이 돌아왔나.	煤山花木幾回春.
백 년의 큰 의리[174] 모두 식은 것 아니고	百年大義非都冷
한 부의 남은 경서[175] 어찌 해묵었으랴.	一部遺經詎已陳.
한나라 객은 일찍이 창해군에 왔었고[176]	韓客曾來滄海郡
은나라 사람은 아직도 절풍건을 쓰고 있네.[177]	殷人尙戴折風巾.

171 황단(皇壇)에서……올리다 : 정조는 1796년(정조20) 3월 3일 皇壇에서 春享을 친행하였는데, 하루 전날 그곳에 들러 숙종과 영조의 시에 차운한 칠언율시를 짓고 근신에게 화운하게 하였다(『일성록』 정조 20년 3월 2일, 3일). 이 시는 이때 지은 것이다. 정조의 어제시는 『홍재전서』 권7에 「皇壇親享日 敬次兩朝御製韻」이라는 제목으로 수록되어 있다. 皇壇은 大報壇의 별칭으로, 1704년(숙종30) 창덕궁 북쪽 담 밖에 설치하였고 1749년(영조25)에 중수한 바 있다.

172 구름 수레 : 신선이 타는 수레를 말하는데, 여기서는 명나라 황제를 상징하는 말로 쓰였다.

173 매산(煤山) : 명나라 마지막 황제 毅宗이 자결한 곳으로 萬歲山이라고도 하는데, 북경 紫禁城 바로 곁에 있다.

174 백 년의 큰 의리 : 春秋大義를 말한다.

175 한 부의 남은 경서 : 尊王攘夷의 大義를 담고 있는 『春秋』를 가리킨다.

176 한(韓)나라……왔었고 : 韓나라 客은 전국시대 韓나라 신하인 張良을 말하고, 滄海郡은 조선을 말한다. 『사기』 권55 「留侯世家」에, 장량이 한나라를 멸망시킨 진시황에게 복수하기 위해 동쪽 滄海에 가서 그곳의 君長을 만나 滄海力士를 얻었다는 기록이 보이는데, 그 주석에서 漢武帝가 東夷인 貊國을 항복시키고 滄海郡을 설치했다고 하였다.

177 은(殷)나라……있네 : 殷나라 사람은 箕子를 지칭하는데, 여기서는 그 후예인 조선 사람에게 은나라의 유풍이 남아 있음을 말한다. 折風巾은 고구려 사람이 쓰던 고깔 형태의 모자인데, 기자가 조선으로 올 때 쓰고 온 갓인 冔가 변한 것이라고 한다(『順菴集』 卷16 「函丈錄」).

열천문 안에 펄럭이는 황휘장이여[178]	洌泉門內黃麾仗
빛나는 제향의 전례 영세토록 준행하리라.	祀典煌煌永世遵.

178 열천문(洌泉門)……황휘장(黃麾仗)이여 : 洌泉門은 창덕궁 대보단의 중문인데, 1749년 대보단을 중수할 때 영조가 직접 붙인 이름이다. 黃麾仗은 임금이 행차할 때 사용하는 의장의 하나로, 장대에 황색의 깃발을 매단 것이다.

5-38

영변도호부사 서 학사의 『향산시권』에 실린 시에 차운하다[179]

【두 수】

題寧邊都護徐學士香山詩卷 次卷中韻 【二首】

근심 달래고 늙음 물리칠 방도 전혀 없어	消愁却老摠無方
늘그막에 봄바람 속 술향기 좇아서 왔네.	潦倒東風趁酒香.
서른여섯 봉우리 때때로 기억 떠오르니	三十六峯時憶到
승방이 하 많아 꿀벌 집인 듯했지.[180]	僧房稠似蜜蜂房.

봉우리마다 철쭉 피어 향기 짙은데	峰峰躑躅藹餘香
경쇠 소리 맑고 구름 피어오르는 곳 불당이라네.	淸磬歊雲是講堂.
고금의 영웅들 무슨 일을 이루었던가	終古英雄成底事
작은 티끌 하나 속에서 천 번을 싸웠지.	一微塵裡鬥千場.

179 영변도호부사(寧邊都護府使)……짓다 : 徐 學士는 서영보로 1795년(정조19) 1월 평안도 영변도호부사에 임명되어 1797년 7월까지 재직하였다. 『香山詩卷』은 서영보가 영변도호부사로 있을 때 妙香山을 유람하고 지은 시권으로 보인다. 서영보의 『竹石館遺集』 2책에 「옛날 영변의 수령으로 있으면서 묘향산에 들어가다가……[昔守寧邊 入妙香山……]」로 시작하는 제목의 시가 보인다. 한편, 영재가 차운한 서영보의 시는 운자로 미루어보아 『죽석관유집』 1책 「평동의 향산 절구 세 수에 수창하다[酬平洞香山三絶句]」라는 시로 여겨지는데, 平洞은 李匡呂의 별호이다.

180 서른여섯……듯했지 : 『茶山詩文集』 권3 「천용자 노래[天慵子歌]」에 "봄바람에 묘향산 서른여섯 골짝 유람하고, 가을 달에 금강산 일만이천 봉 노닐었네.[春風妙香三十六洞府, 秋月金剛一萬二千峯.]"라는 구절이 보인다. 또 『신증동국여지승람』 권54 「平安道 寧邊大都護府」에, 묘향산에 360채의 암자가 있었다는 기록이 보인다.

5-39

도양 감목관 박계지에게 화답해서 주다[181]

和贈朴繼之道陽監牧

근년 들어 머리칼에 흰빛이 어지러운데 季來鬢髮白紛紛
어찌 『설문해자』 풀이[182]에 공력 쏟을 수 있으랴. 那有工程解說文.
남산으로 가서 호랑이 사냥이나 보려 하니[183] 欲向南山看䠶虎
그대여 녹피 잠방이 잊지 마시게.[184] 願君無忘鹿皮褎.

181 도양(道陽)……주다 : 道陽 監牧은 興陽 監牧의 별칭이다. 도양은 전라도 長興府 興陽縣에 속한 縣으로, 세종 때 목장을 만들었다. 흥양은 현재의 高興의 옛 이름이다. 朴繼之는 朴宗善(1759~1819)을 말한다. 박종선은 1795년(정조19) 12월 20일에 흥양 감목관에 제수되었다. 박종선의 『菱洋詩集』 권2 「寰瀛閣稿」에 「유영재가 부쳐 준 시에 수창하다[酬柳泠齋寄贈韻]」라는 시가 있는데, 영재의 이 시와 운자가 같다.

182 『설문해자』 풀이 : 『설문해자』와 관련된 유득공의 저술은 보이지 않는다. 다만 1792년에 『奎章全韻』이 완성되자 정조가 여러 신하에게 교정을 명하고 아울러 「文字策問」을 내려 對策文을 지어 올리도록 하였고, 유득공이 「六書策」을 올려 문자학에 대한 자신의 견해를 밝힌 바 있다(『泠齋集』 卷11 「六書策」). 아마 이 시를 짓던 당시에 『설문해자』 등 문자학에 관련된 공부를 지속하고 있었던 것으로 보인다.

183 남산으로……하니 : 두보의 「曲江三章」 제3수에 "장차 남산 가로 옮겨 살면서, 짧은 옷에 필마로 이광을 따라다니며, 맹호 사냥 구경하면서 여생을 마치리라.[故將移住南山邊, 短衣匹馬隨李廣, 看射猛虎終殘年.]"라는 구절이 있다. 두보의 시는 漢나라의 명장 李廣이 南山에 사냥을 나갔다가 풀 속에 엎드려 있는 돌을 보고 호랑이로 착각해 활을 쏘았더니 화살이 돌을 뚫고 들어갔다는 고사에서 나왔는데, 이 돌을 射虎石이라고 한다(『史記』 卷109 「李將軍列傳」).

184 그대여……마시게 : 박종선의 「유영재가 부쳐 준 시에 수창하다」라는 시 원주에 "영재가 흥양의 섬에서 녹피가 난다고 하여 일찍이 나에게 잠방이 한 벌을 만들어 보내 추위를 막을 거리로 삼게 해 줄 것을 청하였는데, 지금 또 시에서 이를 언급하였다. 하지만 금년 봄에 굶주린 백성을 진휼해야 해서 사냥을 나갈 수 없기에 그 청에 응하지 못한다.[泠齋以島産鹿皮, 曾托余製送一褌爲禦冬資, 今又以詩及之, 而今春以飢民設賑, 不得出獵, 未塞其請.]"라는 내용이 보인다.

5-40

청석 도끼를 깎아 만든 벼루에 대한 노래[185] 【성용여가 두 자루의 도끼를 나에게 주기에 그 하나를 깎아서 벼루로 만들었다.】

青石斧硯歌 【成龍汝以二斧相贈 斲其一爲硯】

옛날에 숙신씨의 돌화살촉 노래했는데[186]	昔歌肅愼砮
지금은 여진의 도끼를 노래하네.	今歌女眞斧.
여진은 청석으로 병기 만들었으니	女眞以青石爲戎器
숙신씨가 바로 그 시조라네.[187]	肅愼氏惟厥鼻祖.
도끼는 구멍 뚫지 않고 자루에 끼워	斧不穿孔夾以柯
적 만나면 신나게 웃통 벗고 춤추듯 휘둘렀지.	遇敵酣鬥袒裼舞.
회상하건대 옛날 고려는 용병을 잘하여	憶昔高麗善用兵
우레 같은 달구질 소리로 아홉 성[188]을 쌓았네.	萬杵如雷築九城.

185 청석(青石)……노래 : 成海應에게 얻은 돌도끼 두 자루 중 하나를 벼루로 만들고 읊은 시이다. 이 시 원주의 成龍汝는 성해응으로, 용여는 그의 자이다. 성해응의 『연경재전집』 권9 「肅愼石砮記」에 관련 내용이 보인다. 또 『영재집』 권12 「硯銘」 십 수 중 세 번째 수에 "이것은 숙신씨의 돌도끼이니, 曷懶甸 사람이 밭을 갈다 얻었는데, 나의 소유가 되었다.[此肅愼氏之石斧也, 曷懶甸人, 耕而得之, 歸之于惠父.]"라고 하였고, 그 원주에 "북청의 청석부이다.[北青青石斧.]"라는 내용이 보인다. 曷懶甸은 금나라가 咸興과 永興 지역을 점거하고 붙인 지명인데, 耶懶 또는 移懶라고도 칭했다(『茶山詩文集』 卷15 「疆界考敍」). 한편, 金祖淳의 『楓皐集』 권6에 같은 제목으로 이 시가 그대로 수록되어 있는데, 『영재집』 원주의 내용으로 보아 『풍고집』에 잘못 들어간 듯하다.

186 옛날에……노래했는데 : 『영재집』 권1에 수록된 「숙신씨의 돌화살촉에 대한 노래[肅愼砮歌]」를 말한다.

187 여진(女眞)은……시조라네 : 『三國志』 「魏志 東夷傳」 挹婁 조에 "활의 길이는 4척인데 위력은 쇠뇌와 같다. 화살대는 楛木을 쓰는데 길이는 1척 8촌이며 青石으로 화살촉을 만들었으니, 읍루가 옛날 숙신씨의 나라이다.[其弓長四尺, 力如弩. 矢用楛, 長尺八寸, 青石爲鏃, 古之肅愼氏之國也.]"라는 기록이 보인다. 여진은, 周나라 때는 숙신씨, 漢나라 때는 挹婁, 五代 때는 여진으로 불렸고, 청나라에서는 만주족이라 일컬었다.

금나라 강종 오아속이 大金康宗烏雅束
우리의 척준경을 당해내지 못하니,[189] 不能當吾拓俊京.
맹안과 모극[190]이 猛安與謀克
도끼 버리고 두만강 북쪽으로 달아났지. 棄斧走江北.
지금부터 실로 육백 년 전 일이니 如今可是六百年
야란[191]의 춘산에 푸른 빛이 곱네. 邪爛春山翠姸姸.
청주[192] 도호부사는 술 취해 잠들고 靑州都護中酒眠
씩씩한 아이들 크게 노래하며 돌밭을 김매네. 健兒高歌耘石田.
돌밭에 돌도끼가 많으니 石田多石斧
지금 사람 밭 가는 곳 옛사람의 전쟁터였네. 今人耕處古人戰.
지금 사람이 도끼 얻은들 쓸 곳 없기에 今人得斧無所用
갈아서 이것으로 벼루를 만들었네. 磨礱持作硯.
그대 보지 못했나 君不見
노련한 오랑캐 도끼 휘둘러 적을 대파했는데 老羌奮戟大破賊
서생의 완력으론 먹을 갈기도 힘겹구나. 書生腕力劣磨墨.

---

188 아홉 성 : 1107년(예종2)에 尹瓘이 여진이 점령한 두만강 이북 지역을 회복한 후 축조한 이른바 동북 9성으로, 雄州・英州・福州・吉州・咸州・公嶮鎭・崇寧鎭・眞陽鎭・通泰鎭이다.

189 금(金)나라……못하니 : 烏雅束은 여진 完顔部의 족장으로 금나라 태조 阿骨打의 형이며, 康宗은 그의 묘호이다. 아골타에 앞서 족장이 되어 여진 부족을 통일하고 여러 차례 고려를 침공했는데, 1107년 윤관에게 패배하였다. 拓俊京은 1107년 中軍兵馬錄事로 윤관을 따라 여진 정벌에 나선 장군인데, 石城과 英州 전투에서 대승을 거두었다.

190 맹안(猛安)과 모극(謀克) : 금나라 초기에 두었던 군사와 행정 조직의 단위인데, 그 조직의 으뜸 벼슬을 말하기도 한다. 여기서는 금나라 군대를 일컫는 말로 쓰였다.

191 야란(邪爛) : 야란은 耶懶로, '押懶', '押蘭', '合懶', '曷懶' 등으로도 불린다. 함경도 함흥 이북의 육진 지역을 가리킨다. 邪는 耶와 통용되며, 爛은 懶와 뜻이 같다.

192 청주(靑州) : 北靑의 고호이다.

5-41

이십 운으로 호박을 읊어 차수에게 주다[193]

南瓜二十韻 贈次修

나무에 열리면 과일이요 풀에 열리면 열매니[194]	在木曰菓在艸蓏
정원에는 호리병박 있고 들에는 하눌타리 있네.	園有胡盧野果蠃.
호박은 종자가 외국 배 따라 들어왔는데	南瓜種隨番舶來
한 알 외씨 금방 자라 천만 덩이 이루네.	一瓣倏成千萬顆.
바람이 푸른 넝쿨 끌면 꼬부랑 수염 뻣뻣해지고	風引翠蔓虯鬚磔
이슬이 노란 꽃에 맺히면 동각[195]이 입을 벌리네.	露擎黃華銅角哆.
밭두둑에선 동글동글 지붕에 오르면 넓적하고	在畦則圓登屋扁
돌 만나 비뚤어지고 시렁에 달리면 길쭉하네.	遇石而窳懸棚橢.
풍미는 질박한데 은근히 협기(俠氣) 띠었으니	風味樸厚微帶俠
가난한 이와 결교 깊고 부자와는 소원하다네.[196]	深結貧惸踈富哿.
선생이 예전에 남산 기슭 골목에 살 때	先生昔居南岡曲
손수 울 밑에 가꾸어 해마다 열 덩이를 얻었지.	手壅籬根歲十朶.

---

193 이십……주다 : 朴齊家의 『정유각집』 4집에 영재의 이 시에 차운한 「영재의 호박을 읊은 시에 차운하다[次韻泠齋南瓜]」라는 시가 두 수 실려 있다.

194 나무에……열매니 : 『설문해자』 권1에 "나무에 있는 것을 果라고 하고, 땅에 있는 것을 蓏라고 한다.[在木曰果, 在地曰蓏.]"라는 내용이 보인다.

195 동각(銅角) : 구리로 만든 뿔 모양의 악기인데, 여기서는 벌어지기 전의 호박꽃을 형용하였다.

196 풍미는……소원하다네 : 호박이 주로 가난한 사람들이 먹는 음식이므로, 이를 가난한 이를 돕고 부자들을 멀리하는 俠客의 풍모에 비유한 것이다. 한편, 『시경』 「小雅 正月」에 "부자들은 괜찮지만, 이 가난한 이가 애처롭네.[哿矣富人, 哀此惸獨.]"라는 구절이 보인다.

아침저녁 끼니마다 큰 대접 하나에 내오니	朝晡頓進一大楪
주린 배 불룩해져 비로소 배부름을 느낀다네.	枵腹便便始覺果.
선생이 크게 웃고 버려둔 채 떠나가서	先生大笑捨之去
적현에 관원의 인장 모두 세 번 드리웠네.[197]	赤縣銅章凡三彈.
복사꽃 흐르는 물의 쏘가리 회[198]와 뽀얀 꿩고기국	桃花鱖膾雪雉臛
은젓가락 천천히 내렸으나 뜻에 맞지 않았다네.	銀筯徐下意未可.
이 호박이 이때에는 어디에 있었나	此瓜此時安在哉
십 년 동안 잊었으니 응당 나를 괴이히 여겼으리.	十季相忘應怪我.
선생이 늙어서 인끈 풀고 돌아왔는데	先生老矣解綬歸
여전히 화려한 직함 띠고 대궐에서 숙직하네.[199]	猶帶華啣直青瑣.
눈이 흐릿하여 자주 휴가 내고서	眼花濛濛在告頻
작은 누정에서 굶주림 견뎌가며 앉아있네.	有一小樓工飢坐.
다시 이 호박 보고 참으로 감탄하나니	復見此瓜良感歎
그 빛깔 여전히 푸르름이 빛나네.	顏色不改青礌砢.
돼지비계와 조기 볼때기 다시 어디서 얻을까[200]	豬肪鮸腮更安得
고추로 조미하여 센 불을 재촉하네.	調以番椒催武火.

197 적현(赤縣)에……드리웠네 : 세 차례 경기도 고을을 맡아 다스렸다는 말이니, 赤縣은 왕도 주변 지역을 이르는 칭호이다. 이 시를 지을 무렵까지 유득공은 1784년(정조8) 처음 포천 현감에 임명되었고 이어 1788년 양근 군수를 지냈으며, 1794년 3월 가평 군수로 부임하여 1795년 5월 殺獄 사건을 잘못 처리했다는 이유로 파직되어 돌아왔다.

198 복사꽃……회 : 唐나라 張志和의 「漁夫歌」에 "서새산 앞으로 백로가 날고, 복숭아꽃 흐르는 물에 쏘가리가 살졌네.[西塞山前白鷺飛, 桃花流水鱖魚肥.]"라는 구절이 있다(『全唐詩』 卷308).

199 선생이……숙직하네 : 유득공은 1795년 5월에 가평 군수에서 파직된 뒤 7월에 다시 검서관에 임명되었다(『승정원일기』 정조 19년(1795) 7월 22일, 27일 기사 참조).

200 돼지비계와……얻을까 : 『京都雜誌』 권1 「果瓜」에 "호박은 돼지고기와 함께 삶으면 맛이 좋다. 또한 마른 조기 대가리로 조미하면 여름날 진솔한 반찬이 된다.[南瓜同猪肉煮, 味佳. 亦調以乾鮸魚頭, 爲夏月眞率之饌.]"라는 내용이 보인다.

기쁘게 한 번 배 불린 뒤 세상 굽어보며	欣然一飽一俛仰
유유한 백 년 세월 그 무엇인가 묻는다네.	百季悠悠問什麽.
묻노니 그대 기꺼이 호박밭 정장되어	問君甘作瓜亭長
날마다 원두한이 독려하며 순찰 돌기 바쁘신가.[201]	日課園丁勤哨邏.
개구리 청색과 자고새 반점은 품종이 다르다며[202]	蛙青鷓斑品各殊
홀로 『과경』 지어 놓고 숨겨두어 내보이지 않네.	獨著瓜經秘不播.
바람 창에서 돌솥을 손수 달이고	風窓石銚手自煎
문군을 얻어서[203] 하얀 이 보이며 웃네.	博得文君笑齒瑳.
가난한 집에서 오리 잡는 일과 차이가 있겠으나[204]	貧家拗鴨事或差
험벽한 구절은 오를 밀쳐낼 듯 말이 심히 타당하네.[205]	險句排奡語甚妥.

---

201 묻노니……바쁘신가 : 당시 박제가가 호박밭을 가꾸는 데 꽤 공력을 들인 것으로 보이니, 뒤에 나오는 「정유거사를 방문하여 호박을 먹고 차운하다[訪貞蕤居士食南瓜次韻]」라는 시가 참조된다.

202 개구리……다르다며 : 호박의 청색과 반점을 개구리와 자고새에 비유한 말로 보인다. 자고새는 흑갈색 털에 흰 반점이 박혀 있다.

203 문군(文君)을 얻어서 : 문군은 司馬相如의 아내인 卓文君을 말하는데, 여기서는 박제가가 喪妻한 뒤 얻은 첩을 지칭한 것으로 보인다. 박제가는 1792년에 喪妻한 뒤에 첩을 들였다고 한다.

204 가난한……있겠으나 : 당나라 德宗 때의 재상 鄭餘慶의 고사를 말한 것으로 보인다. 정여경은 본래 淸儉했는데, 어느 날 빈객 몇 사람을 초대해 식사를 대접하면서 시중드는 사람에게 "주방에 요리 방법을 일러 주어, 푹 찐 다음 털을 제거하고 모가지는 꺾지 말도록 하라.[處方廚家, 爛蒸去毛, 莫拗折項.]"라고 하였다. 빈객들이 필시 오리를 삶는 것이라 여겼는데, 막상 밥상에는 좁쌀 밥 한 그릇에 찐 호리병박[蒸葫蘆]이 하나씩 나왔다고 한다. 여기서는 호리병 박 대신 호박을 말한 것이다(『說郛』 卷48下 「盧氏雜說 鄭餘慶」).

205 험벽한……타당하네 : 박제가가 시에 매우 뛰어나다는 말이다. 韓愈의 시 「薦士」에 "허공을 가로지르듯 경어를 구사하니, 어려운 글자 온당하게 놓는 힘은 오를 밀어낼 정도이네.[橫空盤硬語, 妥帖力排奡.]"라는 구절이 있다. 奡는 고대의 장사로 육지에서 배를 끌고 다닐 정도로 힘이 셌다고 한다.

어이하면 동쪽 성 동문에서 이웃을 맺어	焉得結隣東城東
녹비 쓰고 도롱이 입고 함께 호미를 맬까.[206]	鹿東蓑衣鋤共荷.

206 어이하면……맬까 : 박제가와 함께 호박밭을 일구며 살고 싶다는 말인 듯하다. 秦나라 때 東陵侯에 봉해진 邵平이 秦나라가 망한 뒤에 布衣로 살면서 長安城 東門 밖에 오이밭을 일구며 살았고 그 오이를 東陵瓜라고 했던 고사가 전하는데, 이를 차용한 구절로 보인다(『史記』 卷53 「蕭相國世家」).

5-42

차수의 「소청삼각에서 잠에서 깨어 일어나」[207]에 차운하다

次次修小淸森閣睡起

새벽 귀뚜라미 구멍 틈바구니에서	晨蛩對穴居
처량하게 쉼 없이 울어 대니	凄凄未了語.
흐르는 세월 어느새 이미 가을 되어	流光颭已秋
남은 여름날 빗속에 사라지네.	殘暑敗於雨.
벗님이 고맙게도 새 시 보내왔기에	故人枉新藻
어루만지고 또 고이 간직해 두네.	摩挲且藏去.
묵묵히 생각하노니 지금 세상에서	默念今海內
뛰어난 문장 솜씨 누가 최고라 하랴	喩擘誰能巨.
나 또한 대략 문자는 안다지만	我亦畧識字
항우를 속임은 감당하지 못한다네.[208]	未堪欺項羽.
때때로 한 잔 술에 시 읊노라면	時復一觴詠
과분하게 그대에게 인정받았지.	謬爲君所許.
바람 맞은 난초 섬돌 가에 하늘거리고	風蘭弱依砌

207 「소청삼각(小淸森閣)에서……일어나」 : 소청삼각은 朴齊家의 누각으로 보인다. 『정유각집』 4집에 「소청삼각에서 여름날에[小淸森閣夏日]」라는 시 4수가 실려 있는데, 영재의 이 시와는 운자가 다르다.

208 항우(項羽)를……못한다네 : 항우를 속인다는 것은 漢나라 장군 紀信의 고사인데, 여기서는 박제가가 장군의 재능까지 지녔음을 일컬은 말로 보인다. 유방이 滎陽에서 항우에게 포위당했을 때 기신이 "제가 왕을 위해 초나라를 속여 거짓으로 왕 행세를 할 것이니, 왕께서는 그 틈에 빠져나갈 수 있을 것입니다.[請爲王誑楚爲王, 王可以間出.]"라고 하여 항우를 속이고 유방을 탈출하게 한 고사가 전한다(『史記』 卷7 「項羽本紀」). 박제가는 1795년(정조19) 2월 12일에 검서관의 노고를 인정받아 五衛將에 임명된 바 있다.

이슬 젖은 국화 문 앞에 분분하네.	露菊紛當戶.
탁주에도 이처럼 취할 만하니	濁醪斯可醉
소금에 악보를 어디에 쓰랴.[209]	素琴焉用譜.
우리들 스스로 안목 갖추었나니	吾曹自具眼
유유히 지나온 천고를 거울삼으리.	瀏瀏鑑千古.

209 소금에……쓰랴 : 素琴은 無絃琴을 말하는데, 晉나라 陶潛이 無絃琴을 연주했다는 고사가 전한다(『晉書』 卷94 「陶潛列傳」). 또 도연명이 여름에 북창 아래 누워 있다가 맑은 바람이 불어오자 스스로 복희씨 시대의 사람이라 하였는데, 이백이 이를 차용하여 지은 「戲贈鄭溧陽」에 "소금은 본래 줄이 없고, 술 거를 땐 갈건을 사용하네. 맑은 바람 부는 북창 아래 누워, 스스로 태곳적 사람이라 하네.[素琴本無絃, 漉酒用葛巾. 淸風北窓下, 自謂羲皇人.]"라는 내용이 보인다.

5-43

「운암파왜도」에 대한 노래[210] 【청계 양대박이 만력 임진년(1592)에 의병장으로 운암 벌판에서 왜적을 무찔렀다. 후손 참의 양주익이 이를 그림으로 그리고 노래 지어주기를 청하였다.】

雲巖破倭圖歌 【梁靑溪大樸 萬曆壬辰 以義兵將破倭於雲巖之野 後孫參議周翊作圖請歌】

운암의 나무 모습 구름처럼 우거졌는데	雲巖樹色蓊若雲
이리저리 얽힌 바위 잔도에 길이 희미하네.	石棧縈紆路微分.
골짝 어귀 긴 시냇물 세차게 흐르고	谷口長川流渙渙
어지러운 바위는 오리와 기러기 떼인 듯하네.	亂石疑是鳧雁羣.
왜구 도깨비불 번쩍번쩍 풀 섶 끝에 날고	倭燐爍爍飛艸末
왜구 귀신 울먹울먹 산에는 석양이 지네.	倭鬼咿嚘山日曛.
왜구 무찌른 이 누구인가 바로 양 장군이니	破倭者誰梁將軍
장군은 대방[211] 땅의 기개 장한 선비로	將軍帶方之烈士
보검은 천금이요 말은 천리마였네.	寶刀千金馬千里.
눈물 휘뿌리며 격문 짓자 비바람이 일고	灑泣艸檄風雨生
가산 털어 군사 기르니 곰과 범처럼 용맹했지.	破家養士熊虎似.

210 「운암파왜도(雲巖破倭圖)」에 대한 노래 : 「운암파왜도」는 1592년 6월에 의병장 梁大樸(1543~1592)이 전라도 任實의 雲巖에서 왜적을 격파한 사실을 그린 그림이다. 원래 함께 의병으로 참전했던 양대박의 둘째 아들 梁亨遇가 1599년(선조32)에 제작하였는데, 화재로 훼손되어 전하지 않던 것을 1796년(정조20)에 양대박의 6세손 梁周翊이 다시 그리고 영재에게 시를 부탁하였다. 이에 대한 자세한 내용은 『영재집』 권8 「題雲巖破倭圖」에 보인다. 양대박은 본관은 南原, 자는 士眞, 호는 松巖・竹巖・靑溪道人 등이다. 운암 전투 이후 과로로 1592년 7월 7일에 全州에서 세상을 떠났으며, 문집으로 『청계집』이 있다. 정조는 1796년 10월 16일에 양대박에게 忠壯이라는 시호를 내렸다(『정조실록』 참조). 운암은 현재 섬진강 댐으로 수몰되었다.

211 대방(帶方) : 양대박의 본관인 南原의 옛 이름이다.

왜구들 점심때 으슥한 대숲에서 밥 짓느라　　倭子午爨幽篔間
솥 걸고 사발 씻으며 모래톱에 모였네.　　支鐺滌甌聚沙灣.
삼랑 오랑 자위문이란 놈들[212]　　三郎五郎左衛門
저마다 바둑알 문양 비단옷 걸쳤지.　　箇箇衣錦棊子斑.
거울 슬쩍 보는 놈 나비춤 추며 까불거리고　　有閃鏡者蝶舞翾
부채 부치는 놈 왜말로 뭐라 나불대네.　　有搖扇者鳥語喧.
괴이해라 한 놈은 구리 가면 썼는데　　怪哉或著銅假面
귀신인가 할망구인가 추잡하고 간악하네.　　如鬼如媼醜且姦.
장군이 바라보고 노여움 이기지 못해　　將軍望見不勝怒
호통치고 말달리며 춤추듯 큰 칼 휘두르니　　大呼而馳大刀舞.
징과 북소리 일제히 울려 복병이 다 일어나고　　金鼓齊鳴伏盡發
보시라 산등성이에 빽빽이 깃발이 섰네.　　試看山背戢戢旋旗竪.
아군 화살 하늘 뒤덮어 메뚜기 떼처럼 날아가자　　我矢蔽天如飛蝗
왜구 장수 몸 뒤집어 피하다 흰 깃 화살 맞았고　　倭將翻身飮白羽.
왜구 병졸 게다짝 끌고 이리저리 달아나는데　　倭兵躡屩踉蹌奔
창 버리고 칼을 끄니 담장이 무너지는 듯했네.　　拋槍掩劒如崩堵.
풀을 베고 짐승 잡듯[213] 남김없이 소탕했는데　　艸薙禽獮蕩無垠
지금 운암 벌판은 그저 안개만 자욱하구나.　　雲巖之野至今但烟莽.
묻노니 예로부터 왜구 정벌한 장군 누가 가장 뛰어났던가
試問古來征倭之將誰最賢

212 삼랑……놈들 : 일본인들이 흔히 쓰는 이름들로, 삼랑은 '사부로', 오랑은 '고로', 자위문은 '자에몬'으로 읽는다.

213 풀을……잡듯 : 韓愈의 「정 상서를 전송하는 서[送鄭尙書序]」에, 오랑캐를 잘 회유하여 다독이다가 끝내 다스릴 수 없는 경우에 이르면 "풀을 베어내듯이 제거하고 짐승을 사냥하듯이 잡아 죽여 뿌리를 완전히 잘라내고야 말았다.[乃草薙而禽獮之, 盡根株痛斷乃止.]"라는 내용이 보인다(『韓昌黎集』 卷21).

명나라 척 소보는 낭선과 만패로 십 년 동안 조련했고[214]

中朝戚少保狼筅蠻牌鍊十年.

우리 조선 이 통제사는 호부 잡고 거북선으로 삼남을 진무했는데[215]

我朝李統制虎符龜艦鎭三邊

위대할사 양 장군이여, 의병이 겨우 천 명이었다네.

偉哉梁將軍義旅纔盈千.

---

214 명나라……조련했고 : 戚少保는 명나라 장군 戚繼光(1528~1588)을 말하는데, 太子少保를 역임하였다. 자는 元敬이고 호는 南塘이며, 總兵官이 되어 수차례 왜구를 격퇴하고 많은 전공을 세웠다. 그가 저술한 병서 『紀效新書』는 조선에도 많은 영향을 끼쳤다. 狼筅은 창의 일종인데 군대의 무기로 처음 채택한 사람이 척계광이라고 한다. 蠻牌는 남방에서 생산된 방패의 일종이다.

215 우리……진무했는데 : 이 통제사는 李舜臣으로, 三道水軍統制使를 역임하였다. 虎符는 병수사 및 지방 장관에게 주어 군사를 調發할 수 있는 신표로, 구리로 만들고 그 모양이 범의 형상이었다.

5-44

『고창현지』에 실린 박의 사적에 대해 짓다[216]

題高敞縣志朴義事

호남 땅의 장사 박의는	湖南壯士曰朴義
칼을 차고 일찍이 병마사를 따랐네.	仗劍曾隨兵馬使.
광교산 앞에서 전투가 한창일 때	光教山前戰方酣
한 발 화살로 양고리를 쏘아 죽였네.	一箭射殺楊古利.
어쩌면 그리도 고려의 김윤후가	何似高麗金允侯
몽고의 살 원수를 쏘아 죽인 일과 비슷한가.	射殺蒙古撒元帥.
산승이 머리 기르고 명신이 되었으니	山僧長髮爲名臣
『고려사』에 입전되어 천년토록 전해지는데,[217]	麗史立傳垂千春.
안타깝구나, 고창의 박 만호여	嗟哉高敞朴萬戶
지금 사람들 그가 있었음을 모른다네.	今人不知有其人.

【박의는 호남 고창현 사람이다. 침착하고 용맹하였고 말타기와 활쏘기에 뛰어났다. 무과에 급제하여 부장에 제수되었다. 인조 병자년(1636)에 병마절도사 김준룡[218]이 군대를 거느리고 근왕(勤王)할 때 박의가 군관으로 따라가서 청나라 군대와 수원의 광교산에서

---

216 『고창현지(高敞縣志)』에……짓다 : 朴義(1599~1653)는 전북 고창 출신으로, 1624년에 무과에 급제하였다. 이 시와 관련된 내용은 『고운당필기』 권6 「朴義射殺楊古里」와 『영재집』 권8 「書高敞縣志朴義事」에 보인다.

217 어쩌면……전해지는데 : 金允侯는 고려말의 僧兵將으로, 1232년(고종19)에 몽고병이 침입하자 處仁城에 피난했다가 몽고의 원수 撒禮塔을 활로 쏘아 죽였다. 김윤후는 뒤에 忠州山城防護別監이 되어 충주성을 잘 지켰고 이 공으로 監門衛上將軍이 되었으며, 守司空右僕射에 이르러 치사하였다(『高麗史』 卷103 「金允侯列傳」).

218 김준룡(金俊龍) : 1586(선조15)~1642(인조20). 본관은 原州이고 자는 秀夫이다. 1608년(선조41) 무과에 급제하였다. 1636년(인조14)에 전라도 병마절도사가 되었으며, 이해에 병자호란이 일어나자 光教山에서 청나라 太祖의 부마 楊古利를 사살하였다. 시호는 忠襄이다.

전투를 벌였는데 청나라의 부마 무훈왕 양고리를 쏘아 죽였다. 박의는 나중에 직동 만호에 제수되었다.[朴義, 湖南之高敞縣人. 沈勇便騎射, 擢武科, 除部將. 仁廟丙子, 兵馬節度使金俊龍率師勤王, 義以軍官從, 與淸兵戰於水原光敎山, 射殺其額駙武勳王楊古利. 義後拜直洞萬戶.]】

번역 이성민

5-45

남영에서 『무경』을 교열하는데[219] 차수가 방문하였기에 피리 불며 술을 마시다

南營校武經 次修來訪 吹笛命酒

손자와 오자, 부처와 노자 어떤 마음이었던가	孫吳佛老竟何心
산새 울고 산꽃 핌에 또 한 번 찾아보네.	山鳥山花且一尋.
청명한 삼월 삼짇날 새로 빚은 큰 술 단지	上巳清明新酒海
동위와 서위의 오위장 옛 문우들이라.	東西衛尉舊詞林.
천종의 술 마련됐으니 한껏 취해	千鍾已辦巍峨醉
쌍 젓대 가락에 강개한 노래 부를만하네.	雙笛能爲忼慨吟.
이십 년 동안 교서관에서 늙어가노라니	二十季來書局老
남영의 버들 빛 봄이라 다시 푸르구나.	南營柳色又春深.

219 남영(南營)에서 『무경(武經)』을 교열하는데 : 남영은 국왕 호위와 수도 방위를 위해 도성 안에 설치한 오위영의 남쪽 영으로, 도성 남부를 관할했던 忠佐衛를 가리킨다. 참고로 오위는 義興衛(中衛-중앙)·龍驤衛(左衛-동부)·虎賁衛(右衛-서부)·忠佐衛(前衛-남부)·忠武衛(後衛-북부)로 구성되어 있었다. 『고운당필기』 권5 「武經七書」 조에 의하면, 당시 오위장이었던 유득공은 장흥고주부 白東脩와 함께 무경칠서의 편집과 교정을 맡아 이곳에 교정국을 설치하였다. 이때 교정한 무경은 『孫武子』 2권, 『吳子』 1권, 『司馬法』 1권, 『尉繚子』 2권, 『三略』 1권, 『六韜』 2권, 『李衛公問對』 1권 등 모두 10권이었다고 한다.

5-46

복사꽃 아래에서 취해 병법 논하는 이[220]에게 주다

桃花下醉贈談兵者

이 복숭아나무 모두 직접 심었는데	此桃皆手種
오늘날 비로소 숲을 이루었다네.	今日始成林.
봄비 지나고 나니 산은 말갛고	山淨經春雨
저녁 해거름이라 꽃은 더 선명하구나.	花明近夕陰.
반평생 참으로 지기가 적었나니	半生知己少
틈나는 대로 병법 깨우침이 깊었다오.	餘事曉兵深.
취해 부축받는 걸 사양하지 마오	不必辭扶醉
몽롱함 속에서 본래의 마음 보나니.	瞢騰見素心.

220 병법 논하는 이 : 무경칠서를 함께 교열했던 白東脩(1743~1816)를 지칭한 것으로 보인다. 그가 유득공을 비롯한 이덕무, 박제가와 두루 친교했던 사실은 잘 알려져 있다. 특히 이덕무, 박제가와는 1790년에 『武藝圖譜通志』를 편찬한 바 있다.

5-47

정유거사가 말을 잃어버렸다기에

貞蕤居士失馬

정유거사 흥이 나서 동호를 달리다가	居士乘興游東湖
말에서 내려 배에 오르며 종 보고 일렀네.	下馬登船顧語奴.
‘사흘 뒤 새벽녘 너는 말에 꼴 먹이고	後三日曉汝秣馬
아무 산 아래로 와서 나를 맞이하거라.’	某山之前來迎吾.
이 종놈 그날 묘책을 고안해 내	奴于其日畫妙策
말 위에 아내 태우니 끄는 자 남편이라네.	馬上之妻牽者夫.
온 집안 주인 기다리고 주인은 말 기다리며	渾室遲君君遲馬
양쪽 다 서로를 의심하나 어쩔 도리 없었네.	兩地猜疑何所無.
산자락 나무꾼의 등 휜 말 빌려 타고	借騎樵塢敗脊馬
절뚝이며 돌아오니 이미 달아나 버렸다지.	蹩躠而歸已矣逋.
몇 안 되는 종과 가축 과반을 잃었으니	人口頭畜喪過半
독서하는 누각만 홀로 우뚝하니 남았다오.	餘一讀書樓危孤.
처음 이 소식 듣고 그대 걱정하다가	始聞此事爲君悶
다시 그대 위해 노래지어 웃음거리로 삼는다네.	更爲君歌供葫蘆.
지금 그대와 나 나귀나 말이 있어도	今君與我有驢馬
누굴 찾아가고 또 어디를 간다 하겠는가.	云誰可訪云何徂.
지난 몇 해 우리 함께 호군[221] 녹봉 받았기에	年來同食護軍俸
황두가 있다한들 어찌 말먹이로 쓰랴.[222]	縱有黃豆奈青蒭.

221 호군(護軍) : 오위의 정4품 무관직으로, 오위장의 다른 이름이다.

222 황두(黃豆)가……쓰랴 : 황두는 녹봉을, 青蒭는 말먹이로 싱싱한 꼴을 뜻한다. 황두는

석 되 지게미 죽도 못 줄 때가 있으니	三升糠粥或時闕
주인은 청빈하다 하지만 말은 무슨 죄라고.	人自淸貧馬何辜.
밤에도 잠 못 자고 배고픈 생각뿐이라	夜不成眠念其餓
두 발굽 널판 구르니 풍로에 바람인 듯 하네.	雙蹄踏板如風爐.
막다른 말 신이 들려 굴레 홀연 벗겨지니	馬窮而神羈忽脫
뜰 안 화분의 석류나무 밑동 깨물어 넘어뜨리네.	嚙翻庭中盆榴株.
곁채의 누군들 코 골며 곯아떨어지지 않았으랴	廡下何人不齁齁
이불 껴안은 채 창문 열고 소리소리 지르네.	擁衾拓窓費叫呼.
여태 먹이지도 못했으면서 더 단단히 묶어두니	旣不能喂益牢縶
잠깐 새에 화류마[223]가 둔한 말 돼버렸네.	坐看驊騮變成駑.
가난한 집 살림 망치기는 말이 첫째가는지라	貧家弊政馬居一
말 잃었으니 이제야 거덜난 살림 나아지리라.	無馬方賀馬弊蘇.
우리 무리 세시 하례에 참석해야 하는데	吾曹亦參歲時賀
옥관자 달고 관복 입은 채 걸어갈 수는 없다네.	懸玉穿緋未可徒.
천천히 빌리자면 행여 나귀[224] 하나 얻겠지만	徐借或得一烏衛
급히 빌린다면 돈 열 냥은 족히 써야 하리.	急貰當費十靑蚨.
다만 그대 찾아오고 내가 가는 날이면	只應君來我往日
편한 옷에 느린 걸음으로 큰길은 피하세.	便衣緩步避通衢.
우리집 나귀는 어제 이미 팔았으니	吾家長耳昨已賣
그대 기다려 술집에서 어울려볼까[225] 하네.	待君當付酒家胡.

米穀과 함께 주요 세금으로 거둬들이는 곡류였고, 이것을 쌀과 함께 관리들의 봉급으로 주었다. 지금의 봉급으로 말을 잘 기르기 어렵다는 의미이다.

223 화류마(驊騮馬) : 周나라 穆王이 탔다는 팔준마 중의 하나로, 후대에 준마의 대명사가 되었다. 한편 따로 '紫騮馬'와 함께 말을 미화한 시어로도 많이 쓰인다.

224 나귀 : 원문의 '烏衛'는 통상 '黑衛'라고 하며, 암갈색 당나귀를 뜻한다. 주로 빈궁한 선비나 장사치가 타는 나귀로 알려져 있다.

5-48

오위 남소[226]에서 숙직하면서 부르는 노래

五衛南所直中歌

그대는 보지 못했는가 오위의 열다섯 장군[227]	君不見五衛一十五將軍
동서남북 오위엔 무관 문관 아울러 있지.	東南西北武兼文.
문관에게 묻길 어떻게 그리 뛰어난가	問文何能爾
스무 살에 전분[228]을 외웠다네.	二十誦典墳.
무관에게 묻노니 어찌 그리 뛰어난가	問武何能爾
팔십 근 큰 칼을 휘두른다네.	運刀八十斤.
다시 묻노니 장군은 어느 고을 출신인가	更問將軍何郡人
역시나 토문강[229] 압록강 청천강 가라네.	敢是土門鴨淥淸浿濆.

225 술집에서 어울려볼까 : 원문의 '酒家胡'는 원래 술집에서 술을 팔거나 술시중드는 여인을 가리킨다. 漢나라 辛延年의 「羽林郎」에 "옛날 곽가의 노비는 성이 풍이고 이름이 자도라. 장군의 위세를 빌렸는지 주가의 여인 놀려댔지.[昔有霍家奴, 姓馮名子都. 依倚將軍勢, 調笑酒家胡.]"라는 사례가 있거니와, 아마도 한나라 때 오랑캐 땅에서 온 여자가 술장사를 했기에 이렇게 불렀던 것으로 판단된다.

226 오위(五衛) 남소(南所) : 오위의 임무 중에 하나가 入直으로, 오위장은 각각 外所・南所・西所・東所・北所 등 다섯 衛將所에 번갈아 1명씩 숙직하며 왕이 내린 영을 수행했다고 한다. 아마도 南營, 즉 忠佐衛의 직소를 남소라 칭한 것이 아닌가 여겨진다.

227 오위의 열다섯 장군 : 오위의 각 위당 3명씩의 오위장을 두었기에 총 15명의 장군이라 한 것이다. 임진왜란 이후 오군영이 설치되면서 오위는 점차 기능이 약화되면서 문관 출신들이 오위장을 겸직하게 되었다. 곧 각 위별로 실직의 무관 1명과 문관 2명씩 총 3명의 위장을 두었다.

228 전분(典墳) : 五帝의 글인 『五典』과 三皇의 글인 『三墳』을 이르던 말로, 일반적으로 기원이 오래된 고서를 의미한다.

229 토문강 : 곧 두만강이다. 원래 토문강은 백두산 천지에서 발원하여 북쪽으로 흐르는 송화강의 한 지류를 지칭했다. 그러나 1712년 세워진 백두산정계비에는 조선과 청나라의 국경을 '서쪽은 압록강으로, 동쪽은 토문강으로 삼는다'고 명시되어 있듯이 이 시기

머리엔 소골립[230] 썼으니　　頭上蘇骨笠
꼿꼿한 두 깃에 금빛 푸른빛 아롱졌고　　二羽翹翹金翠紛.
몸엔 주름 옷 둘렀는데　　身邊襞積裙
알록달록 푸른 깁에 운뢰 문양이라.　　碧紗纈纈雲雷紋.
보노라니 수염이며 머리털 은빛으로 하얗고　　相看鬚髮皓如銀
이는 다 빠져 남은 건 두 잇몸뿐이라.　　牙齒落盡餘兩齦.
나는 장군에게 더 말하지 말라 했으니　　我謂將軍勿復云
지금의 용양위와 호분위는　　今之龍驤與虎賁
그 옛날 오관중랑에 광록훈이었지.[231]　　古之五官中郎光祿勳.

에는 대체로 두만강을 토문강이라 하였다. 『고운당필기』 권6 「速頻押蘭兀的改」에서 『淸一統志』에서 두만을 토문으로 쓰고 있다고 언급한 바 있다.

230 소골립(蘇骨笠) : 고구려 때 귀족이 쓰던 고깔 모양의 모자로, '折風巾'과 함께 고구려 벽화에 그 모양이 남아 있다. 여기서는 북방 지역의 무관이 쓰던 모자를 뜻한다.

231 옛날……광록훈(光祿勳)이었지 : 五官中郎은 오관(司徒 · 司馬 · 司空 · 司士 · 司寇)의 중랑으로, 秦漢 시기에 숙위를 담당했던 벼슬이다. 광록훈은 한나라 때 궁정의 숙위 및 제반 관리, 그리고 왕명의 출납을 관장했던 관원을 말한다. 이들은 모두 궁궐을 지키는 위병의 관장을 뜻하는 말로 쓰인다.

5-49

중복날 차수의 원정에 모이다

中庚日 集次修園亭

『경도잡지』에 추가할 만하니	可補京都志
이름난 시내와 오래된 노송들.	名泉與古松.
삼복더위 누군들 피하지 않으랴	庚炎誰不避
이웃 벗님네 여기서 만나는구려.	隣友此焉逢.
추마의 시정[232] 웅건하고	墜馬詩情健
농아의 필의[233] 무르익었다네.	籠鵝筆意濃.
질장군 두드리며 실컷 노래하리니	烏烏堪擊缶
오늘 술은 천 동이가 있어야 하리.	今日酒千鍾.

232 추마(墜馬)의 시정(詩情) : 즉 두보의 시정을 말한다. 두보의 「墜馬歌」는 「蜀道難」과 함께 후대에 많이 거론되는 시인데, 원 제목은 「醉爲馬墜諸公攜酒相看」(『杜工部集』 권20)이다. 이 시는 두보시 가운데 웅혼하다는 평가를 받은 작품으로, 1791년에 사행기록인 金正中의 『燕行錄』 가운데 「奇遊錄」에 '두보의 「墜馬의 노래」를 읊는다'는 언급이 보인다.

233 농아(籠鵝)의 필의(筆意) : 즉 왕휘지의 필세가 있다는 말이다. 농아는 書聖 王羲之를 가리킨다. 그가 한번은 한 道士에게 『도덕경』을 써 주고 거위를 얻어서는 새장에 넣어 가지고 왔다는 고사에서 유래하였다(『晉書』 「王羲之傳」).

5-50

쥐덫

榍

쥐덫을 일러 목묘[234]라 하니	呼榍爲木貓
그 유래 쥐 잡는데 정교해서라네.	由來執鼠工.
꼼짝 않는 자루 안은 어두컴컴하고	杓靜斗窅冥
팽팽한 시위에 구부러진 공이라.	弦急弩穹窿.
구멍으로 들어올 때 가만 놔두니	穿穴保其入
그 은미한 성질 뉘라서 알아차리랴.	微性孰所通.
향긋한 먹이 아래 정신이 팔려	游魂香餌下
예가 겨눈 화살 앞에 달려드네.	挺身羿彀中.
격발하는 고동에 털끝 하나 닿으면	駭機觸毫芒
험악한 지경 우레와 바람보다 빠르다네.	險節先雷風.
내리 닫힌 문 힘으로 이겨낼 수 없고	懸門力不勝
담장 무너지니[235] 운명 다했다 하겠네.	巖墻命云窮.
원래 저것은 인간 세상에 있을 때	原渠在世間
악착같이 축만 내는 일개 버러지라	齷齪一耗蟲.

234 목묘(木貓) : 나무로 만든 쥐를 잡는 도구이다. 원나라 陳櫟의 「木貓賦」에 "목묘라는 기구 있으니, 그 모양을 본뜬 데서 취한 것 아니라네. 덫을 설치해 쥐를 잡음이여, 고양이 공력에 짝하기에 그 이름 빌렸다네.[惟木貓之爲器兮, 非有取於象形; 設機械之得鼠兮, 配貓功而借名.]"라고 하였다.

235 담장 무너지니 : 원문의 '巖墻'은 무너지려 하는 위험한 담장을 뜻하는데, 이는 『맹자』 「盡心 上」에 "명을 아는 자는 무너지려는 담장 아래에 서 있지 않는다.[知命者, 不立乎巖墻之下.]"라는 데서 유래하였다.

시례에서도 달가워하지 않아	詩禮所不屑
빈 땅에서 쥐잡음 사제로 공덕 보답했지.[236]	豳熏蜡報功.
작은 이끗에 마음 애태우다가	小利心耿耿
뜻밖의 재앙에 눈이 아득해졌네.	奇禍眼夢夢.
누차 보면서도 번번이 알아차리지 못해	屢見屢不識
열 번 당김에 그때마다 적중한다네.	十發十不空.
용맹 강건하기론 범만 한 게 없으나	勇健莫如虎
이것도 종종 덫 화살에 죽곤 하지.	往往㢕窩弓.
아! 저놈의 쥐 잔꾀만 믿다가	嗟鼠恃小黠
목묘의 뭇 공격에 어찌하지 못하네.	無奈衆所攻.

236 빈(豳) 땅에서……보답했지 : 『시경』「豳風 七月」편에 "구멍을 막고 그을음을 피워 쥐를 잡는다.[穿窒熏鼠.]"라는 구절을 참조하여 번역하였다. 蜡祭는 천자가 한 해 농사가 잘되기를 기원하는 제사로, 여덟 가지가 있는데 이 가운데 '猫虎'는 고양이와 호랑이가 쥐와 멧돼지를 잡아 농사에 피해가 없게 해준 보답으로 지냈다. 참고로 사제는 『禮記』「郊特牲」에 "천자가 섣달에 만물에게 지내는 제사.[歲十二月, 合聚萬物而索饗之.]"라고 나와 있다.

5-51

정유거사를 찾아가서 호박을 먹고 차운하여 짓다[237]

訪貞蕤居士食南瓜次韻

가을 호박 주렁주렁 이제 막 땄다고　秋瓜磊落摘初稀
잔 들고 누에 올라 석양빛에 머무네.　把盞登樓駐夕暉.
솔 그늘엔 흰 거위 짝을 이뤄 잠자고　松蔭白鵝成對睡
장다리꽃엔 노랑나비 나풀나풀 쌍으로 나네.　菜花黃蝶喜雙飛.
전원에 살면서도 외려 궁궐 출입하고[238]　浮沈田里猶通籍
성시에 미련 남아 귀거래를 읊지 못한다네.[239]　依戀城闉未賦歸.
비웃음 받는 여윈 나귀 취해도 알아서 가니　爭笑疲驢駝醉慣
효경교[240] 밖 달빛 물결 은은하구나.　孝經橋外月波微.

237 차운하여 짓다 : 박제가의 시 가운데 이 시의 운과 같은 작품은 「담수의 시에 차운하다[次韻澹叟]」(『貞蕤閣集』 4集)이다.

238 궁궐 출입하고 : 원문의 '通籍'은 門籍에 이름을 올린다는 뜻으로, 이 문적에 이름을 올려야 궁궐을 출입할 수 있었다. 문적은 궁문 앞에 걸어두었던 명패로, 관원의 성명과 나이, 신분 등을 기록하였다.

239 귀거래를 읊지 못한다네 : 원문의 '賦歸'는 벼슬을 그만두고 田里로 돌아간다는 뜻인데, 陶淵明이 「歸去來辭」를 짓고 고향으로 돌아간 데에서 유래하였다.

240 효경교(孝經橋) : 현재 서울시 중구 주교동과 산림동 사이(종로4가와 을지로5가 일대)에 놓여 있던 청계천 다리이다. 『신증동국여지승람』 등에는 '永豐橋'로 나오는 걸로 볼 때 두 이름이 같이 쓰였음을 알 수 있다. 원래 이 주변에 장님들이 많이 살아 '소경다리'로도 불렸는데, 이를 한자로 쓰면서 '孝經'으로 바꾼 것이라고 한다.

정유거사가 전에 강산 시랑에게 부친 시[241]에 차운하여 전항[242]을 새로 만든 걸 축하하다

次貞蕤居士前寄薑山侍郎韻 賀甎炕新成

평소 소매 걷어붙이며 벽돌 굽는 일 얘기하더니　一生攘袂談甓事
작은 집에 이제 막 만자 창문 달았네.　小屋纔就窓卍字.
거사의 가슴속 만 칸의 대저택이라　胸中廣廈一萬間
달팽이 방에 넓고 넓은 큰 뜻 펼쳐 보이네.　蝸殼恢恢見大意.
신기한 가사 무늬 낱낱이 재봉한 듯하고　袈裟紋奇徧縫合
동자 기둥 바둑판처럼 촘촘히 깔려있네.[243]　侏儒柱短紛棋置.
얇은 땔감 다발로도 심한 추위도 당해내니　纖纖束楚抵奇寒
어리석은 이들과 따지기 참으로 쉽지 않지.　說與癡人良未易.
그대 번거롭게 저들더러 자보라고 하지 말게　煩君勿請俗子眠
주저주저 불안해하며 병이라도 날까 싫어하리니.　轉側不安疑芒刺.
싸락눈 등불 아래 따뜻하게 글 짓고　薄雪篝燈穩著書
봄바람 불면 함께 푸른 고삐 쥐고 말 타세.　春風共結青絲騎.

241 강산 시랑에게 부친 시 : 강산 이서구에 부친 시는 따로 확인되지 않고, 대신 박제가가 영재 자신에게 보낸 시 「지난해에 임금에게 올린 시에 차운하여 유득공에게 보여 주다【두 수】[次去季賡進韻 示泠齋【二首】]」(『貞蕤閣集』 4集)가 같은 운이다. 위 시 아래의 「復次貞蕤居士韻【三首】」도 동일한 운자를 썼다.

242 전항(甎炕) : 벽돌로 제작한 온돌을 말한다. 박제가가 『북학의』 등에서 벽돌에 대한 관심이 지대했음은 잘 알려진 사실이며, 이 시는 그가 실제 자기 집에 온돌을 벽돌로 제작했음을 알려주는 사례다. 연행과 벽돌 온돌의 전통은 李頤命(1658~1722)이 연동에 있는 자기 집에 연항을 두고 있었던 것으로 보아 상당히 일찍부터 시작되었음을 알 수 있다.

243 가사 무늬……깔려있네 : 벽돌로 온돌을 제작한 모양과 형태를 이처럼 표현한 것이다.

5-53

다시 정유거사 시에 차운해 짓다 【세 수】

復次貞欒居士韻 【三首】

백년 인생 절반은 살았거늘 무슨 일 이뤘던가	百季洽半完甚事
만권의 책 겨우 끝내 낱글자나 아는 처지네.	萬卷纔了識箇字.
국화 피어 중양절 술자리 가까우니	黃花展向重陽杯
벗에게 묻노니 뜻이 어떠한가.	爲問故人寧有意.
가슴속에 쌓인 근심 말해 무엇하리	胸次介介何足云
내버려 두고 거듭 내버려 두어야지.	棄置不下重棄置.
이미 지나간 세월이야 그대도 아는 바	已去光陰君所知
흐리멍텅 보내는 것 참으로 쉽고도 쉽다네.	瞢騰再過誠易易.
어둑어둑 비오는 가을 밭뙈기에서 우엉뿌리 캐고	秋畦雨暗採芋魁
푸른 연기 이는 눈 집에서 밤송이 태우네.	雪屋烟靑燒栗刺.
진중한 대접 일장춘몽에 견줄 수 없어	珍重不比春夢場
동필과 붉은 깃털 장식으로 산기[244]에 참여했지.	銅筆紅毦備散騎.

【화성에 행차했을 때에 호위하는 행렬에서 검서관은 동필을 휴대하고, 갓에는 붉은 깃털 장식으로 공작새 깃을 꽂았다.[華城幸行時, 衛內檢書持銅筆, 笠懸紅毦孔雀羽.]】

그대는 보지 못했는가 과주지주사[245]라 자칭하는 정유거사

君不見貞欒居士自稱瓜州知州事

244 산기(散騎) : '散騎侍郎'의 준말로 왕의 좌우에서 과실을 바로잡고 보좌하는 직책이다. 고려시대 간관의 역할 및 왕명과 문서의 출납을 담당하였다가 조선 전기에 臺諫으로 혁파되었다. 사간원을 가리키거나 왕의 측근을 의미하는 말로 주로 사용된다.

245 과주지주사(瓜州知州事) : 瓜州의 현령 정도의 의미로, 과주는 南瓜, 즉 호박을 비유한

십고[246]에 모두 상상자를 받았다고.	十考皆書上上字.
호박탕과 호박떡 눈앞에 가득 늘어놓고	瓜湯瓜餠滿眼前
술 취한 뒤 철여의 들고 춤춘다네.[247]	醉後能舞鐵如意.
거사는 장년 시절에도 호걸스러워	居士當季亦云豪
만 리의 연운[248]을 세 번이나 내달렸지.	萬里燕雲三騁置.
함께 근무한 동료와 연창한 시 허다하니	一時僚友聯唱多
원미지와 백거이[249]에 견줘 어떠한가.	何似微之與居易.
용도각 모신 연회에서 화조를 읊고	龍圖侍宴賦花釣
천책부에서 병법 논하며 무기를 시험했지.[250]	天策談兵試擊刺.

다. 박제가가 호박을 애호해서 이렇게 자칭한 것으로 보인다.

246 십고(十考) : 관리들의 성적을 考課하는데 열 번 하는 것을 말한다. 『경국대전』·「吏典」에 열 번을 고과했을 때 열 번 모두 평가가 上인 자는 한 계급 승진시키는 것을 원칙으로 한다고 했다.

247 술……춤춘다네 : 술이 거나해져서 호기로운 모습을 말한다. 晉나라 王敦이 술이 거나해지면 曹操의 "늙은 준마는 마판에 엎드려 있어도 뜻은 천 리 밖에 있고, 열사는 늘그막에도 장대한 마음이 그칠 때가 없도다.[老驥伏櫪, 志在千里. 烈士暮年, 壯心不已.]"라는 시구를 읊조리면서 철여의로 唾壺를 두드리며 춤추다가 타호 꼭지가 부서졌다고 한다(『晉書』 卷98 「王敦列傳」).

248 만 리의 연운(燕雲) : 연운은 과거 연 땅에 해당하는 幽州와 雲州를 말하며, 지금의 요동에서 북경에 이르는 일대로 '燕雲十六州'라 하기도 한다. 이 지역을 박제가가 사행하면서 세 번에 걸쳐 오고갔기 때문에 이렇게 말한 것이다.

249 원미지(元微之)와 백거이(白居易) : 中唐 시기의 문인 元稹(779~831)과 白居易(772~846)이다. 두 문인은 元和·長慶 연간에 新樂府 운동과 고문 운동을 함께 하였으며, 서로 주고받은 화답시도 많아 '元白'으로 병칭되었다. 따라서 이 시기의 대표적인 시체를 元白體라 한다.

250 용도각(龍圖閣)……시험했지 : 용도각은 송나라 때 太宗의 전적 등을 봉안하는 관서로, 여기서는 규장각을 말한다. 실제 갑인년(1794) 3월에 정조가 규장각 芙蓉亭에 행차하여 신료들과 꽃을 감상하고 물고기를 잡으며 칠언절구를 짓고, 신료들에게 화답시를 올리라고 했던바, 유득공의 경우 앞의 시 「갑인년 3월 15일 꽃구경과 낚시를 하면서 갱진하다[甲寅三月十五日 賞花釣魚 賡進]」가 그것이다. 박제가도 이 자리에서 시를 지었다. 天策府는 당나라 때 설치한 관부로, 여기서는 壯勇營을 가리킨다. 장용영은 1793년 왕권 강화를 위해 설치한 군영으로, 오위의 하나인 壯勇衛를 확대, 개편한 것이

많고 많은 못난 군관들 다 봉후되었거늘[251]	紛紛妄尉盡封侯
밭두둑에서 통음하니 남은 건 말 한 필뿐이라네.	痛飮田間餘一騎.
소나무 사이에서도 공무가 생긴다고 하였거늘[252]	松間亦自有公事
허공 중에 돌돌괴사란 글자 써[253] 뭣하리.	空裡何煩書咄字.
장경교[254] 남쪽 작은 독서루에	長慶橋南小讀樓
두세 그루 가을 나무 참으로 그림 운치 있구나.	兩三秋樹眞畫意.
무릉[255]에서의 한가로움 적이 즐길만하니	茂陵閒居差可樂
자질구레 남은 일일랑 치지도외 하세나.	餘事紛紛度外置.

다. 박제가가 백동수와 함께 『무예도보통지』를 편찬한 것을 두고 이렇게 표현한 것으로 보인다.

251 못난……봉후되었거늘 : 원문의 '妄尉'는 별볼 일 없는 하급 군관을 지칭한다. 한나라 장군 李廣은 평생 흉노와 싸워 전공이 높았으나 봉작되지 않았고, 그 아래 망위들 수십 명이 봉작된 것을 두고 나온 말이다(『漢書』 卷54 「李廣傳」).

252 소나무……하였거늘 : 이는 『古文眞寶』에 실려 있는 韓愈의 「藍田縣丞廳壁記」에 나오는 내용이다. 대략 이와 같다. 博陵 崔斯立이 중앙정계에서 쫓겨나 藍田의 縣丞이 되었다. 그는 현청을 정비하고 두 그루 소나무를 대하고서 시를 읊조렸다. 누군가가 찾아오면 '내 바야흐로 공사가 있을 참이니 그대는 우선 돌아가게[余方有公事, 子姑去]'라고 했다고 한다. 이 때문에 현령 자리에 오르는 걸 '哦松'이라 했다.

253 허공……써 : 돌돌괴사는 혀를 차며 괴이쩍어하는 것을 말하는데, 즉 '내가 왜 이 지경이 되었을까'라며 후회한다는 의미이다. 東晉 때 殷浩가 모함을 받고 외지로 추방당하였는데, 하루종일 허공에다 '咄咄怪事(쯧쯧 괴이한 일이로군!)'란 네 글자만 썼다고 한다(『晉書』 「殷浩傳」).

254 장경교(長慶橋) : 지금 서울 종로구 연건동과 이화동을 잇는 다리로, 이곳에 조선시대 궁중의 棺槨을 담당하던 長生殿이 있어서 붙여진 명칭이다. '長生殿橋', '長橋' 등으로도 불린다. 박제가의 「장경교 절구[長慶橋 絶句]」(『貞蕤閣集』 2集)에 의하면, 이 무렵 장경교 서편 40여 보 쯤에 위치한 집으로 이사했음을 알 수 있다.

255 무릉(茂陵) : 중국 섬서성 興平縣 동북쪽에 있던 현으로, 한나라 司馬相如가 병으로 벼슬을 그만두고 이곳에 살았기에 곧 사마상여를 지칭하기도 한다. 한편, 이곳에서 한 여인을 만나 집으로 데려오려고 하자, 卓文君이 이를 원망하여 부른 노래가 「白頭吟」이다. 따라서 무릉은 사마상여 자신과 그의 여인을 상징한다. 이 시에서도 박제가가 새로 후처를 들였던바, 후처를 상징하고 있다.

거울같이 말끔히 청소함이 뭐 족히 새로우랴	掃地如鏡何足奇
검서 잘하는 것 원래 쉽지 않다네.[256]	能檢書人自不易.
꽃무늬 창문에 유리 상감 어리비치고	花窓影䏑琉璃嵌
자수 베개 향긋한 휘장엔 원앙수 놓았네.	繡枕香罨鴛鴦刺.
나부[257]는 정히 남을 향해 자랑하였나니	羅敷正復向人驕
오위 장군으로 여섯 기마병을 거느린다오.	五衛將軍領六騎.

【오위장이 밤에 순찰할 때 기병 여섯을 거느리는데, 그대도 이미 지낸 자리이다. 보내온 시에, "아내 또한 지아비를 사랑할 줄 알거늘, 천여 기병의 선두에 있다 말해 무엇하리."[258] 라고 했기에, 이처럼 농을 친 것이다.[五衛將夜巡, 領騎兵六, 君所經職也. 來詩云: "中閨亦自愛夫婿, 何用上頭千餘騎." 故以此戲之.]】

256 거울같이……않다네 : 송나라 黃庭堅의 「상부의 답시에 '전점경수번녹주'라는 구절이 있어, 다시 차운하여 장난삼아 답하다[常父答詩有煎點徑須煩綠珠之句 復次韻戲答]」(『豫章集』 卷30)는 시에 "어린 여종 못생겼어도 제법 꾸미고서 거울같이 말끔히 청소하고 검서까지 잘하네.[小鬟雖醜頗妝梳, 掃地如鏡能檢書.]"라는 구절을 활용한 것이다. 즉 지금 첩실인 여자는 깨끗이 청소하고 자신은 검서를 잘한다는 취지로 이해된다.

257 나부(羅敷) : 옛날 미녀의 이름이다. 晉나라 崔豹의 『古今注』 「音樂」편에 '나부는 邯鄲人 秦氏의 딸로, 하루는 밭에서 뽕나무를 따고 있는데 趙王이 그녀를 보고 반하여 겁탈하려 하자, 뽕나무 노래인 「陌桑歌」를 불러 자신의 결백을 밝혔다.'고 나와 있다. 다만 후대에는 일반 여염집 여성을 가리키는 경우가 많았다.

258 아내……무엇하리 : 박제가의 「지난해에 임금에게 올린 시에 차운하여 유득공에게 보여 주다【두 수】[次去秊賡進韻 示泠齋【二首】]」(『貞蕤閣集』 4集) 중 첫째 수 마지막 두 구이다. 참고로 이 시의 전문을 소개하면 다음과 같다. "十秊一夢中書事, 髮白蠅頭千万字. 名都大邑不須說, 惟有閒居差强意. 慚媿聲名万里傳, 那得田園上腴置. 關門飮酒豈得已, 轉喉觸諱頗容易. 學詩只如候蟲鳴, 托興敢效風人刺. 中閨亦自愛夫壻, 何用上頭千餘騎."

5-54

차수가 영평 현령으로 나가게 되어 또 앞 운을 써서 짓다

次修出宰永平 又用前韻

정유거사 이제부터 칠사[259]에 유념하여	居士從今念七事
뽕나무와 마 무성케 해 백성들 돌봐야 하리.	桑麻菀然民可字.
영평의 남쪽과 동쪽[260] 내가 다스렸던 곳	永南永東吾所治
일찍이 실의했던 금수정[261]을 다시 찾는다지.	再訪金水曾失意.
백 년의 이름난 정자 그대 시 얻어	名亭百年得君吟
구름과 나무, 새와 물고기 졸지에 일신하겠군.	雲樹禽魚欻變置.
계산의 뛰어난 경치 족하다 할만 하리니	溪山絶勝願云足
송사와 장시 아예 없기에 다스리기도 쉽다네.	獄市都無治亦易.
변변치 못해 천석 녹봉은 받지 못하겠지만	龍鍾未必到千石
민물 게 많으니 부릴 관속 없음 무어 문제랴.	蟹多何妨無半刺.

259 칠사(七事) : 이른바 '守令七事'로, 농사와 누에가 풍년들고(農桑盛), 호구가 증가하며(戶口增), 학교를 개설하고(學校興), 군정을 정비하며(軍政修), 부역을 고르게 실시하고(賦役均), 송사를 간단명료하게 하고(詞訟簡), 간활한 짓을 일소하는(姦猾息) 등 수령이 힘써야 할 일곱 조목이다. 새로 임명된 수령은 대궐에 하직하고 啓板 앞에서 이 수령칠사를 외고 임지로 떠났다.

260 영평의 남쪽과 동쪽 : 즉 가평과 양근을 말한다. 이미 영재는 이 두 곳의 현감과 군수를 지낸 바 있다.

261 금수정(金水亭) : 현재 포천군 蒼水面 白雲溪 석벽에 있는 정자로, 처음 이곳에 터를 잡은 안동 김씨 일가의 정자로 '牛頭亭'으로 불리었는데, 蓬萊 楊士彦이 금수정으로 바꾸고 애호한 것으로 유명하다. 주변 바위에 양사언의 「贈琴翁」시와 韓濩의 '洞天石門', '金水亭' 등의 글씨가 새겨져 있다. 이전에 박제가는 금수정에서 동료를 만나 금강산을 유람하려고 했으나 만나지 못해 실의한 적이 있었다. 『정유각집』 초집에 수록된 「금강산에 들려고 금수정에 올랐는데 동행이 오지 않아 기다리며[將入金剛 登金水亭候同伴不至]」 시가 그때의 정황을 읊은 것이다.

눈 그쳐 뭇 봉우리 아름다울 때 기다려　　　　會待雪霽千峰姸
팔엔 날랜 매 얹고 몇몇 말 탄 수종 대동하시게.　臂一良鷹從數騎.

5-55

가을날 한가하게 지내는 직각 남 학사[262]에게 부치다

寄直閣[263]南學士秋日閒居

방건에 푸른 창옷 입고 오궤에 기대었나니　方冠碧氅烏几隱
소소한 옛 풍치 바뀌지 않았네.　不改蕭蕭舊風韻.
강물 불은 용산호에서 나란히 말탄 일 기억하니　龍山湖漲憶聯騎
쌓인 장부 점검하며 바닷길 조운 감독했지.[264]　簿領叢殘勘海運.
이십 년 동안 금마객으로 지냄에　二十季間金馬客
공은 유독 나와 고아한 친분 돈독했다네.　公獨於吾敦雅分.
흑발 장년에 변방에서의 책략 알고 나니[265]　正見黑頭籌三邊
비단 도포로 두 고을 역임한 것 부끄러워라.　自慚緋袍歷二郡.
나귀 타고 따각따각 부지런히 찾아가니　跨驢蹩躠勤相尋
국화꽃 환히 빛나는데 새 술 빚었구려.　黃花照爛開新醞.
이아당[266] 안에서 옛 경전 펼쳐놓고　爾雅堂中繙古經

262 남 학사 : 남공철을 가리킨다. 1792년(정조16) 과거에 급제한 후 같은 해 바로 규장각직각이 되어 『奎章全韻』의 편찬에 참여한 바 있다. 앞의 5-14번 시 53번 주석 참조. 참고로 이 시와 같은 운의 남공철이 남긴 시로 「內閣與景深穉教諸學士 次柳檢書訓字韻」(『金陵集』 卷3)이 있다.

263 직각(直閣) : 저본에는 '직각 두 글자를 지우라[直閣二字除之.]'라는 두주가 달려 있으나, 이 시를 지은 시점과 문맥을 고려했을 때 '直閣'을 두는 것이 자연스럽기에 두주를 따르지 않았다.

264 강물……감독했지 : 이때와 관련하여 『영재집』 권4의 「용산 江監에서 녹봉을 지급할 때 남 감찰에게 주다[龍山監頒料 贈南監察]」를 참조할 수 있다. 남공철은 1785년(정조9) 2월 사헌부 감찰에 임명되었다.

265 흑발……나니 : 아마도 남공철이 젊은 시절 북방 변경에 관한 책략 따위를 펼치거나 제시한 사례를 두고 말하는 것 같으나 구체적인 사항은 미상이다.

상체 꽃 초조[267]의 뜻 따져본다네. 爲學常華楚鳥訓.

266 이아당(爾雅堂) : 남공철의 당호이다.

267 상체 꽃 초조(楚鳥) : 상체는 산앵두나무로 『시경』 「小雅 鹿鳴」편에 "상체나무 꽃잎 활짝 피지 않았는가. 지금 사람 중에 형제만 한 이 없다네.[常棣之華, 鄂不韡韡. 凡今之人, 莫如兄弟.]"라고 하여, 형제애를 노래한 것으로 알려져 있다. 楚鳥는 갈가마귀[鸒]를 말하는데, 『시경』 「小雅 小弁」에 "저 날갯짓하는 갈가마귀, 떼지어 날아 돌아오네. 백성들 다 즐거워하거늘, 나만 홀로 근심에 쌓여있네.[弁彼鸒斯, 歸飛提提. 民莫不穀, 我獨于罹.]"라는 구절에서 鸒를 풀이하면서 雅鳥라고 하며 작은 몸짓에 무리지어 날며 배 아래가 하얗다고 하였다. 『爾雅』에서는 "일명 卑居라 하고 秦 땅에서는 雅라 부르는데 楚鳥이다."고 하였다.

5-56

앞 시에 차운하여 본예에게 보이다

次前韻示藝兒

석 달을 쓸쓸히 지내며 찾는 사람도 없는데	索居三月無人問
창가에 풍죽 몇 가지 운치 있구나.	風竹當窓數枝韻.
누각 안에 책 있어 읽어보고픈 마음 이니	樓中有書稍欲讀
절로 타는 좋은 향 연기 겹겹으로 피어오르네.	自焫名香套套運.
남은 한적한 정취로 만년의 즐거움 찾으며	剩有閒趣尋蔗境
다시는 우울한 마음 없이 쟁분[268]에 의탁하리.	更無幽憂托箏分.
변방 지역의 야란성[269]을 세세히 고구하고	邊坊細攷耶嬾城
고적에서 낙랑군을 때때로 가려 뽑는다.	故蹟時抄樂浪郡.
참새 떼 지저귀며 처마에 모여들고	黃雀啁啾集簷牙
한 조각 먹구름에 금방 눈이라도 내릴 듯.	一片烏雲雪意醞.
불 밝힐 초 사고 술 데워 밤 추위 견디며	買燭溫酒抵夜寒
너와 함께 『안씨가훈』[270] 보련다.	與汝同看顏氏訓.

번역 정환국

268 쟁분(箏分) : 아쟁으로 화답하는 분수 정도, 곧 음악으로 나누는 교분 정도로 이해된다. 晉나라 桓伊는 孝武帝 때 무신으로, 황제 앞에서 피리를 연주하다가 내던지면서 더 잘 부는 자기 종더러 피리를 불게 하고 자신은 아쟁을 어루만지며 노래를 불렀다. 이 和歌는 탐락에 빠져있던 효무제를 경계시켰다고 한다(『晉書』 卷130 「桓宣列傳」).

269 야란성(耶嬾城) : 야란은 耶懶로 함경도 함흥 이북의 육진 지역을 가리킨다. 유득공은 『고운당필기』 권6 「速頻押蘭兀的改」에서 이 일대를 구체적으로 비정하기도 하였다.

270 『안씨가훈(顏氏家訓)』 : 隋나라 때 유명한 호족이었던 顏氏 집안에서 지은 가훈서이다. 모두 2권 20편으로, 남북조시대의 전란과 망국, 포로 등의 고난을 겪은 안씨 가문에서 집안이 유지될 수 있는 처세의 방편을 기록한 것이다. 이 시기 정치, 사회, 풍속 등의 면모를 확인하는데 귀중할 뿐만 아니라, 唐代 이래 家訓類의 기준이 되었다.

5-57

내각에서 서책을 교정하면서 이 직학(이만수)·남 직각(남공철)·이 직각(이시원)·심 대교(심상규)와 세 검서가 함께 앞 시의 운을 차운하여 짓다[271] 【세 수】

內閣校書 李直學 南李二直閣 沈待敎 三檢書同賦 次前韻 【三首】

경전에 널리 통하여 임금님 물으심에 대비하고	淹貫經籍備顧問
즐거이 풍아를 논하며 성운을 궁구한다네.	揚扢風雅究聲韻.
남산의 안개비 속 표범은 이레 동안 숨어지내고[272]	南山霧豹七日隱
북해의 구름 속 대붕은 만 리를 날아간다 했지.[273]	北海雲鵬萬里運.
서학박사[274]는 어찌 그리도 바쁜가	書學博士何太忙
날마다 일만 글자 쓰는 것이 그의 직분이지.	日掃萬字渠職分.
산함으로 외려 추밀사의 직함 지니고 있으니[275]	散啣尙帶樞密司

271 내각에서……짓다 : 『정조실록』 20년(1796) 7월 7일 기사를 참고하면 이 직학은 이직제학 李晩秀, 남 직각은 南公轍, 이 직각은 李始源, 심 대교는 沈象奎로 확인된다. 차운한 앞 시는 「가을날 한가하게 지내는 직각 남 학사에게 부치다[寄南學士秋日閒居]」이다.

272 남산의……숨어지내고 : 자신의 재능을 숨기고 은거하여 세상의 해를 피하는 것을 말한다. 옛날에 答子라는 사람이 3년 동안 옹기장이 노릇을 하였는데, 명예는 얻지 못하고 집안만 부유해졌다. 그러자 그의 아내가 말하기를 "남산에 玄豹가 있는데, 안개비가 내릴 적에는 7일이 지나도록 산 아래로 내려와 먹을 것을 구하지 않는 것은 털을 윤택하게 하여 무늬를 이루고자 해서입니다. 그러므로 숨어 있으면서 害를 멀리하는 것입니다."라 하였다(『列女傳』 卷2 「陶答子妻」).

273 남산의……했지 : 『莊子』 「逍遙遊」에 "북쪽 바다에 鯤이라는 물고기가 있는데, 크기가 몇천 리인지 모른다. 이것이 변해 鵬이라는 새가 되는데, 남쪽 바다로 옮겨 갈 때는 물결이 삼천 리이고 회오리바람을 타고 구만 리를 날아간다."라는 내용이 보인다.

274 서학박사(書學博士) : 992년(성종 11)에 설치된 국자감에서 書法 교육을 담당하던 관직이다. 규장각에서 국왕의 시문, 친필, 서화 등을 관리하기 때문에 이처럼 표현한 듯하다.

275 산함으로……있으니 : 산함은 일정한 관직이 없이 官品만을 가진 관원을 뜻하고, 추밀

허명으로 고을 수령 자리에 얽어맴과 흡사하다네.[276] 虛名有似羈縻郡.

소유각에서 이따금 서로 만나보매 小酉閣中時相逢

북촌 떡 즐기지 않아 남산골 술만 생각나네.[277] 不喜北餠思南醞.

맑고 푸른 네모진 못에 송홧가루 날릴 제 方塘綠淨松花飄

두 마리 학 절로 춤추니 사람이 가르친 것 아니라네. 雙鶴自舞非人訓.

【남산골의 술과 북촌의 떡은 서울의 맛있는 음식인데, 나는 떡을 그리 즐겨 먹지 않는다. [南部酒, 北部餠, 京師之美者, 余不甚喫餠.]】

고운 시구 원호문은 꼽지 않아 豔句不數元好問

동활자로 두보와 육유 시 뽑아 새로 반사했네.[278] 銅字新頒杜陸韻.

『춘추』는 좌씨전이 의례가 가장 엄격하고 春秋左氏義例嚴

위서는 『운두추』를 모두 지워버렸네.[279] 緯書刪盡斗樞運.

사는 中樞府를 달리 이르는 말이다. 중추부는 소임이 없는 문무 당상관들을 우대하기 위한 관청이며, 유득공이 僉知中樞府事에 제수된 사실이 『승정원일기』 정조 21년(1797) 윤6월 19일과 1798년 4월 21일 기사에 보인다.

276 허명으로……흡사하다네 : 羈縻는 羈縻州의 약자로, 옛날 중국이 소수민족이나 변방 지역에 사는 이민족들에 대해 그들의 풍속을 인정해 주면서 복속시키던 제도를 뜻한다. 여기서는 유득공이 검서관 직무 외에 여러 외직에 임명되었던 상황을 비유적으로 표현한 말로 보인다.

277 북촌……생각나네 : 洪錫謨의 『東國歲時記』 3월 조에 "서울 남산 아래에서는 술을 잘 빚고 북부에서는 맛좋은 떡을 많이 만들기 때문에 서울 속담에 南酒北餠이라는 말이 생겼다.[南山下善釀酒, 北部多佳, 餠都俗稱南酒北餠.]"라 했다.

278 고운……반사했네 : 元好問(1190~1257)은 금나라를 대표하는 문인이었지만, 정조는 그의 시체를 선호하지 않았던 것으로 보인다. 일례로, 1794년(정조18)에 정조가 부용정에 임하여 신하들과 화답시를 지을 적에, "유득공은 아직도 『원유산집』(원호문의 문집)을 보는가?"라고 한 데 대해 "감히 보지 않습니다."라고 대답한 일화가 있다. 대신, 두보와 육유의 시가 『시경』의 정통을 이었다고 보아 1798년에 『杜律分韻』 5권과 『陸律分韻』 39권을 간행한 바 있다.

밝은 시대의 풍아 열수 사이에 있고[280]	昭代風雅洌水間
천부의 도서 기성의 분야에 있게 되었네.[281]	天府圖書箕野分.
뉘 가련히 여기랴, 용문의 늙은 교서관	誰憐龍門老校書
한평생 소원 단지 주군에 봉해지는 것[282]일 줄.	一生但願封酒郡.
숲 가득한 매실이 아황주를 희롱하니	滿林梅子弄鵝黃
반은 남기가 쪄내고 반은 매우가 빚은 것이지.[283]	半是嵐蒸半雨醞.
동이루[284] 안 금빛 푸른 빛 두른 산수는	東二樓中金碧山
아마도 이사훈[284]이 그린 듯하구나.[285]	畫師疑是李思訓.

【두공부의 『두율분운』과 육방옹의 『육율분운』 및 『춘추좌씨전』을 규장각에서 모두 새로 간행하였다.[杜工部陸放翁五七律分韻及春秋左氏傳, 皆內閣新印.]】

---

279 『춘추(春秋)』는……지워버렸네 : 1796년(정조20)에 『춘추좌씨전』 28권을 간행한 일을 말한다. 緯書는 漢代에 占星術을 이용하여 유가 경전의 뜻을 풀이한 책으로, 『易緯』, 『書緯』, 『詩緯』, 『禮緯』, 『樂緯』, 『春秋緯』, 『孝經緯』가 있다. 運斗樞는 『春秋緯』 가운데 하나이다. 여기서는 길흉을 점치거나 흥망을 예언하는 등의 허탄한 내용의 운두추의 내용을 삭제한 것을 말한 듯하다.

280 밝은……있고 : 洌水는 漢江의 옛 이름이다. 『杜律分韻』과 『陸律分韻』이 간행된 일을 가리킨다.

281 천부(天府)의……되었네 : 分野는 중국을 중심으로 한 地上의 영역을 하늘의 二十八宿에 배당하여 나눈 칭호로, 28수 중 箕星은 조선에 해당한다. 『춘추좌씨전』이 간행된 일을 가리킨다.

282 주군(酒郡)에 봉해지는 것 : 곧, 酒泉郡에 봉해지고 싶다는 뜻이다. 應劭의 『地理風俗記』에 "酒泉郡은 그 물이 술과 같아서 주천이라 한다." 하였다.

283 숲……것이지 : 매실이 봄과 여름을 지내며 嵐氣와 梅雨를 맞아 鵝黃酒보다 더 노란색을 띨 만큼 잘 익었다는 의미로 보인다. 아황주는 거위 새끼 빛의 담황색을 띤 맛 좋은 술을 가리킨다.

284 동이루(東二樓) : 규장각의 부속 건물로, 책을 보관하는 곳으로 활용되었다(『弘齋全書』 卷4 「慶熙宮志」 참조).

285 이사훈(李思訓) : 651~716. 중국 당나라의 화가. 자는 建見이고, 아들 李昭道와 아우 李思晦도 모두 화가이다. 신선도와 산수도를 잘 그렸으며, 金碧山水의 元祖로 알려져 있다.

286 동이루……듯하구나 : 박제가 또한 「이 직학이 보내 온 시에 차운하다【열 수】[次韻李直學見寄【十首】]」는 시를 남긴 것이 『정유각집』에 보인다.

오늘 밤 밝은 달 아래 술잔 멈추고 묻노니 今宵有月停杯問
누각에 기댄 채 퉁소 소리 듣는다네. 倚樓吹徹玉簫韻.
어찌 홀연 지나가는 꿈이나 환영 물거품이라 하랴 云何倏忽夢幻泡
아마도 지루하게 이어지는 원회운 아니겠나.[287] 無乃支離元會運.
웅경조신[288]은 부질없는 옛 약방문이요 熊經鳥伸謾古方
두더지처럼 물 마시고 뱁새처럼 둥지 짓는 것[289]이 본분이라네. 鼴飮鷦巢是本分.
가련하게도 좀먹은 책더미[290]에 머리 파묻고 있나니 可憐屈首書魚叢
일찍이 한 필의 말로 요서군 달린 몸이거늘. 匹馬曾涉遼西郡.
눈앞의 정경은 바라볼수록 익숙해져 眼前物態看到熟
아홉 번 삶은 약, 아홉 번 거른 술인 듯하구나. 如藥九蒸酒九醞.
손가락 한 번 튕기는 사이에 오백 년 세월이라니 一彈指頃五百季
그 누가 계자훈인 줄 알지 못하겠노라.[291] 不知誰是薊子訓.

---

287 어찌……아니겠나 : 원문의 夢幻泡는 세상만사가 헛되고 덧없음을 비유하는 불교 용어로, 『金剛般若波羅蜜經』에, “일체유위의 법칙은 꿈과 같고 허깨비와 같고 물거품과 같고 그림자와 같으며, 이슬과 같고 또한 번개와도 같다.[一切有爲法, 如夢幻泡影, 如露亦如電.]”라 하였다. 元會運은 邵雍의 ‘元會運世說’에서 나온 말로, 30년이 1世, 12세가 1運, 30운이 1會, 12회가 1元이 되어 모두 12만 9600년이 되는데, 1원 동안에 우주가 한 번 생겨났다가 없어지고 다시 다른 세계가 생성된다고 한다.

288 웅경조신(熊經鳥伸) : 仙家의 養生法 중 하나로, 『莊子』 「刻意」에 “깊이 호흡하면서 낡은 기운을 뱉고 신선한 기운을 빨아들이며, 곰처럼 나무에 매달리고 새처럼 목을 길게 빼는 것 같은 몸 운동을 하는 것은 오래 살려는 것이다.[吹呴呼吸, 吐故納新, 熊經鳥申, 爲壽而已矣.]”라 하였다.

289 두더지처럼……것 : 사람이 자신의 분수에 맞게 사는 것을 비유적으로 표현한 말이다. 『莊子』 「逍遙遊」에 “뱁새는 깊은 숲에 둥지를 틀어도 의지한 것은 나뭇가지 하나에 지나지 않고, 두더지는 강물을 마셔도 제 배를 채우는 데에 지나지 않는다.[鷦鷯巢於深林, 不過一枝, 鼴鼠飮河, 不過滿腹.]”라고 한 데서 온 말이다.

290 좀먹은 책더미 : 원문 ‘書魚叢’에서 ‘魚’는 책이나 의복을 갉아 먹는 좀인 ‘蠹魚’를 말한다.

291 손가락……못하겠노라 : 내각에서 검서관으로 지낸 세월이 많이 흘렀음을 비유한 말로 보인다. 薊子訓은 중국 後漢 때의 仙人으로, 진 시황이 주조했다는 狄人 형상의 銅人

을 매만지며 "내가 이것을 만드는 것을 본 뒤로 벌써 오백 년 가까운 세월이 흘렀다.[適見鑄此, 而已近五百歲矣.]"라고 했다는 일화가 전한다(『後漢書』 卷82下 「方術傳 薊子訓」).

5-58

자하 거사[292]가 찾아왔기에 함께 남쪽 마을의 도화를 감상하다

紫霞居士來訪 同賞南里桃花

봄바람 맞아 정심 흔들리기 쉬운지라	易被東風攪定心
막 피어난 붉은 복사꽃 한 번 찾아가네.	緋桃初發試相尋.
이리저리 헤매도 꽃바다 실컷 구경하면 그만이고	迷離正好窮花海
영락한 채 늙어가매 주림에 의탁한들 어떠하랴.	潦倒何妨托酒林.
삼짇날 지나고 청명 절후 또 지나가니	上巳淸明看又過
그댈 위해 양춘 백설[293] 노래하네.	陽春白雪爲君吟.
술잔 앞 흰 머리털 나부끼는데	樽前素髮婆娑處
갈수록 깊어만 가는 풍정이 우습구려.	自笑風情一往深.

292 자하 거사(紫霞居士) : 紫霞는 申緯(1769~1845)의 호이다. 자는 漢叟, 또 다른 호는 警脩堂, 본관은 平山이다.

293 양춘 백설(陽春白雪) : 따라 부르기 어렵기로 유명한 옛날 楚 나라의 고아한 歌曲 이름이다. 어떤 사람이 郢中에서 처음에 「下俚巴人」이란 노래를 부르자 그 소리를 알아듣고 화답하는 사람이 수천 명이었고, 「陽阿薤露」를 부르자 화답하는 사람이 수백 명으로 줄었고, 「陽春白雪歌」를 부르자 화답하는 사람이 수십 명으로 줄었다고 한다(『文選』 卷45).

5-59

차운하여 간산 대교[294]에게 부치다 【세 수】

次韻寄干山待教 【三首】

시는 회풍 이하로 비평할 것 없다지만	詩無足譏鄶風下
「이소」는 굴원이 태어나자 이어서 흥하였네.[295]	騷係以興屈子降.
한 시대에 매마는 문장이 성대하고	同時枚馬盛文詞
회양 태수는 한결같이 우직하였지.[296]	淮陽太守一味戇.
모과 던진다고[297] 어찌 고운 옥으로 답하랴	美玉肯酬木瓜投

294 간산(干山) 대교(待教) : 沈象奎(1766~1838)를 말한다. 자는 可權, 穉教, 호는 斗室, 본관은 青松이다. 干山은 미상이다. 1789년(정조13)에 문과에 급제하여 규장각 대교, 이조・호조 참판과 전라도관찰사를 거쳐 예조판서・홍문관직제학에 올랐다. 젊은 시절 정조의 총애를 받았으며, 안동김문과 가까운 관계를 유지하여 순조 연간에 영의정에 올랐다. 남공철의 『金陵集』 권3 「혜보가 학사 심치교의 '홍'자 운에 차운하여 보여주기에 붓 가는 대로 써서 회답하다[惠甫次沈學士穉教洚字韻 寄示 馳筆以復]」라는 차운시가 보인다. 참고로 전문은 다음과 같다. "腹中車輪轉如雷, 十千斗酒澆以降. 世人媚嫵塗粉脂, 笑我骨相踈而戇. 賴有諸君文字娛, 雅音如聞金石撞. 旗鼓已看樹壇壘, 風謠猶自達閭巷. 柳令鬢邊玉環潔, 朴監腰間印組絳. 高談往往薄青昊, 文熖一吐化長虹. 近日毛甡譏紫陽, 宋衛之怒至今鬨. 安得龍門神禹斧, 驅放龍蛇如疏洚."

295 시는……흥하였네 : 『시경』 편명의 하나인 「鄶風」 이하에 대해서 하찮다고 평했으나, 이후 전국시대에 이르러 楚나라의 충신 屈原의 「離騷經」이 楚辭의 대표적인 작품으로 손꼽히게 되었음을 뜻한다. 吳나라 季札이 魯襄公에게 청하여 周나라 음악을 들은 일이 있는데, 이때 계찰이 『시경』의 「周南」・「召南」을 비롯하여 11개 國風을 차례로 들면서 일일이 논평하였으나 '「鄶風」 이하는 논평하지 않았다.[自鄶以下, 無譏焉.]'라 한데서 유래한 말이다.

296 한……우직하였지 : 원문의 '枚馬'는 漢代의 문장가인 枚乘과 司馬相如이고, '淮陽太守'는 漢代 直臣 汲黯이다. 漢 武帝가 천하의 재주 있는 자를 선발하여 총애하였는데, 枚乘과 司馬相如는 詞賦에 능했다. 汲黯은 "폐하께서는 속으로 욕심이 많은데, 겉으로만 인의를 베풀어서야 어떻게 요순의 정치를 본받는단 말입니까.[陛下內多欲而外施仁義, 奈何欲效唐虞之治乎.]"라며 거침없는 직언을 할 만큼 우직하였다는 일화가 전한다.

작은 풀줄기로 치매 큰 종은 소리 없는 법.[298]	大鐘無聲寸筳撞.
편사로 깃발 뽑고 이미 성에 올랐는데[299]	偏師拔幟已登城
패장은 갑옷 걸치고 여전히 전쟁 한창이네.[300]	敗將披甲猶戰巷.
부질없이 수수께끼 같은 말[301] 제공을 놀래키니	謾將廋語驚諸公
진흙탕에서 늙어간 강현 노인[302]에 마땅하리.	宜乎泥塗老于絳.
황금으로 막걸리 한 솥과 바꿀 수 있으랴	黃金可博一釜醪
평생에 호탕한 흥취 뻗치는 무지개 같네.[303]	飮興平生健如虹.

297 모과 던진다고 : 상대방의 시에 보답하는 시를 지어 보낸다는 말이다. 『시경』「衛風 木瓜」에 "나에게 목과를 던져 주기에, 경거로 보답하였다.[投我以木瓜, 報之以瓊琚.]"라 한 데서 유래하였다.

298 작은……법 : 얕은 식견으로 사물을 짐작하는 것을 비유하는 말이다. 漢나라 東方朔의 「答客難」에 "대롱 구멍으로 하늘을 엿보고, 바가지로 바닷물을 재며, 풀줄기로 종을 치는 격이다.[以筦窺天, 以蠡測海, 以筳撞鍾.]"라는 말이 나온다(『文選』 卷45).

299 편사로……올랐는데 : 원문의 '偏師'는 본래 主力軍 이외의 소규모 군대를 말하는데, 여기서는 심상규가 일부의 능력만 사용하여 훌륭한 시를 지은 것을 칭찬한 말로 보인다. 唐나라 때 劉長卿이 오언시에 뛰어나서 스스로 五言長城으로 자칭했고, 隱士 秦系 역시 시에 뛰어나 유장경과 많은 시를 수창했다고 한다. 이들에 대해 權德輿가 말하기를 "유장경은 자기의 시를 오언시의 장성으로 여기는데, 진계는 편사를 가지고 그를 공격하여 노익장을 과시했다.[長卿自以爲五言長城, 系用偏師攻之, 雖老益壯.]"라고 한 데서 온 말이다(『新唐書』 卷196 「秦系列傳」).

300 모과……한창이네 : 原詩에 비해 자신의 次韻詩가 부족하여 부끄럽다는 의미로 보인다. 3~4구에서 상대의 시문을 높여 '美玉', '大鐘'이라 하고, 자신의 시문을 낮추어 '木瓜', '寸筳'이라 하였다. 5~6구에서는 시를 짓는 것을 전쟁에 비유하여, 原詩와 次韻詩를 짓는 모습을 이처럼 표현한 것으로 보인다.

301 수수께끼 같은 말 : 원문의 '廋語'는 隱語, 謎語를 뜻하는 말이다. 여기에서는 유득공 자신이 알아들을 수 없는 말로 규장각의 여러 동료를 놀라게 했다는 의미로 보인다.

302 진흙탕에서……노인 : 옛날에 晉나라의 悼公夫人이 杞城을 쌓고 있는 인부들에게 밥을 먹였는데, 그 자리에 絳縣 사람이 있어 나이를 물어보니, "신의 생일은 정월 초하루 갑자일로, 이미 445번째의 갑자일이 지나갔으며, 그 끝 갑자일에서 오늘까지는 3분의 1갑자에 해당됩니다."라 하였는데, 師曠이 날짜를 따져 보고는 73세라고 하였다(『春秋左氏傳』 襄公 30年).

303 평생에……같네 : 기운이 성대함을 말함이니, 蘇軾의 「和陶擬古」에 "평생에 기운이 무지개와 같으니 의당 북망산에 묻히지는 않으리.[平生氣如虹, 宜不葬北邙.]"라 한데서

연못가에서 억지로 다시 추우[304] 읊조리나니　　臨池强復詠鯫隅
시끌벅적 웃는 소리 당 안에 가득하다네.　　滿堂贏得一笑鬨.
문장의 근원 시작됨 지금부터일지니　　詞源濫觴始自今
함께 용문을 뚫어 큰 물줄기 인도하리.[305]　　共鑿龍門抉導洚.

시가에는 절로 내단하는 법 있으니　　詩家自有內丹法
용 한 마리와 범 한 마리 서로 오르내리지.[306]　　一龍一虎相升降.
초년엔 두보 배우다 만년에는 동파에 귀의함　　初季學杜晚歸蘇
진평 보내 우직한 왕릉 도운 것과 같다네.[307]　　似遣陳平來補戇.
제와 양의 미려한 말 모두 호선이라[308]　　齊梁綺語摠狐禪

온 말이다.

304 추우(鯫隅) : 南蠻 사람들이 물고기를 일컫는 말이다. 『古今事文類聚』 別集 卷6에 "학륭이 환공의 남만 참군이 되었는데, 3월 3일 모임에서 시를 지어 말하기를 '추우가 맑은 연못에서 뛴다.'라고 하였다. 환공이 추우가 무엇인지 묻자, 학륭이 대답하기를 '남쪽 오랑캐들이 물고기를 추우라 합니다.'라고 하였다.[郝隆爲桓公南蠻參軍, 三月三日會, 作詩云, 娵隅躍淸池. 桓問娵隅是何物. 答曰, 蠻名魚爲娵隅.]"라는 내용이 보인다. 후대에 南蠻語를 가리켜 陬隅句라고 하였다.

305 용문(龍門)을……인도하리 : 禹 임금이 治水할 때 龍門山의 막힌 곳을 틔워 황하가 세차게 흐르도록 하였다 한다.

306 시가(詩家)에는……오르내리지 : 원문의 '內丹'은 도교 수련의 한 방법으로, 丹田 안의 精氣를 수련하는 것이다. 용과 범은 각각 물과 불을 상징하는데, 아래로 흐르는 물의 성질과 위로 솟구치는 불의 성질에 따라 호흡을 조절하여 精神을 수양한다는 말이다. 도교 내단 수련법의 입문서로 알려진 『龍虎祕訣』이라는 책도 전한다.

307 진평(陳平)……같다네 : 陳平과 王陵은 모두 前漢 초기의 재상으로, 왕릉은 충직한 반면 진평은 지혜가 뛰어난 인물이었다. 漢 高祖 말년에 呂后가 蕭何 사후에 누가 그 相國 자리를 이을 만한지 묻자, 고조가 "曹參이 좋다."라고 대답하였고, 그 다음을 물으니, "왕릉이 괜찮다. 하지만 약간 고지식한데, 진평이 도와주면 될 것이다.[王陵可, 然陵少戇, 陳平可以助之.]"라고 대답한 고사가 있다(『史記』 卷8 「高祖本紀」).

308 제(齊)와……호선(狐禪)이라 : 남북조 시대 齊와 梁 두 나라에서 유행했던 詩體인 齊梁體는 모두 異端의 邪說과 같다는 말이다. 齊梁體는 音律과 對偶를 중시하여 詞藻가 화려한 대신 내용은 결핍된 경향을 보였다. 狐禪은 野狐禪의 준말로, 禪을 닦아 아직 득도하지 못했으면서도 이미 득도한 것처럼 自慢하는 자를 여우에 비유하여 욕하는

옥두는 의당 혜검으로 부수어야 한다네.[309] 玉斗宜將慧劒撞.
어지러이 널린 위체[310] 주체하지 못하여 紛紛僞體不勝裁
하리파인이 좁은 골목길에 가득 있네.[311] 下俚巴人徧委巷.
곱기는 산계가 토해낸 비단 실 같지만[312] 媚如山雞吐綬纈
가짜임은 붉은 옷 뒤집어쓴 성안의 소와 같네.[313] 贋似城牛冒衣絳.
번쩍번쩍 괴이한 빛 멀리서 보고 바로 알겠나니 熊熊光怪望而知
흐릿한 것은 암무지개고 선명한 것은 수무지개라네.[313] 闇淡爲霓鮮盛虹.

말이다.

309 옥두(玉斗)는……한다네 : 玉斗는 옥으로 만든 술 뜨는 구기이다. 鴻門宴에서 張良이 패공을 대신하여 옥두 한 쌍을 범증에게 바치자, 범증이 크게 노하여 그 옥두를 칼로 부숴 버렸다는 고사가 전한다. 慧劒은 金剛慧劍으로, 곧 번뇌와 어리석음을 끊고 지혜를 밝혀주는 검이다. 『維摩經』「菩薩品行」에 "지혜의 칼로 번뇌의 적을 깨뜨린다.[以智慧劍, 破煩惱賊.]"라 한데서 온 말이다.

310 위체(僞體) : 眞體에 상대되는 말로, 두보의「戲爲六絶」에 "위체를 구별하여 제거하니 풍아에 가깝구나.[別裁僞體親風雅]"라 하였다.

311 하리파인(下俚巴人)이……있네 : 下俚巴人은 옛날의 歌曲 이름으로, 누구나 따라 부르기 쉬워 비천한 노래를 뜻한다. 어떤 사람이 郢中에서 처음에「下俚巴人」이란 노래를 부르자 그 소리를 알아듣고 화답하는 사람이 수천 명이었고,「陽阿薤露」를 부르자 화답하는 사람이 수백 명으로 줄었고,「陽春白雪歌」를 부르자 화답하는 사람이 수십 명으로 줄었다고 한다(『文選』 卷45).

312 곱기는……같지만 : 吐綬鷄는 지금의 칠면조를 이르는 말로, 당나라 劉禹錫의「吐綬鳥詞」에 "월산에 새가 있어 하늘을 훨훨 나는데, 목에서 토해낸 천연의 실이 길게 늘어져 번쩍이네. 월인들이 우연히 이를 보고 기이하게 여기어 토수라 이름하니 강남 사람은 모두 안다네.[越山有鳥翔寥廓, 嗉中天綬光若若. 越人偶見而奇之, 因名吐綬江南知.]"라 하였다(『劉賓客文集外集』 卷7).

313 가짜임은……같네 : 춘추전국시대 齊나라 惠王 때의 장수 田單은 卽墨에서 燕을 패주시키기 위하여 소 천여 마리에 붉은 비단옷을 입히고 五彩의 용 무늬를 그린 뒤 그 뿔에 칼날을 묶고 꼬리에 기름먹인 갈대를 묶은 뒤 불을 붙여 한밤중에 공격하여 승리하였다고 전한다(『史記』 卷82「田單列傳」).

314 흐릿한……수무지개라네 : 두 개의 무지개가 한꺼번에 생긴 것을 쌍무지개라고 하는데, 음양의 원리를 적용하여 둘 가운데 색깔이 선명하고 진한 것을 수무지개[虹]라고 하며,

홍군음과 문자음 무엇이 더 나은가 紅裙文字飮孰賢
모두 윙윙거리며 한바탕 다투는 모기떼라네.[315] 都屬蚊雷一場鬨.
열흘 장마 쏟아져 쓸쓸히 홀로 지냄 탄식하나니 十日霖雨歎索居
뜰 가득한 흙탕물 금세 웅덩이로 넘쳐나네. 滿庭泥水翻作洚.

양 귀밑머리에 옥관자 차고 연홍빛 도포 입어 兩鬢玉環袍軟紅
외람되이 높은 품계에 올라[316] 내려오질 않는구나. 宦途冥升不復降.
근래 들어 세 번 적현의 동장을 찼지만[317] 季來三佩赤縣章
매양 권세가에게 미움받아 어리석은 지경에 빠졌지. 每忤豪貴坐少戇.
술 마신 뒤 입을 열어 번번이 시를 논하지만 酒後開口輒論詩
이 일 작은 풀줄기로 큰 종 치는 격일테지. 此事或復近衡撞.
나귀 타고 으레 금문[318]에서 돌아가는 길 跨驢慣自金門還
성곽 남쪽 거리에 들풀만 무성하구나. 蒿萊鬱鬱城南巷.

엷고 흐린 것을 암무지개[蜺]라고 한다. 여기서는 齊梁體의 화려한 詞藻와 下俚巴人의 鄙陋함을 비유적으로 표현한 듯하다.

315 홍군음(紅裙音)과……모기떼라네 : 원문의 '紅裙'은 미녀나 기녀를 뜻하고, '文字飮'은 문인들이 술을 마시면서 시문을 짓고 담론하는 것을 뜻한다. 韓愈의 시에 "詩文 지으며 술 마실 줄은 모르고, 오직 아리따운 여인에게만 취하는구나. 비록 잠깐의 즐거움은 얻겠지만, 떼 지어 윙윙거리는 모기떼와 같을지라.[不解文字飮, 惟能醉紅裙. 雖得一餉樂, 有如聚飛蚊.]"라 하였다.

316 높은 품계에 올라 : 원문의 '冥升'은 뛰어난 지식이나 덕이 없는 사람이 높은 지위에 오르는 것을 비유한다. 『周易』「升卦 上六 象」에 "올라감에 어두워 위에 있으니, 사라지고 다시 더하지 못하도다.[冥升在上, 消不富也.]"라고 한 데서 온 말이다.

317 근래……찼지만 : 세 차례 경기도 고을을 맡아 다스렸다는 말이니, 赤縣은 왕도 주변 지역을 이르는 칭호이다. 이 시를 지을 무렵까지 유득공은 1784년 처음 포천 현감에 임명되었고 이어 1788년(정조12) 양근 군수를 지냈으며, 1794년(정조18) 3월 가평 군수로 부임하여 1795년 5월 殺獄 사건을 잘못 처리했다는 이유로 파직되어 돌아왔다(『泠齋集』 卷5 「南瓜二十韻贈次修」 참조).

318 금문(金門) : 學士들이 임금의 명을 기다렸던 金馬門으로, 조정을 가리킨다.

지루한 장맛비에 날 개려 하니 문득 기쁘고　　却喜長霖作意晴
저물녘 산마루에 옅은 노을빛 일렁이네.　　夕嶺霞彩揚淺絳.
내각에 매인 몸이거늘 서국 자주 옮기니　　身隸書局局屢移
작은 고을 무지개 아침엔 패에, 저녁에는 여남에 있네.[319]　　朝沛暮汝小縣虹.
중년 들어 풍류 소리 그다지 즐기지 않아　　中季絲竹不自娛
양부의 음악 소리 시끄러운 개구리울음으로 들리네.[320]　　兩部官蛙只管鬨.
가장 아끼는 것은 간산 학사의 시문이라　　最愛干山學士文
일삼는 것 없이도 큰물을 다스리는 듯하다네.[321]　　行無所事若治洚.

---

319 작은……있네 : 유득공 자신이 내각 검서관으로 있으면서 사방으로 동분서주하는 모습을 비유한 말로 보인다. 원문의 '沛'와 '汝'은 모두 淮水의 지류로, 서초 지역에 해당된다(『史記』 卷129 「貨殖列傳」).

320 양부(兩部)의……들리네 : 兩部는 堂下에 서서 연주하는 立部伎와 堂上에 앉아서 연주하는 坐部伎를 통칭하는 말이다. 南齊의 孔珪가 자기 門庭에서 시끄럽게 우는 개구리 소리를 듣고서 "나는 이 개구리의 울음소리를 양부의 음악 연주로 삼는다.[我以此當兩部鼓吹.]"라 하였다.

321 일삼는……듯하다네 : 시문을 짓는데 골몰하지 않고 자연스럽게 지어 문장에 통달했다는 뜻이다. 『맹자』 「離婁 下」에 "우 임금이 물을 흘러가게 한 것은 일삼은 바가 없이 자연의 형세에 따른 것이니, 만일 지혜로운 자가 또한 인위적 행위가 전혀 없이 행한다면 지혜가 또한 클 것이다.[禹之行水也, 行其所無事也. 如智者亦行其所無事, 則智亦大矣.]"라 하였다.

5-60

간산 대교의 「복숭아를 먹다」에 차운하다

次韻干山待敎噉桃

옛적 신라 때부터 울릉도를 심었나니	新羅舊種鬱陵桃
사자 부대 돌아올 적에 의기 호방했지.[322]	獅子軍歸意氣豪.
신선의 과일로 일찍이 어린아이가 훔쳐 먹었고	仙果曾爲兒所竊
장수하는 단약으로 지금도 늙은이가 탐낸다네.[323]	壽丹今屬老而饕.
기옹이 숨어 바둑 두던 금귤보다 크고[324]	大于金橘棊翁隱
술 마시다 도선하는 황매 선사와도 같구나.[325]	禪似黃梅飮客逃.
추억건대 초가을날 밀운성 지날 적에	憶過密雲秋未半
수레 가득 담긴 복숭아를 청포도와 함께 먹었지.	車中滿載伴靑萄.

【경술년(1800) 가을, 고북구에 들어갔을 때 날마다 복숭아 60~70개와 포도 몇 근을 먹었다.[庚戌秋, 入古北口, 日噉桃子六七十顆葡萄數斤.]】

322 신라(新羅)……호방했지 : 『京都雜誌』 "울릉도에는 큰 복숭아가 많이 자라 그 씨를 취해서 종자로 삼았다. 이를 울릉도라 한다.[鬱陵島中, 多大桃, 取核而種之曰鬱陵桃.]"라 하였고, 新羅 智證王 때에 異斯夫가 나무로 사자를 만들어 戰船에 싣고 于山國에 가서 "만일 항복하지 않으면 이 짐승을 풀어서 죽이겠다."라 하니, 사람들이 두려워하여 마침내 항복하고 공물을 바쳤다고 한다(『燃藜室記述』 卷19 「歷代典故」).

323 신선의……탐낸다네 : 원문의 '仙果'는 신선들이 먹는다는 蟠桃로, 3,000년마다 한 번 열매를 맺는다고 한다. 원문의 '兒'는 東方朔을 가리키는 것으로, 그가 西王母의 복숭아를 훔쳐 먹고는 長壽하였으므로, 三千甲子東方朔이라 일컫는다(『漢武故事』).

324 기옹(棊翁)이……크고 : 옛날 중국의 巴邛에 사는 사람 집에 귤나무가 있었는데, 서리가 내린 뒤 서 말들이 항아리만 한 귤이 자라 그 속을 갈라 보니 두 노인이 마주 앉아 내기 바둑을 두고 있었다는 일화가 전한다(『幽怪錄』 卷3 「巴邛人」).

325 술……같구나 : '逃禪'은 좌선하다가 도망쳐 나오는 것을 뜻하는 말이다. 두보의 「飮中八仙歌」에 "소진은 수놓은 부처 앞에 오래 재계를 하다가도, 취하면 가끔 좌선하다 도망쳐 나오길 좋아했네.[蘇晉長齋繡佛前, 醉中往往愛逃禪.]"라는 구절이 보인다. 黃梅는 禪宗의 제5祖인 黃梅禪師 弘忍을 가리킨다. 黃梅山의 東禪院에 머물렀기 때문에 이렇게 이름하였다.

5-61

원운에 차운하여 좌랑 정대업[326]의 시권 뒤에 써서 주다 【정대업은 언양 사람이다. 무과에 급제하여 인조 병자년(1636)에 종군하여 임금을 위해 싸우다 쌍령전투에서 순절하였으며, 호조 좌랑에 증직되었다. 그가 전장에 나갈 적에 집에 시 한 수를 부쳤는데, 후손 아무개가 찾아와 나에게 보여주고 그 사실을 기록해주기를 청하였다.】

題贈佐郎鄭大業詩卷後 步原韻 【鄭大業彦陽人 登武科 仁廟丙子從軍勤王 戰歿於雙嶺 褒贈戶曹佐郎 當其赴戰時 有寄家詩一首 裔孫某來示 請記其事實】

그 당시 창 비껴들고 말 치달린 것 떠올려 보니 橫戈躍馬想當時
아스라한 평원이여 초혼의 노래 서글프구나.[327] 超忽平原楚些悲.
장대한 뜻 지금껏 쌍령에 남아 있는데 壯志至今雙嶺在
남은 시편 세상에 백 년이나 늦게 나왔다네. 殘編出世百季遲.
충성으로 국가에 보답함에 자기 한 몸 어찌 생각했으랴 精忠報國身何有
그대처럼 힘써 싸웠다면 일을 도모할 수 있었을 텐데. 力戰如君事可爲.
연연산에 비명 새기지 못함[328] 천고의 한이라 未勒燕然終古恨

326 정대업(鄭大業) : 1594(선조27)~1637(인조15). 자는 士心, 또는 士志, 호는 慕義, 본관은 東萊이다. 1621년 무과에 급제하였다. 1636년(인조14) 丙子胡亂이 일어나자 병사를 모집하였고, 경기도 광주의 쌍령 일대에서 벌어진 전투에서 공을 세우고 순절하였다.

327 아스라한……서글프구나 : 원문의 '超忽平原'은 『楚辭』 「九歌 國殤」의 "나갔다 들어오지 못하고 갔다가 돌아오지 않으니 평원은 아득하여 갈 길이 멀도다.[出不入兮往不反, 平原忽兮路超遠.]라 한데서 온 말로, 병사가 고향으로 돌아오지 못하고 전장에서 죽고 무너지는 모습을 표현한 것이다. 「국상」은 나라를 지키다가 죽은 장수와 병사들의 기개와 정신을 칭송한 일종의 祭歌이다. 원문의 '楚些'는 『楚辭』의 「招魂」을 말하는데, 이 글의 문장이 구절 끝마다 '些' 자가 있으므로 이렇게 지칭하기도 한다.

328 연연산(燕然山)에……못함 : 정대업이 쌍령전투에서 세운 공적을 찬양하는 글이 남아 있지 않음을 안타까워하는 말이다. 燕然山은 오늘날 몽고의 杭愛山을 가리킨다. 後漢

장차 한 편의 아름다운 전 남길 것 기약하네.　　一篇佳傳且留期.

의 車騎將軍 竇憲이 흉노를 크게 격파한 뒤 燕然山에 비석을 세워 공적을 새기고 돌아와 班固로 하여금 「燕然山銘」을 짓게 했다는 고사가 있다(『後漢書』 卷23 「竇憲列傳」).

5-62

부사로 연경에 가는 원임 직각 김 시랑[329]에게 드리다

奉呈原任直閣金侍郎以副价入燕

사신 일행 아득히 압록강 막 건너니	縹緲星槎渡鼂初
엷은 구름 가랑비 내리는 곳 다시 어떠할지.[330]	淡雲微雨更何如.
봄 돌아오는 북방 변새에 그대 새로이 부절 잡고	春回雁塞新持節
달 걸린 용도[331]에서 나는 여전히 당직 선다네.	月挂龍圖舊直廬.
기궤한 차림새는 남만의 사신이요	奇詭衣冠蠻使者
【미얀마와 라오스 등 여러 번국이다.[緬甸南掌諸番.]】	
풍류스런 문채는 한(漢) 상서라네.	風流文彩漢尙書.
【하간의 기효람이 종백을 맡았다.[332][河間紀曉嵐宗伯.]】	

329 김 시랑(金侍郎) : 金履翼(1743~1830)으로, 본관은 安東, 자는 輔叔, 호는 牖窩이다. 1785년 문과에 급제하여 대사성·대사간·강원도관찰사 등을 지냈다. 1799년 1월에 陳慰副使로 연행을 다녀온 기록이 『승정원일기』 정조 23년(1799) 2월 2일자 기사에 보인다.

330 엷은……어떠할지 : 원문의 '淡雲微雨'는 淸陰 金尙憲의 「次吳晴川大斌韻」에 "엷은 구름 가랑비 내리는 소고사, 국화 피고 난 시드는 팔월의 때로구나.[淡雲微雨小姑祠, 菊秀蘭衰八月時.]"라 한데서 온 말로, 사행 중의 기후를 서술함으로써 당시의 분위기를 비유적으로 표현한 구절인 듯하다. 金尙憲은 1626년에 海路로 연경에 사신을 갔었는데, 이때 登州에서 명나라 사람인 吳大斌과 각별하게 교유하였다. 두 사람은 사행 기간에 차운시를 주고받아 두세 편의 시가 문집에 남아있다. 이 시구는 王士禛(1624~1711)의 「論詩絶句」에 소개됨으로써 더욱 알려졌다. 小姑祠는 등주 인근에 있던 사당이다.

331 용도(龍圖) : 宋 眞宗 때 건립하여 太宗의 圖畵, 世譜, 譜錄 등을 보관했던 官府이다. 여기서는 규장각을 가리킨다.

332 기효람(紀曉嵐)이……맡았다 : 기효람은 청나라 대신이자 대문호인 紀昀(1724~1805)으로, 효람은 그의 자이다. 直隸 獻縣 출신으로, 호는 春帆 또는 石雲이며, 시호는 文達이다. 1754년(건륭19) 진사가 되어 한림원편수관에 오른 뒤 左庶子와 侍讀學士, 예부상서 등을 지냈다. 1773년 四庫全書總裁官으로서 10년에 걸쳐 『四庫全書』를 완성하였다. 1787년 예부상서에 재차 천거되었고, 1790년 황제의 만수절 때 어가를 배행하여 열하에 다녀왔다. 저서에 『紀文達公集』과 『閱微草堂筆記』, 『戴氏考工記圖序』 등이

지난날 떠올리매 말 타고 천 리길 가벼이 달려 憶曾鞍馬輕千里
유주와 계주 산천을 여유롭게 둘러보았지. 幽薊山川領畧餘.

있다. 1790년 연행 당시 유득공은 기윤의 집을 방문해 『사고전서』의 편찬 상황에 대해 물어보고, 자신의 『이십일도회고시』 수고본을 선물하였다. 원문의 '宗伯'은 종묘의 제사를 관장하는 예부 또는 그 수장인 예부상서를 가리키는데, 기윤이 오랫동안 예부상서를 지냈기에 이처럼 말한 것이다.

5-63

연경에 가는 검서 이경인[333]에게 주다

贈李景寅檢書游燕

이십 년 동안 궁중의 비서 교정하다가 二十季來校秘書
낭관들 차례로 연경에 가는구나. 寮郎次第赴燕都.
중국 말에 능통해 참으로 명사라 하겠으니 善爲華語眞名士
군관 복장 입은들 어찌 썩은 선비리오. 試著戎袍豈腐儒.
만리장성 끝나는 곳에서 바다 바라보고 萬里城窮看海色
태평거[334]로 안온하게 봄 풀밭 길 지나겠지. 太平車穩轉春蕪.
양봉거사[335]가 그대 편에 안부 물을 텐데 兩峯居士憑相問
한 가지 매화 그려 다시 부쳐 줄는지. 寫一枝梅更寄無.

333 이경인(李景寅) : 李旭秀로, 본관은 延安, 경인은 그의 자이다. 李福源(1719~1792)의 서자로, 규장각 검서관과 副司勇・楊州監牧官 등을 지냈다. 성해응, 박제가, 유득공 등과 교유하였다.

334 태평거(太平車) : 중국에서 통용되던 큰 수레의 하나로, 무거운 짐을 많이 실을 수 있어 연행사절단이 임차하여 사용하였다.

335 양봉거사(兩峯居士) : 청대 건륭 연간의 화가 羅聘(1733~1799)으로, 양봉은 그의 호이다. 安徽省 歙縣 출신으로 자는 遯夫, 호는 양봉, 花之寺僧이다. 인물, 산수, 화초, 매, 죽 그림에 능하였고, 대낮에 보이는 도깨비를 그린 '鬼趣圖'로 유명하였다. 1790년 유리창 관음사에서 연행을 온 유득공과 박제가를 만나 교유하였고, 헤어지기 전에 유득공에게는 난초 그림을, 박제가에게는 초상화와 매화 그림을 그려줬다. 유득공이 기윤에게 선물한 『이십일도회고시』를 보고 감탄하며 자신도 얻고자 하였으나, 한부 밖에 없어 매우 아쉬워했다고 한다(유득공 지음・실시학사고전문학연구회 옮김, 『열하를 여행하며 시를 짓다』(휴머니스트, 2010.) 「나양봉」 조 참조).

5-64

신라 진흥왕 북순비[336] 【비문에 손상된 글자가 많았다. “어가를 따른 사문의 도인 법장과 혜인”[337]이라는 구절이 있는데, 아마도 이 글을 지은 사람으로 여겨진다.】

新羅眞興王北廵碑 【文多缺 有曰隨駕沙門道人法藏慧忍 意卽撰書者】

현도성과 개마산 일대에 玄菟城蓋馬山
황초령 얼마나 구불구불 험하던가. 黄艸嶺何盤盤.
신라 비석 위에 한나라 예서 글자 新羅碑上漢隷字
천이백 년 지나도 그대로 남아 있구나. 千二百季猶未殘.
어느 시대냐 묻는다면 진나라 광대 연간[338]이니 問是何世陳光大
고구려와 부여, 예맥과 한맥의 때라네.[339] 句驪夫餘濊貊馯.
계림 중엽에 영특하고 용맹한 분이 雞林中葉英且武
산해 간에서 온 힘 다해 떨쳐 일어나셨지. 區區自奮山海間.
무자년에 북방으로 순수하시어 維歲戊子狩于北
변방 풍속 진무하고 완악한 자 주벌하였네.[340] 撫綏夷俗誅梗頑.

336 신라 진흥왕 북순비(眞興王北廵碑) : 진흥왕 북순비는 함흥부의 황초령에 있으며, 568년 8월 진흥왕이 이 곳에 와서 민심을 살피고 신라의 국방경비에 공이 있는 자를 표창하는 내용이다. 참고로, 이 시는 1798년(정조22) 10월에 지은 것이다. 대제학 홍양호가 소장하고 있던 신라의 비석 탁본 眞興王北巡碑, 太宗王碑, 文武王碑, 金角干碑, 鍪藏寺碑를 빌려 보았다는 기록이 『고운당필기』 권6 「羅麗古碑」에 보인다.

337 어가를……혜인(慧忍) : 「진흥왕 북순비」에 이 구절이 보인다. 유득공은 『고운당필기』 「羅麗古碑」에서도 “이른바 사문의 도인이라고 한 사람이 이 글을 지은 것인가?[抑亦所謂沙門道人輩撰書者耶?]”라 하였다.

338 진(陳)나라 광대(光大) 연간 : 光大는 남북조 陳 伯宗의 연호(567~568)이다.

339 예맥(濊貊)과……때라네 : 濊貊은 한반도와 만주 지역에 거주한 종족이고, 馯貊은 『尙書』 「肅愼之命」에 “해동의 여러 夷族으로서 駒麗, 夫餘, 馯貊 등이 있다.[海東諸夷駒麗扶餘馯貊之屬.]”라 하였다.

백성과 토지 넓히고 이웃 나라와 우의 다지며	民土衆廣隣誓歡
공이 있는 사람에게 관작과 음식 내리셨지.341	嘉有功者賜爵餐.
방언으로 문무의 관직 차례 정하니	方言序次文武官
훼부와 대사와 대아간이라네.342	喙部大舍大阿干.
당시에는 아직 계첩343을 익히지 않은 듯	當時似未習禊帖
예스럽고 질박한 글자체가 볼 만하구나.	字體古朴斯可觀.

340 무자년에……주벌하셨네 : 「진흥왕 북순비」에 "무자년(568) 가을 8월에 국경을 순수하여 민심을 살폈다.[歲次戊子秋八月, 巡狩國境, 訪採民心.]"라 하였다.

341 백성과……내리셨지 : 「진흥왕 북순비」에 "사방으로 영토를 개척하여 백성과 토지를 널리 획득하고, 이웃 나라와 신의를 다지고 외교 사절이 서로 왕래하였다.[四方託境, 廣獲民土, 隣國誓信, 和使交通.]"라 하였고, 또, "공이 있는 사람에게 상과 관작을 더해주어 공훈을 드러내었다.[有功之徒, 可加賞爵物, 以章勳效.]"라 하였다.

342 방언으로……대아간(大阿干)이라네 : 「진흥왕 북순비」에 이 구절이 보인다. 『고운당필기』 「羅麗古碑」에서 "훼부, 대아간, 대사는 신라의 방언으로 職官의 명칭이다.[喙部大阿干大舍者, 新羅方言職官名也.]"라 하였다.

343 계첩(禊帖) : 王羲之의 行書帖 「蘭亭序」의 별칭으로, 法帖에 蘭亭에서 修禊한 일이 나왔기 때문에 禊帖이라 하였다.

5-65

신라의 깨진 비석 세 기(基) 【무장사비[344]는 김육진[345]이 썼고 문무왕비[346]는 한눌유가 썼으며 김각간비는 쓴 사람 이름이 떨어져 나갔다.】

新羅三殘碑 【鍪藏寺碑金陸珍書 文武王碑韓訥儒書 金角干碑書人缺】

무장의 뜻 과연 어디에 있는가	鍪藏之義果安在
부도를 세우고 투구를 묻었다지.	有建浮屠薶首鎧.
초궁이 부처 받들어 신실히 명복 비니	椒宮奉佛薦福勤
아미타 불상 우뚝하여 높다랗구나.[347]	阿彌陀像雄嵬嵬.
문무왕비는 그 비문 살펴보건대	文武王碑攷厥詞
뼈를 빻아 바다에 뿌렸다[348]는 말 비루하여라.	粉骨鯨津鄙哉噫.

344 무장사비(鍪藏寺碑) : 鍪藏寺는 경주시 암곡동에 있었던 사찰로, 신라 元聖王의 아버지 孝讓이 그의 숙보를 추모하여 창건하였다. 한편, 太宗武烈王이 삼국 통일 후에 투구를 이곳에 감추었다고 전해진다. 무장사비는 昭聖王妃인 桂花王后가 昭聖王의 명복을 빌기 위하여 세운 碑이다.

345 김육진(金陸珍) : 통일 신라 때 진골 출신의 인물로, 본관은 慶州, 관등은 大阿飡이다. 809년 당나라로 사행을 다녀온 기록이 보인다.

346 문무왕비(文武王碑) : 신라 文武王의 업적을 기리기 위해 세운 碑로, 文武王陵碑라고도 한다. 682년에 경주 사천왕사에 세워졌다. 1796년(정조20)에 경주 부윤 洪良浩가 발견하여 알려지게 되었다.

347 초궁(椒宮)이……높다랗구나 : 초궁은 왕비가 거처하는 궁전으로, 中宮을 뜻한다. 산초는 열매가 많이 열리므로 자손의 번성을 바라는 뜻에서 椒宮이라 이름 붙였다. 무장사 미타전 안에는 소성왕의 왕비인 桂花王后가 먼저 세상을 떠난 왕의 죽음을 슬퍼하다가 "아미타불에게 지성으로 귀의하면 구원을 맞이할 수 있다."는 말을 듣고 재산과 재물을 다 희사하여 名匠으로 만들게 한 아미타불상과 신중(神衆)이 봉안되어 있었다고 한다.

348 뼈를……뿌렸다 : 文武王陵碑에 이 구절이 보인다. 한편, 『고운당필기』 권6 「羅麗古碑」에서는 "살펴보건대 우리나라 역사서에 문무왕이 붕어하자 신하들이 유지를 받들어 동해 입구의 큰 바위 위에 화장하고 이를 大王石이라 하였다 한다. 지금 비의 명문에 과연 '……중략…… 섶나무를 쌓아 화장하고 뼈를 빻아 바다에 뿌렸다.' 등의 말이 있으

계림의 김씨는 금빛 상자에서 나왔는데[349]	雞林之金出金櫝
다시 투후 언급하여 사람을 의심하게 하네.[350]	更引秺侯令人疑.
김 각간은 김유신이니[351]	金角干者金庾信
큰 훈공 세워 작위 역시 높구나.	有大勳勞爵亦峻.
방언이 아순하지 못함 꺼리게 된지라	應嫌方言不雅馴
명을 지은 자에게 특진 제수한다 하였네.[352]	撰銘者曰授特進.
이때 이르러 신라가 비로소 당을 흠모하여	是時新羅始慕唐
세 비석 모두 구양순체로구나.	三碑字體皆歐陽.

니, 신라 군신들이 불교에 미혹된 것이 심하구나.[按東史, 文武王薨, 群臣奉遺旨, 火藏東海口大石上, 號大王石. 今碑銘果有 ……中略…… 葬以積薪, 粉骨鯨津等語, 甚矣, 新羅君臣之惑于釋敎也.]"라 하였다.

349 계림(雞林)의……나왔는데 : 신라 경주 김씨의 시조인 金閼智의 탄생 설화를 가리킨다. 신라의 脫解王이 金城 서쪽 始林 쪽에서 나는 닭 울음소리를 듣고서 금빛 상자 속의 사내아이를 발견하였다. 금빛 상자에서 나왔기 때문에 아이의 姓을 金氏로 하였으며, 이때부터 始林을 鷄林으로 부르게 되었다.

350 계림(雞林)의……하네 : 文武王陵碑에 "투후는 하늘에 제사 지내는 후예로서 7대를 전해왔다.[秺侯祭天之胤傳七葉.]"라 하였다. 한편, 『고운당필기』 「羅麗古碑」에서 "비문에 또 의심할 곳이 있으니 '秺侯祭天之胤傳七葉' 운운한 것은 글자가 희미한데 앞뒤의 문의를 상고해 보면 그 世次를 서술한 듯하다. 그렇다면 '雞林之金'은 金日磾의 金을 가리키는 것일까? 그리고 '15대조 星國王은 그 자질이 둥근 하늘로부터 내려왔다.'라 하였는데, 이 또한 금빛 상자에서 나온 아이인 金閼智의 일을 가리키는 듯하다. 그러나 전문을 보지 못했기에 우선 놓아두고 고증하지 않는다.[碑文又有可疑者, 有曰秺侯祭天之胤傳七葉云云, 依俙考其上下文義, 似敍其世次也. 然則以鷄林之金爲金日磾之金歟? 有曰十五代祖星國王, 降質圓穹. 此又似指金櫝小兒閼智事也. 未見全文, 姑不敢證也.]"라 하였다. 前漢 시기 흉노족 출신의 정치가 金日磾(B.C.134~B.C.86)가 산동성 지역의 제후인 秺侯에 책봉된 일이 있기에 유득공이 이러한 말을 한 것으로 보인다.

351 김 각간(金角干)은 김유신(金庾信)이니 : 원문의 '角干'은 신라 때의 최고 관직으로, 김유신이 각간을 지낸 바 있다.

352 방언(方言)이……하였네 : 김각간비에 "조서를 내려 특진을 제수하였다.[詔授特進.]"라는 구절이 있다.

5-66

초여름 【두 수】

初夏 【二首】

올봄에 담장 손보지 못했다고 비웃지 마오	莫笑今春未盖墻
푸른 정원 일대에 온갖 화초 만발하였네.	蕪園一帶囿羣芳.
귀밑머리에 서리 내린 뒤 풍류 적어졌지만	鬢絲霜後風流短
서책은 근년에 그 의미가 깊어진다오.	書卷季來意味長.
그윽한 새는 뜻밖에 빼어난 운치 빚어내고	分外幽禽飄逸韻
새 죽순은 고요한 가운데 은은한 향기 풍기네.	靜中新籜送微香.
등불 밝힌 일만 가호 화려한 밤이거늘	懸燈萬戶繁華夕
금슬 곁에서 아련한 옛꿈에 잠기네.[353]	舊夢依依錦瑟傍.

서창에 직접 심은 자작나무 열 길이나 뻗쳐	手種書窓樺十尋
밤 되어 비바람 소리 더욱 맑고 깊구나.	夜來風雨太瀟森.
푸른 나귀는 또한 한단의 걸음 배우고	靑驢亦効邯鄲步
검은 학은 칙륵 소리 내니 부끄럽구나.[354]	玄鶴羞爲勑勒音.
물동이 안은 한음 노인[355] 참으로 정교한 솜씨이고	抱甕漢陰眞巧手

353 금슬(錦瑟)……잠기네 : 부질없이 흘러간 청춘의 무상함을 의미하는 듯하다. 당나라 李商隱의 「錦瑟」 시에, "금슬은 까닭 없이 왜 오십 줄이나 되는가. 현 하나 받침 하나에 빛나던 시절 떠올리게 하네.[錦瑟無端五十絃, 一絃一柱思華年.]"라 하였다.

354 검은……부끄럽구나 : 원문의 '玄鶴'은 弦琴으로 오동나무로 만든 거문고를 뜻하는 말로 쓰인다. 어떤 이가 거문고를 연주하자 검은 학이 날아와 춤을 추기에 玄鶴琴이라 하였다 한다. 원문의 '勑勒音'은 勑勒歌를 가리킨다. 칙륵은 유목 민족 鐵勒을 말하는데, 칙륵가는 남북조 시대 黃河 이북의 北鮮卑族 사이에 유행했던 민가의 하나이다.

355 물동이……노인 : 子貢이 漢陰 땅을 지나다가 한 노인이 물동이를 안고 가서 밭에 물을

천리 담론하는 직하[356] 끝내 어리석은 마음이라네. 談天稷下竟癡心.
원추리 본래 근심 잊게 하는 풀인데 風萱自是忘憂艸
뾰족뾰족 돋는 여린 푸른 잎 옷깃에 비쳐 드네. 嫩葉抽抽翠映襟.

【나귀가 발을 절어 나가 유람하지 못하기에 한창 현금을 배우고 있었다.[驢蹇不能出游, 方學玄琴.]】

대는 모습을 보았다. 자공이 물 대는 기계를 사용하라고 권하자 노인은 기계를 쓰면 機心이 생긴다고 하였다는 일화가 전한다(『莊子』「天地」).

356 천리(天理) 담론하는 직하는 : 원문의 '稷下'는 제나라의 도성인 臨淄의 稷門 인근을 가리키는 말로, 齊 宣王 때 이곳에 鄒衍, 淳于髡, 田駢 등의 선비를 초빙하여 토론을 하게 하였다고 한다(『史記』 卷74 「孟子荀卿列傳」). 그 중 鄒衍은 말이 宏博하고 迂怪하므로 당시 사람들이 그를 일러 談天衍이라 하였는데, 이는 변론을 잘하는 것을 말한다.

5-67

그림 부채에 써서 연경에 가는 상사 한대연[357]에게 주다

題畫扇贈大淵韓上舍赴燕

이 난초는 십 년 전 연행했을 때 유양의 고사[358]가 나에게 그려준 것을 아들 본예로 하여금 본떠 그리게 한 것이다. 이는 또한 옛날 북경에 노닐었던 것을 잊지 못하는 뜻이다.

此蘭十季前西游時, 遇維揚高士寫贈僕者, 令藝兒倣而爲之. 盖亦不忘舊游之意.

희고 깨끗한 백송선[359]	皎皎白松扇
한강 가 내 집에 있다오.	家鄉洌水間.
가을바람은 변방 땅에 불고	秋風吹柳塞
지는 달빛 산해관을 비추리.	落月照楡關.
난초 향기 새 동산에 가득한데	香已滋新畹
그 사람 고향 땅으로 돌아갔으리.[360]	人應返故山.

357 한대연(韓大淵) : 韓致奫(1765~1814)으로, 본관은 淸州, 호는 玉蕤堂, 대연은 그의 자이다. 1789년 진사에 합격한 후 대과를 단념하고 학문에 전념하였다. 1799년 10월에 使行하는 族兄 韓致應을 수행하여 북경에 다녀왔다. 저서에 『海東繹史』 70권이 있다.

358 유양(維揚)의 고사(高士) : 유양은 중국 揚州의 별칭이며, 高士는 화가 羅聘을 가리킨다. 1790년 유리창 관음사에 기거할 당시 조선에서 사행 온 유득공과 박제가를 만나 교유하였고, 헤어지기 전에 유득공에게 난초 그림을 선물하였다.

359 백송선(白松扇) : 접부채의 한 가지이다. 『星湖僿說』 卷6 「萬物門 摺扇墜」에 "소동파는 '고려의 白松扇이란 부채는 펴면 넓이가 한 자 넘고 접으면 다만 두 손가락 부피밖에 되지 않는다.'라 하였다.[東坡云, 高麗白松扇, 展之廣尺餘, 合之只兩指許.]"라 하였다.

360 난초……돌아갔으리 : 羅聘이 그려준 난초 그림을 다른 부채에 본떠 그리는 것을 비유

장쾌한 유람 다시 이어지길 바라건만	壯游思再續
새벽 거울에 수척한 얼굴 마주하네.	晨鏡對蒼顔.

번역 김광명

적으로 표현한 말이다. 원문의 '新畹'은 屈原이 난초를 심었던 九畹에 상대되는 말로, 여기서는 난초 그림을 본떠 그릴 새 부채를 비유한 것으로 보인다. 굴원의 「離騷」에 "이미 구원에 난초를 심고, 또 백묘에 혜초를 심었네.[旣滋蘭之九畹兮, 又樹蕙之百畝.]"라 하였다. 나빙은 1790년에서 1798년까지 북경에 체류하다가, 1798년 말에 揚州로 귀환하여 이듬해 7월 朱草詩林에서 별세하였다.

5-68

북소[361]에서 숙직하며

北所直中

이 가을밤의 달 사랑스러우니	愛此秋宵月
환한 빛 구중궁궐에 닿았네.	流光近九重.
숲가에 등불은 반짝반짝 비치고	依林燈熠熠
길가에는 북소리 둥둥 울리네.	挾路鼓鼕鼕.
암호로 삼전[362]임을 알리고	暗號傳三箭
엄경[363]이라 긴 장대 하나 지녔네.	嚴更仗一筇.
서생으로 위위[364] 직책 맡았나니	書生官衛尉
병농 익히기[365]를 저버리지 않는다네.	不負講兵農.

361 북소(北所) : 궁궐을 순찰하며 경비하던 四所의 하나로 북쪽에 있던 直所. 『예종실록』에 의하면, 東所는 昌德宮의 巡廳이고, 西所는 雲從街의 순청이고, 北所는 義禁府이고, 南所는 龍驤衛에 둔다고 하였다. 한편, 북소가 五衛가 관할하는 北營의 直所를 말하는 것으로 볼 수도 있다. 오위의 주요 임무가 入直으로, 五衛將은 각각 外所・南所・西所・東所・北所 등 다섯 衛將所에 번갈아 1명씩 숙직하며 왕이 내린 영을 수행하였다.

362 삼전(三箭) : 箭은 물시계의 시각을 알려주는 시계 바늘을 지칭하는데, 三箭은 漏刻의 세 번째 칸을 가리키는 깊은 밤을 의미하는 듯하다.

363 엄경(嚴更) : 궁궐의 夜警 경비를 엄히 하는 일. 班固의 「西都賦」에 "鉤陳의 자리를 돌고, 야경[嚴更]을 알리는 부서를 지킨다.[周以鉤陳之位, 衛以嚴更之署.]"라는 구절이 보인다.

364 위위(衛尉) : 궁궐 문을 지키는 군관.

365 병농(兵農) 익히기 : 규장각 검서관이지만 숙직으로 궁궐 경비를 맡게 되어 兵書 農書에도 관심을 가져야 한다는 의미인 듯하다. 한편, 兵農合一의 군사 운영 제도와 관련된 것으로도 해석될 수 있다. 이 제도는 중국에서 유래하여 조선 후기에도 준행되었는데, 20세 이상의 농민을 대상으로 농한기에 집중적으로 훈련을 받게 하고, 징발할 때에는 각자 병기와 식량을 휴대하게 하였으며, 정기적으로 京師에 숙위하게 하고 변경을 방비하게 하였다.

5-69

기미년(1799) 12월, 『춘추』를 다 읽자 자궁[366]께서 음식을 베풀어 임금께서 오언율시를 지었다. 그 시에 차운해 올리다[367]

己未十二月 賡進春秋畢讀慈宮設饌御製五律韻

효도와 학문의 모범[368]	承歡與典學
성대하게 여기에 있나니.	盛矣在斯歟.
색동옷엔 봄빛 길이 머물고[369]	綵袖春長住
서책 대함에 섣달이 아직 남았네.[370]	緗編臘尙餘.
은혜가 진솔한 음식에 스며있고	恩沾眞率饌
성지는 은미한 이치 드러냈네.	旨闡婉微書.
육경에 하늘의 법도 담겼나니	六籍涵乾健
세세년년 이와 같이 이어지기를.	年年歲歲如.

366 자궁(慈宮) : 정조의 모친 혜경궁 홍씨를 가리킨다.

367 기미년……올린다 : 정조는 기미년인 1799년 12월 8일에 「『춘추』를 완독하고[春秋畢讀]」란 시를 쓰고, 각신들에게 차운시를 짓게 하였다. 당시의 정황이 『고운당필기』 권6 「春秋畢讀賡進」 조에 실려있다. 정조가 지은 시의 원제는 「春秋完讀日 慈宮設饌識喜唫示諸臣 幷小序」이다(『弘齋全書』 卷7).

368 효도와……모범 : 원문은 '承歡'과 '典學'인데, 승환은 윗사람을 기쁘게 하는 것으로 효도를 말하고, 전학은 항상 학문에 힘쓴다는 말이다. '典'은 常의 뜻이다.

369 색동옷엔……머물고 : 채색 옷[彩衣]은 노쇠한 부모를 기쁘게 한 老萊子의 고사를, 봄빛은 「遊子吟」의 고사를 인용하여 부모에 대한 효성의 도리를 강조한 것이다. 唐나라 시인 孟郊의 시 「유자음」에 "어머니가 바느질하는 옷은 바로 유자가 몸에 걸칠 옷이로다. 떠날 즈음 촘촘히 꿰매신 것은 더디게 돌아올까 염려해서라네. 한 치 짧은 풀의 마음으로 三春의 햇볕을 어떻게 보답하리오.[慈母手中線, 遊子身上衣. 臨行密密縫, 意恐遲遲歸. 難將寸草心, 報得三春暉.]"라는 구절이 있다.

370 서책(書冊)……남았네 : 공부하기 좋은 섣달이 남아 있어 아직도 학문이 끝나지 않았다는 뜻이다.

5-70

남소에서 숙직하며 방옹의 시에 차운하여[371] 규장각 동료에게 부치다 【두 수】

南所直中 次放翁韻 寄閣僚 【二首】

동서남북의 숙직소	南北東西所
시간 나누어[372] 번갈아 오가네.	分更迭往還.
누대에는 환한 달빛 흘러들고	樓臺流素月
구름 띤 나무엔 산 봄빛 가득하네.	雲木鎖春山.
오올하게 현호 밖에 있다가	傲兀賢豪外
느긋하게 졸오 사이에 노니네.	優游卒伍間.
장부의 나이 이제 쉰 줄이라	丈夫纔五十
귀밑머리 하얘졌다 비웃지 마소.	莫笑鬢毛斑.

관부는 참으로 술취해 주정부렸나니	灌夫眞醉妄
정불식 이광 누군들 가벼이 여길 수 있으랴.[373]	程李孰能輕.

371 방옹(放翁)의……차운하여 : 방옹은 남송의 시인 陸游를 가리킨다. 유득공의 이 시는 육유의 시 「暮歸舟中」, “五月未劇暑, 暮從城市還. 斷虹低飮澗, 落日遠銜山. 蟹舍叢蘆外, 菱舟薄靄間. 詩情終草草, 虛遣鬢毛斑.”와 「村舍」, “空谷人稀到, 新寒病頓輕. 晨霜催小獵, 宿雨潤新耕. 草莽秦馳道, 雲煙越故城. 千年不磨滅, 惟有暮山橫.”를 각각 차운한 것이다.

372 시간 나누어 : 원문은 ‘分更’인데, 이는 야간의 5更을 시간 별로 나누어 순찰을 분담하는 것을 말한다(『萬機要覽』「五衛」).

373 관부(灌夫)는……있으랴 : 灌夫는 漢나라 武將으로, 호협하고 강직했으나 술주정이 심한 버릇이 있었다. 당시 두 외척 魏其侯와 武安侯가 연회를 함께 하게 되었는데, 위기후와 친밀했던 관부는 술에 취한 나머지 “지금 목이 잘리고 가슴이 꺼진다 해도 상관없다. 내가 어찌 程不識이나 李廣을 두려워할 것인가!” 라고 호기를 부렸다. 정불식과

창 잡은 채로 여유로운 은둔 이루고[374] 執戟成肥遯
궁궐문 지키며 밭 갈기를 대신하네. 監門替力耕.
서창의 등불 비부에 인접해 있고 書燈隣秘府
순라꾼 북소리는 도성을 에워싸네. 巡鼓匝嚴城.
얼추 봄밤이 반은 지난 듯한데 約莫春宵半
늘어선 북두성 자루[375] 비끼어 있네. 離離斗柄橫.

이광은 당시 한나라를 대표하는 두 장군이었다. 무안후 세력에게 분노를 산 관부는 결국 일가족이 처형되는 참화를 입었다.(『史記』 卷107 「魏其武安侯列傳」) 이후 관부는 물불을 가리지 않은 채 의리를 지키는 인물로 칭해지기도 한다.

374 여유로운……이루고 : 원문은 '肥遯'인데, 이는 여유로운 은둔이란 뜻이다. 『주역』 「遯卦」에 "上九는 여유로운 은둔이니, 이롭지 않음이 없다.[上九, 肥遯, 无不利.]"라고 한 데서 온 말이다.

375 북두성 자루 : 원문의 '斗柄'은 국자 모양의 북두칠성 가운데 자루에 해당하는 세 개의 별. 玉衡, 開陽, 搖光을 이른다.

5-71

사월초파일에 육유의 시를 차운하여[376] 본학과 본예에게 보이다 【두 수】

浴佛日 次陸韻示學藝 【二首】

해마다 4월 초파일이 되면 年年四月八
꽃과 버들솜 도성 가득 날리네. 花絮滿城飛.
귀거래 하여 '지금이 맞다' 자랑하고 歸去誇今是
덧없는 삶에도 고희를 흠탄하네.[377] 浮生歎古稀.
손님 초대해 절 음식을 차리고 速賓陳佛饌
병을 핑계대고 관복 걸어두네. 移病挂朝衣.
집집마다 등불 켜질 즈음 萬戶燈初上
숲의 가지에 달그림자 은은하네. 林梢月影微.

초파일 다가옴 이미 알아 已知燈節近
바람결에 비단 깃발 나부끼네. 風掣綵旃飛.
사는 곳 궁벽하여 동산에 느릅나무 빽빽하고 居僻園楡密
관아는 청렴하여 창고엔 콩도 드무네. 官淸廩豆稀.

376 육유(陸游)의 시를 차운하여 : 육유의 시 「小園獨立」을 차운한 것으로 원운은 다음과 같다. "草香無處覓, 花嫩不禁飛. 澤國春歸晚, 柴門客過稀. 新泥添燕戶, 細雨濕鶯衣. 倚杖臨階久, 衰翁氣力微."

377 귀거래……흠탄하네 : 세속의 無常함을 말하면서도 마음 속 욕망은 누구나 지니고 있다는 의미로 말한 듯하다. 도연명의 「귀거래사」에 "오늘이 옳고 어제가 잘못임을 깨달았다.[覺今是而昨非]"라고 한 구절이 있고, 明나라 邊貢의 「舒通判挽詩」에 "별난 수레 타고 서울 자랑 마음껏 하고, 덧없는 인생에 실로 나이 칠십을 넘겼네.[別駕漫傳京兆美, 浮生眞過古稀難.]"이라는 대목이 보인다.

한 쌍 나막신 아무렇게나 벗어던졌더니	嬾抛雙齒屐
싸늘한 날씨에 대금의[378] 찾게 되네.	凉索對襟衣.
지게문 열고보니 서글픈 마음 뿐인데	拓戶成惆悵
생황에 노랫가락 푸른 산에 퍼지네.	笙歌在翠微.

【이날에는 시속에서 느릅나무 떡[楡餻][379]과 찐콩[豆蒸]을 먹는다.[是日, 俗饌楡餻豆蒸.]】

378 대금의(對襟衣) : 옷깃을 맞댄 방한용 옷. 좌우의 옷깃을 서로 깊숙이 겹치지 않고 가슴 정중앙에서 단추로 여미게 만든 옷이다.

379 느릅나무 떡[楡餻] : 느릅나무 어린 싹을 찹쌀가루 등에 섞어 만든 떡을 말한다. '느릅떡' 또는 '楡葉餅'이라고도 한다. 유득공은 『경도잡지』에서 "4월 초파일에는 느릅나무 떡을 만들어 부처님께 바치고 손님께 대접했다."고 했다.

5-72

차운하여 참봉[380] 성붕지가 휴가를 얻어 견성[381]으로 돌아가는 것을 전송하다

次韻送成鵬之參奉休暇還堅城

늙지 않았는데 그 누가 갑자기 한가해지리오	未老何人遽得閒
한가해져 거울을 보면 이미 주름진 얼굴이라네.	閒時攬鏡已蒼顏.
몸은 문무 겸전이요 관위는 3품	身兼文武官三品
임금께서 하사한 서책이 집안 가득 쌓였네.	御賜圖書屋數間.
누대의 인척[382] 만나러 오래된 동리 찾아가고	宿世朱陳尋古里
훗날에는 금상(禽向)[383]처럼 명산을 누비리.	他季禽向在名山.
도성 문 버드나무 늘어져 보기 좋으니	都門柳色依依好
가끔은 청삼에 필마 타고 돌아오시게.	時復青衫匹馬還.

380 성붕지(成鵬之) 참봉 : 成海運(1764~1803)으로, 붕지는 그의 자이다. 성해운은 성대중의 아들이자 검서관을 지낸 성해응의 동생으로 호는 風窩이다. 1792년(정조16)에 진사가 되었으며, 경기도 迎華察訪과 司饔院主簿 등을 지냈다.

381 견성(堅城) : 경기도 抱川의 옛 이름.

382 인척(姻戚) : 원문은 '朱陳'인데, 이는 서로 通婚하여 정답게 지내는 것을 비유한 말이다. 당나라 때 徐州에 朱陳村이 있었는데, 朱氏와 陳氏가 모여 살면서 대를 이어 通婚했다고 한다.

383 금상(禽向) : 後漢 때 隱士인 禽慶과 向長을 말한다. 상장은 자식들을 다 결혼시키고 나서 금경과 함께 五嶽을 두루 유람했다고 한다.

5-73

동음령의 「향소춘장가」 시에 차운하다[384]

次洞陰令餉燒春長歌韻

부귀 이룬 뒤 귀향하매 낮에 비단옷 입는다는데	富貴而歸衣晝錦
여기 한 사람의 객은 한단 베개[385]에 기대어 있네.	有客亦倚邯鄲枕.
사방으로 기량 떨치던 사람 누구던가	宣力四方者爲誰
어읍대부[386]인 양 한창 거나히 취해 있구나.	御邑大夫方酣飮.
고을 산수의 연(緣) 아직 다하지 않아선지	溪山尙有未了緣
삼품오고[387]로 한 해가 연장되었지.	三品五考加一稔.
겨울 군정 신중히 조사해 노(老)·고(故)·도(逃) 처리하고[388]	冬簽重理老故逃

384 동음령(洞陰令)의……차운하다 : 洞陰은 경기도 永平의 옛 이름으로, 동음령은 영평 현감 박제가를 말한다. 이 시는 박제가가 보내온 「衛尉 柳公에게 燒春酒를 대접하다[餉衛尉柳公燒春]」 시를 차운한 것이다.

385 한단(邯鄲) 베개 : 唐나라 때 盧生이 일찍이 邯鄲에서 道士 呂翁의 베개를 베고 잠이 들었는데, 메조밥을 한 번 짓는 동안에 세상의 부귀공명을 다 누린 꿈을 꾸었다고 한다. 인생의 영고 성쇠가 모두 꿈결처럼 헛되고 덧없는 것을 말한다.

386 어읍대부(御邑大夫) : 어읍대부는 춘추전국시대 魯나라의 御叔을 말함. 『춘추좌씨전』 魯襄公 22년 조에 다음의 기록이 보인다. 臧武仲이 晉나라로 가다가 비를 피하기 위해 御叔의 집에 들렀는데, 이때 御叔은 자기의 封邑에서 마시려 하다가 "장무중을 사람들이 聖人이라 하는데, 성인이 무슨 소용인가? 내가 술을 마시려 하는데, 저 사람은 빗속에 길을 가니, 그를 어찌 성인이라 할 수 있겠는가?" 여기서는 영평 현감 박제가가 술 마시는 것을 두고, 어읍대부인 노나라 御叔에게 빗대어 말한 것으로 보인다.

387 삼품오고(三品五考) : 三品五考는 五考三上과 같은 말인 듯함. 지방의 監司가 각 고을 수령의 치적을 심사하여 중앙에 보고할 때, 다섯 차례 점수를 매겨 세 번이 上이 되면 승진시키던 제도이다.

388 겨울……처리하고 : 겨울에 각 고을에서 軍兵의 인원을 파악하던 방식. 군병 중에 物故[사망]·老除[60세가 넘어 役에서 면제함]·逃亡을 각각 구분하였다.

가을 곁이 마음 기울여 실(實)・차(次)・심(甚) 따지네.

秋穡關心實次甚.

【농사가 풍작이면 실, 풍작도 흉작도 아니면 차, 흉작이면 심이라 한다.[389][豊爲實, 不豊不歉爲次, 歉爲甚.]】

요 근래에도 시 읊기 좋아하지 않는 바 아닐 터이나 　季來非不愛吟詩

시휘에 저촉될까 저어하여 점점 입 다무는구려. 　戒觸時忌稍稍噤.

봄 깊어 관아 식솔들 고사리로 배불리니 　春深衙眷飽蕨薇

마치 굶주린 병사가 오디만 쳐다보는 것 같네.[390] 　有似飢兵徒仰葚.

평생 탐관오리 나쁜 심사 자못 괴상히 여겼나니 　平生頗怪墨吏心

금(琴)과 활[弤] 보게 되면 모두 독차지 하려 드네.[391]

見琴見弤皆欲朕.

과정시[392] 매달 짓게 하고 학문 일으킨다 말하니 　程詩月課是興學

이 어찌 고종과 미름[393]을 아는 처사이랴. 　焉識瞽宗與米廩.

389 농사가……한다 : 고을의 수령이 매년 그 해 농사의 작황을 파악하는 세 가지 방식. 풍작 여부에 따라 稍實・之次・尤甚으로 등급을 정하여, 호조에 보고하였다.

390 마치……같네 : 한나라의 장수 牛存節이 병졸을 이끌고 행군을 하는데, 마침 흉년이라 양식이 부족했다. 우존절은 금과 비단을 가지고 백성들에게 가서 말린 오디와 바꾸어 병졸을 먹이고, 결국 싸움에 이겼다는 고사가 있다(歐陽修 「牛存節傳」).

391 금(琴)과……하려드네 : 예의를 지키지 않고 자기 욕심을 차린다는 뜻이다. 『맹자』 「萬章 上」의 象과 舜 임금의 대화에 다음과 같은 구절이 있다. "소와 양은 부모님께 드리고, 곳간도 부모님께 드린다. 방패와 창은 내가 갖고, 琴도 내가 갖고, 활도 내가 갖겠다.[牛羊父母, 倉廩父母, 干戈朕, 琴朕弤朕.]" 박지원은 『열하일기』 「피서록」에서 尹嘉銓과 대화를 하며 이 고사를 인용하였고, 유득공은 이를 『고운당필기』 권1 「對聯」에서 다시 언급한 바 있다.

392 과정시(科程詩) : 과거를 보는 시험장에서 쓰는 일정한 법식이 있는 시.

393 고종(瞽宗)과 미름(米廩) : 고종은 殷나라의 학교 이름이다. 『주례』 「春官宗伯 大司樂」에 "도덕이 있는 사람으로 하여금 가르치게 하고 그 사람이 죽으면 樂祖를 삼아 고종에서 제사 지낸다."라고 하였다. 미름은 춘추시대 魯나라의 학교이다. 노나라에서 선조에게 제사 지내는 쌀을 이곳에 보관해 두었기 때문에 이렇게 이름이 붙여진 것이다. 『예기』 「明堂位」에는 "미름은 有虞氏의 학교이다."라고 나와 있다.

남북으로 오가는 길손들 칭찬함이 많아	南來北去客譽多
오로지 주방 여인 덕분에 음식 잘 대접한다지.	專仗廚娘善治餁.
동음령의 벼슬살이 맑고도 한가해	洞陰吏隱淸而閒
재미 삼아 붓 휘둘러 하루에 먹물 세 말 든다네.	戱墨日費三斗瀋.
묘지 송사 드세다 해도 내가 어찌하랴	墓訟雖健奈吾何
세 자짜리 법전만을 굳게 지킨다네.	三尺憲令遵守懍.
그대는 그대 나는 나, 각자의 법 있나니	卿卿我我各有法
서로 백안시하며 어찌해 그러는지 따진다오.	白眼相看試問怎.
장차 옷소매 떨치고 길 떠나 귀거래할 터	行當拂袖歸去來
인삼 농사 배울 계책 또한 이미 분명하다네.	學種人蔘計已審.
내린 소주 한 병을 이 벗에게 보내오니	燒春一壺餉故人
심부름꾼 날랜 걸음에 낮잠 자다 놀라 깨네.	爲遣快步驚晝寢.
호탕한 긴 노래에 사성(四聲)을 고루 쓰니	長歌浩蕩轉四聲
어찌 다시 구구하게 주・심(周沈)[394]을 논하랴	那復區區究周沈.
혹시라도 금수정 찾게 된다면	儻或相訪金水亭
고깃배 움직일 때 물결이 넘실대리.	漁艇乍動波淰淰.
그대와 나의 만남 어떤 우연인지	惟君與吾豈偶然
같은 날 태어나고 관품 또한 같구려.[395]	生同日辰官同品.

394 주・심(周沈) : 六朝 때 이름난 음운학자 周顒과 沈約을 가리킨다. 주옹은 『四聲切韻』을 저술하였고, 심약은 『四聲類譜』를 남겼다.

395 같은……같구려 : 유득공과 박제가는 검서관으로서 관품이 같고, 생일 또한 11월 5일로 같았으므로, 이 점을 말한 것이다.

5-74

동음령의 「옥병서간포소어」 시에 차운하다[396]

次洞陰令玉屛西澗捕小魚韻

물고기 눈알이 지름 한 치의 진주와 같고[397]	魚目之珠大徑寸
연도가 되레 간장검[398] 무디다 비웃네.	鉛刀反笑干將鈍.
나귀 타고 으레 이웃 마을 지나다가	騎驢時復過隣曲
우연히 술자리 끼게 되어 종일토록 피곤하였네.	偶逢杯酒終日困.
매실 열매 앙징맞게 푸르른 시절	梅枝着子青猗猗
바람 드는 창가에 발 걸치니 낮잠이 절로 오네.	跂脚風窓一睡穩.
경기 동쪽 고을 원이라 모두 업신여겨 말하길	畿東太守人侮之
산나물 들나물이 하루에도 재차 상에 오른다 하네.	山蘄野芥日再飯.
나이 오십에도 귀밑머리 옻칠한 듯 까맣기에	行季五十鬢若漆
조정에선 모두들 콩잎 먹어 그렇다고 여기네.	滿朝頗疑藿食健.
식탐 일어 망령되이 물고기가 떠오르니	饞來妄意溪中物
바위 주변에 피라미 떼 약조한듯 모여 있으리.	一石鯈魚硬立券.

396 동음령(洞陰令)의……차운하다 : 박제가의 시 「蒼玉屛 서쪽 시내에서 작은 물고기를 잡다[捕小魚于玉屛西澗]」을 차운한 것이다. 蒼玉屛은 영평천 물가에 기암괴석이 병풍처럼 늘어서 있다 하여 붙여진 이름이다. 영평팔경의 하나로 꼽히며, 지금도 창옥병 인근 바위에 오래된 각자가 남아 있다.

397 물고기……같고 : 물고기 눈깔이 겉모양은 진주와 매우 닮았지만 진주가 아니라는 데서, 진짜와 가짜를 식별하지 못하여 혼동되는 것을 말한다. '魚目混珠'라 말하기도 한다(『文選』 「到大司馬記室牋」).

398 간장검(干將劍) : 원문의 '干將'은 名劍의 이름이다. 춘추시대 오나라 사람 干將이 그의 아내인 鏌鋣와 함께 한 쌍의 검을 만들었는데, 간장이 만든 것을 雄劍이라 하고 막야가 만든 것을 雌劍이라 하였다(『北堂書鈔』).

게는 나고 통판(通判) 없다는 고을,[399] 참으로 허황된 말이고
有蟹無判誠戱言

하육 주처라, 반쪽 누리고 반쪽 얽매임이 정론이리.[400]
何肉周妻是定論.

산골 마을이라 계순(雞笋)[401]은 그나마 쉽게 구하지만
硤戶雞笋差易得

깊은 산에 멧돼지 있다 해도 꼭 바치는 건 아니라오.
豣在深山未必獻.

관아 주방에서 소 잡으려해도 상관이 꾸짖나니 官庖解牛上司嗔
큰솥 앞에 두고 어찌 살찐 고기 바라랴. 對鍋何敢思肥腱.
말린 물고기 겨에 묻은 게 모두 아련히 떠올라 鰽脯蟹糠摠可憐
아랫사람 시켜 마련할 방도 세우라 하네. 請使門人議重建.
내 듣기에 물고기 본래 아가미 드러내고 吾聞魚性喜暴腮
햇살 쬐며 노닒이 저들이 즐기는 바라 하네. 映日而嬉渠所願.
사람에게 잡힌 뒤에 사람 두려워해 爲人所捉始畏人
수면 위로 올라오는 놈 하나 없이 바닥에 잠겨있네. 波上無一水底萬.
창강의 노인네 한가로운 즐거움인 양 천렵하지만 滄浪之叟佯取適

399 게는……고을 : 맛난 게는 나고 성가신 상관은 없는 지방 수령 자리를 말한다. 蘇軾의 「金門寺中詩」에 “임금께 물어 지방관을 얻고 싶으나, 게는 없고 監察官만 있을까 걱정이네.[欲問君王乞符竹, 但憂無蟹有監州.]”라는 구절에서 가져온 말이다. 監州는 감찰관으로 通判의 별칭이다.

400 하육(何肉)……정론이리 : 何胤은 南齊 때 梁나라 사람으로 불교를 매우 신봉하였지만 육식을 즐겼다. 그는 아내 없이 독신으로 살았다고 한다. 周顒은 南齊 때의 高士인데, 도교와 불교를 좋아하였지만 청빈 과욕하여 종일토록 거친 음식만 먹었고, 처자가 있긴 하지만 홀로 山舍에 거처하였다(『南齊書』 「周顒傳」).

401 계순(雞笋) : 닭 벼슬 모양의 죽순을 가리키는 듯하다. 맛 좋은 죽숙 가운데 毛竹笋 · 早竹笋과 더불어 紅哺雞笋이 있다고 한다.

어영차 소리 몸 일으킬 때마다 길게 이어진다네. 欸乃一聲時時曼.
그대 듣지 못했나, 관서 폐군[402] 산중의 물고기는
君不聞關西廢郡山中魚
손으로 등 만져도 도망갈 줄 모른다는 말 手摩其背不知遁.
한번 민호 모집하고부터 삼천호에 이르니 一自募戶盈三千
물고기 이에 날마다 놀라서 날마다 멀리 달아났다네.
魚遂日駭而日遠.
그대는 지금 그물 펼쳐 저 물고기 오길 바라지만 君今張網待渠來
저들 끝내 오지 않아도 누가 몰아올 수 있으리오. 渠竟不來誰能勸.
바람 차고 물살 급해 물고기 보이지 않는데 風凄湍駛不見魚
정부[403]처럼 꼼짝 않고 서있느라 옷섶 다 젖는다네. 丁夫植立衣盡褪.
우리들이 어찌 고기 먹는 사람들이랴마는 吾曹寧是食肉人
재바른 입으로 벼슬 탐하는 호권색부[404]를 부끄럽게 여긴다오.
利口遷官羞虎圈.
요근래 식지(食指)가 전혀 움직인 적 없기에[405] 季來食指了不動
여린 봄나물 가득한 우리 소반으로 돌아가세나. 還我春蔬滿盤嫩.

402 폐군(廢郡) : 廢四郡. 압록강 상류의 閭延・虞芮・茂昌・慈城 등 네 군을 말한다. 세종 때 여진족을 막기 위해 설치했으나, 단종과 세조 때 차례로 철폐되어 거주가 금지되었다(『星湖僿說』 卷2 「天地門 廢四郡」).

403 정부(丁夫) : 군역을 담당하던 장정.

404 호권색부(虎圈嗇夫) : 호랑이 우리[虎圈]를 맡아 지키는 말단의 관리[嗇夫]를 말함. 漢文帝가 虎圈에 행차하여 上林尉에게 그곳에서 키우는 금수가 몇 마리나 되는지 물었는데, 상림위는 대답하지 못했다. 그런데 그 자리에 있던 말 잘하는 말단 嗇夫가 그 수효를 자세히 답하니, 문제가 그를 훌륭하게 여겨 上林令에 임명하려 했다는 고사가 있다(『漢書』 卷50 「張釋之傳」).

405 식지(食指)가……없기에 : 食指[집게손가락]가 움직이는 것은 맛난 음식을 먹을 조짐이라고 함. 鄭나라 公子 宋이 자신의 집게손가락이 저절로 움직이는 것을 보고 "맛있는 음식을 먹을 조짐이다."고 한 데서 온 말이다(『春秋左氏傳』 宣公 4年).

인생에 한번 배부르면 되지 다시 무엇을 바라랴	人生一飽復何求
어리석도다, 도주공과 의돈[406]이여!	愚哉陶朱與猗頓.
이가 빠진다해도 훈채 나물 씹을 수 있으니	齒將豁矣可斷葷
사람과 양 각기 원한 해소되길 바라네.[407]	庶使人羊各平怨.
연꽃 피고 양류 늘어진 한강 동쪽의 고을	芙蓉楊柳漢水東
그대와 더불어 함께 방생의 둑 쌓으세나.	與君同築放生堰.

406 도주공(陶朱公) 의돈(猗頓) : 춘추시대 때 巨富를 이룬 사람들이다. 도주공은 越王 句踐의 신하 范蠡인데 재물을 모으는 데 뛰어나 세 번이나 천금을 소유한 부자가 되었다. 의돈은 도주공에게 상술을 배운 뒤 목축업으로 거부가 되었다(『史記』 卷129 「貨殖列傳」).

407 사람과……바라네 : 사람과 羊이 서로를 잡아먹으며 윤회한다는 불경의 고사. 『능엄경』에 "사람이 양을 잡아먹으면 양은 죽어서 사람으로 태어나고 사람은 죽어서 양으로 태어나 끊임없이 죽고 나면서 서로 잡아먹는다.[以人食羊, 羊死爲人, 人死爲羊, 死死生生, 互來相噉.]"는 내용이 보인다.

5-75

효렴 진중어에게 화답하다[408]

和贈陳仲魚孝廉

이 세상 살며 욕심 없는 채 옛스러우니	斯世囂然古
그 사람 스승 삼을 만하네.	其人可以師.
형과 성 깊이 따져 글자 풀이하고	形聲窮解字
명과 의 지키면서 시 주석하네.	名義守箋詩.
사는 곳 구름 바다 너머라 안타깝더니	居恨雲溟遠
이야기 나누다 하루 해 더딘 줄을 잊었네.	談忘午景遲.
서로 바라보니 둘 다 늙으막	相看俱老矣
어찌 다시 와 만날 때가 있으려나.	寧有再來時.

408 진중어(陳仲魚)……화답하다 : 陳仲魚는 陳鱣으로 仲魚는 그의 자이다. 浙江 海寧 사람으로, 유득공 연행 당시 北京 書肆에서 만나 교유하였다. 이 시는 유득공이 1801년 연행을 다녀오며 쓴 『연대재유록』에도 수록되어 있다.

5-76

중서 이묵장의 그림 두 폭에 쓰다[409]

題李墨莊中書二帖

나강 시화에 내 이름 실렸거니[410]	羅江詩話姓名留
서로 그리워한 지[411] 이제 다시 몇 해런가	西笑如今又幾秋.
연경 푸른 등불 아래 동쪽 대산(岱山) 그림을 대하니	燕邸青燈東岱帖
꿈 속 사람이 그림 속에 노니는구려.	夢中人作畵中游.

【등대도[登岱圖]】

구양[412] 풍물이 어땠는지 묻노라	球陽風物問如何
사신 태운 누선은 백 길 높이로 우뚝했으리.	詔使樓船百丈峨.
고미촌 여인들 판무[413]를 출 때	姑米村娘呈板舞

409 이묵장(李墨莊)……쓰다 : 李墨莊은 청나라 문신 李鼎元으로, 墨莊은 그의 호이다. 四川省 錦州 출신이며 자는 味堂 또는 和叔이다. 1778년(건륭43)에 진사가 되어 翰林院 庶吉士가 되고 翰林院檢討와 兵部主事 등을 역임하였다. 琉球에 사신으로 다녀와 『使琉球錄』을 남겼다. 翰林院 庶吉士를 지낸 李調元(1734~1802)의 종형제로 사촌 이조원과 함께 청나라에 사신으로 갔던 조선 문인들과 널리 교유하였다. 이 시는 『연대재유록』에도 실려 있는데, 이정원의 화첩에는 이미 원매・기윤・옹방강・전대흔 등 명사들의 題詩가 붙어있었다고 한다.

410 나강(羅江)……실렸거니 : 羅江은 중국 四川 땅의 한 곳으로, 李鼎元・李調元 형제의 고향을 말한다. 羅江의 詩話는 곧 이조원의 『雨村詩話』를 말하며, 이 시화에 유득공의 시가 수록된 바 있다.

411 서로 그리워한 지 : 원문은 '西笑'인데, 이는 사모한다는 뜻이다. 桓譚이 "사람이 長安의 즐거움을 들으면 서쪽 장안을 향하여 웃음을 짓게 되고, 고기맛의 아름다움을 들으면 백정의 집을 향하여 입맛을 다시게 된다." 하였다(『新論』「袪蔽」).

412 구양(球陽) : 일본의 오키나와[沖繩]에 있었던 琉球國을 달리 이르는 말.

413 고미촌(姑米村)……판무(板舞) : 板舞는 널뛰기를 말함. 姑米村은 오키나와 나하 지역의 옛고을이며, 춤으로 유명하여 '姑米舞'가 지금까지 전승되고 있다.

채필 휘둘러 죽지사를 썼다네.	彩毫題偏竹枝歌.

【과해도[過海圖]】

5-77

효렴 왕백우의 부채 그림에 쓰다[414]

題王伯雨孝廉畫扇

돌 위의 가지 없는 몇 그루 나무	石上無枝數樹
드문드문 붉은 점 옅게 찍혀 있네.	疎疎點綴微紅.
다만 의경을 그린 것이니	只應寫意而已
꽃인지 단풍인지 묻지 마시길.	莫問是花是楓.

414 왕백우(王伯雨)……쓰다 : 이 시는 『연대재유록』에도 실려 있는데, 왕백우의 부채에 그림을 그린 화가는 船山 張問陶(1764~1814)라고 밝혀 놓았다. 王伯雨는 청나라 문인 王霽로, 伯雨는 그의 字이며, 宛平 사람이다. 유득공이 연행했을 때 친밀하게 교유하며 시문을 주고 받았다.

5-78

유송람이 주소인[415]의 백합꽃 그림에 쓴 절구에 차운하다 【유송람은 이름이 대관으로 산동 임청 사람이며, 영원 고을의 지주이다.】

次劉松嵐題朱素人畫百合花絶句韻【松嵐 名大觀 山東臨淸人 寧遠知州】

울퉁불퉁 수레 타고 바닷가 지나며	兀兀征輪傍海涯
여유롭게 운자 맞추느라 벽자를 따지고 있네.	嬾將詩韻證硜椏.
우연히 옥경산방[416]에 들러	偶來玉磬山房裏
술 취해 남종 몰골화를 읊네.	醉詠南宗沒骨花.

415 주소인(朱素人) : 청대의 화가 朱本을 말함. 나빙과 함께 당시의 저명한 화가이다.

416 옥경산방(玉磬山房) : 송람 유대관의 당호이다. 유대관은 문집으로 『玉磬山房集』을 남겼다.

5-79

연경의 여러 명사를 읊다 【일곱 수】

詠燕中諸子 【七首】

고고가는 강학가에서 분기되었나니	考古家分講學家
요근래 중화의 풍기가 바뀌었네.	邇來風氣變中華.
『설문』 『이아』에 대해 아는 체 말라	說文爾雅休開口
진중어 와서 외우면 틀림이 없다네.	陳仲魚來誦不差.

【진전은 자가 중어로 절강 해녕 사람이다. 기효람이 말하기를, "요즘의 풍기가 『설문』 『이아』 일파를 추종한다."라 했는데, 내가 진중어를 만나보니 실로 그 방면에 가장 힘쓴 자였다.[陳鱣, 字仲魚, 浙江海寧人. 紀曉嵐云, '邇來風氣趨爾雅說文一派.' 余見仲魚, 蓋其最用力者也.]】

전가려의 십여 종 저술 들은 바 있더니	可廬十種書曾聞
여기 훌륭한 아들 있어 자가 기근이라[417]	便有佳兒字旣勤.
『정지』[418] 간행해 가학을 빛냈으니	鄭志刊行家學暢
기효람 종백이 오직 이 사람을 추켜세웠네.	曉嵐宗伯獨推君.

【전동원은 자가 기근으로 강소 가정 사람이다. 가려 전대소의 아들이고, 신미 전대흔의 조카이다.[錢東垣, 字旣勤, 江蘇嘉定人. 可廬大昭子, 辛楣大昕從子.]】

417 전가려(錢可廬)의……기근(旣勤)이라 : 錢可廬는 전동원의 부친 錢大昭를 말한다. 유득공이 연경 유리창에서 전동원을 만났을 때, 전동원이 부친 전대소의 저술 10여 종의 목록을 보여준 바 있다. 『연대재유록』에 상세한 기록이 보인다. 전대소의 저술 10종이란 『詩古訓』 『爾雅釋文』, 『廣雅疏義』 『說文統釋』 『兩漢書辨疑』 『後漢書補表』 『補續漢書藝文志』 『後漢郡國令長考』 『三國志辨疑』 『邇言』 등을 말한다.

418 『정지(鄭志)』 : 鄭 지역의 지리지이다. 전동원이 동생 錢繹과 함께 편찬한 『교각 정지(校刻鄭志)』를 말한다. '叢書集成 初編'에 수록되어 전한다.

한자락 가을산은 바로 고소대이고 　秋山一抹是姑蘇
창가의 대숲 소슬하고 촛불 그림자 외롭네. 　窓竹蕭森燭影孤.
강남 땅에서 장서는 누가 가장 많은가 　江左收藏誰最富
황요포의 제서도를 한번 보시게나. 　試看蕘圃祭書圖.

【황비열은 호가 요포로, 강소 오현 사람인데, 장서가 매우 많았다. 때마다 촛불을 밝히고 잔을 채워서 제사를 지냈다. 이를 그림으로 그려 여러 명사에게 부탁하여 시를 구했다.[黃丕烈, 號蕘圃, 江蘇吳縣人, 藏書甚富. 有時明燭澆盞而祭之, 作圖, 屬諸名士題詠.]】

인산인해 속에서도 한가함 좋아하는 이 　人海人城愛靜居
옛 명신의 아들로 이제 약관 나이라네. 　名臣之子弱冠初.
'아름다운 명성 중국에 알려졌다' 했으나 내 어찌 그러리오 　中朝雅望吾何有
고맙게도 정성 기울여 예서까지 주었다네. 　媿爾慇懃贈隸書.

【조강은 자가 옥수로 강소 청포 사람이며, 감찰어사 조석보의 아들이다. 조석보는 건륭 때 대학사 화신을 탄핵했는데, 지금은 부도어사로 증직되었다. 조옥수가 나에게 준 시에 "아름다운 명성 중국에 드러났고, 새로운 시는 옛 역에 전해지네.(雅望中朝著, 新詩古驛傳.)"라는 구절이 있었다. 또 나에게 예서 글씨 부채를 선물했다.[曹江, 字玉水, 江蘇青浦人, 監察御史錫寶子. 錫寶, 乾隆中劾奏大學士和珅, 今贈副都御史, 玉水贈余詩有云, '雅望中朝著, 新詩古驛傳.' 又贈隸書扇.]】

수척한 채 시 읊어 실로 절묘하니 　瘦沈吟詩眞妙才
명나라 시강의 모습 돌아온 듯하네. 　皇明侍講典刑回.
화지사승이 귀향한 뒤로 　花之寺裏人歸後
성근 매화 그림 한 폭을 또다시 얻었네. 　又得踈踈一幅梅.

【심강은 호가 오정이며, 강소 송강 사람이다. 명나라 시강학사 심도의 후손으로, 시에 능하고 글씨를 잘 썼으며 매화 그림에 뛰어났다. '화지사승'은 유양[419] 출신 양봉 나빙(羅

419 유양(維揚) : 강소성 揚州의 옛 이름이다.

聘)의 별호이다.[沈剛, 號唐亭, 江蘓松江人. 皇明侍講學士度後孫, 能詩工書, 善畵梅. 花之寺僧, 維揚羅兩峯號也.]】

막힘없는 묘한 시구 붓끝에 간직한 이	妙語縱横貯筆端
볼품없는 내 시를 두보・소식・한유에 견주네.	蕪詩錯擬杜蘓韓.
봄 저무는데 어찌하면 함께 돌아가	春殘安得相將去
낙양성 모란꽃을 볼 수 있으리.[420]	東洛城中看牡丹.

【장옥기는 자가 서불이고 호는 어천으로, 하남 낙양 사람이다. 나의 시집에 이렇게 쓴 바 있다.

초년엔 두보 만년엔 동파로 귀의했다 하는데	初年學杜晩歸蘓
선생께 묻노니 그것이 다인가요.	請問先生盡也無.
이와 같이 찬란하고 광괴하니	似此陸離光怪者
한창려(韓昌黎)도 마땅히 공부했을 테지요.[421]	昌黎應亦下工夫.

[張玉麒, 字瑞紱, 號漁川, 河南洛陽人, 題余詩卷云: 初年學杜晩歸蘓, 請問先生盡也無. 似此陸離光怪者, 昌黎應亦下工夫.]】

두 호인이 이묵장과 함께 가져온 시	二豪士共墨莊携
형백당에서 취한 채 지은 것이라.	馨白堂中醉後題.
오류거 맑은 풍취에 한바탕 웃음 퍼지니	五柳風淸轟笑散
고금의 두 계(雞) 자가 필경 시화를 이루리.	居然詩話古今雞.

【왕제는 자가 백우이며, 직예 완평 사람이다. 팽혜지는 호가 전교이며, 사천 미주 사람이다. 이묵장・왕백우・팽전교가 함께 형백관에서 술을 마시고는 취한 김에 오류거 서사로 나를 찾아왔다. 팽전교가 시를 내게 보여주며 "나의 시에 '닭 계' 자가 두 군데 쓰였으

420 낙양성(洛陽城)……있으리 : 장옥기의 고향 河南省 洛陽은 예로부터 모란꽃으로 유명하므로, 이렇게 표현한 것이다. 구양수의 『洛陽牧丹記』에 "낙양의 모란이 천하의 제일이다."라는 구절이 있다.

421 초년엔……테지요 : 이 시는 『연대재유록』에도 실려 있다.

니,[422] 한 곳을 고치는 게 어떻겠습니까?"라고 물었다. 내가 대답하기를 "하나는 옛날의 닭이고 다른 하나는 오늘날의 닭이니, 상관없습니다."라고 했더니, 온 좌중이 크게 웃었다.[王霽, 字伯雨, 直隷宛平人. 彭蕙支號田橋, 四川眉州人. 墨莊伯雨田橋共飮馨白館, 乘醉來訪余五柳居書肆, 田橋出示其詩曰: "吾詩二雞字, 可改其一否?" 余曰: "一是古雞, 一是今雞, 不相干." 坐皆大笑.]】

번역 한영규

422 나의……쓰였으니 : 田橋 彭蕙支가 유득공에게 준 칠언율시 중에 닭 계[鷄] 자가 두 번 사용된 것을 말한다. 전교는 칠언율시 가운데 5구에서 "닭 잡을 힘이 없어 몸도 함께 여위었고[縛鷄無力身同瘦]" 라 했고, 마지막 구에서 "夜鷄 소리 들은 듯 칼빛이 번쩍이네.[劍光如聽夜鷄聲.]"이라 했다. '닭 잡을 힘이 없다'는 고사는 藺相如의 유약함에서 유래한 것으로 『三國志』에 보인다.

5-80

요동벌에 수레를 타고 가며 쓴 잡영 【서른세 수】

遼野車中雜詠 【三十三首】

태평거 太平車

이 몸은 삼한의 늙은 비서 身是三韓老祕書
지금의 행색은 우초와 같네.[423] 如今行色似虞初.
동팔참[424] 청산에선 근심스레 말을 타다가 青山八站愁鞍馬
하늘까지 이어진 큰 벌판에선 편안히 수레에 앉아가네. 大野粘天穩坐車.

마부[425] 趕車者

긴 여정 나를 위해 고용한 노복과 서로 친해지니 長路相親雇僕陪
거리낌 없이 북경어[官話]로 함께 농담을 하네. 不妨官話與之詼.
때때로 버들 바람 얼굴에 불어오면 有時楊柳風吹面
저 홀로 흥얼흥얼 노래를 부르네. 渠自嗚嗚唱起來.

423 이 몸은……같네 : 유득공이 검서관으로 임금을 가까이서 모시다가 사행의 일원이 되어 중국을 유람하고 있음을 말한다. '虞初'는 西漢 때 『周說』을 지은 小說家로서, 황색 옷을 입고 수레를 타고 다니며 천하의 기이한 이야기를 채집하였기 때문에 '黃車使者'라고 칭하였다고 전한다. 유득공이 수레를 타고 중원을 여행하며 청나라의 정세와 풍속을 파악하였기 때문에 자신을 우초에 비유하였다.

424 동팔참(東八站) : 압록강에서 遼陽 사이에 설치된 8개의 참을 말한다. 狼子山, 甛水站, 連山關, 通遠堡, 松站, 鳳城, 湯站, 九連 등을 이르는데, 기록마다 약간의 차이가 있다.

425 마부 : 원문의 '趕車者'는 수레를 모는 마부를 지칭한다. '看車的'이라고도 칭한다.

주루 酒樓

봄날 시름 깊은 성안 진창은 무릎까지 빠지고	愁殺春城沒膝泥
붉게 빛나는 주루는 술집깃발 아래 있네.	酒樓紅處一帘低.
백령작[426]은 조롱 안에 매달려	白翎雀挂彫籠裡
오직 행인을 향해 맑은 소리 지저귀네.	偏向行人了了啼.

요양주 遼陽州

만 리길 배와 수레, 행상이 모여드니	萬里舟車湊客商
요동벌 대도회지 요양이라네.	全遼都會是遼陽.
강남 하포의 소식이 없음은	江南夏布無消息
해안 관군이 방어를 풀지 않아서네.[427]	海上官軍未解防.

학당 學堂

시골 학당 떠들썩하여 한번 지나가며 보니	村黌聒噪試相過
낭랑히 『시경』을 읽는데 대개는 뜻풀이는 못하네.	朗讀詩經未講多.
백발의 선생이 의자에 앉아 있으나	皓髮先生方據椅
도도평장[428] 그대가 어찌하랴.	都都平丈奈君何.

426 백령작(白翎雀) : 종다릿과의 새로 배가 희고 꽁지에 흰 깃이 섞여있다. 陶宗儀의 『輟耕錄』에 "烏桓 북쪽 사막 지역에서 산생하는데, 암수가 함께 울어 즐거움을 얻는다.[生于烏桓朔漠之地, 雌雄和鳴, 自得其樂.]"라고 하였다.

427 강남……않아서네 : 夏布는 모시로 짠 직물로, 여름옷을 만들기 때문에 붙여진 이름이다. 주로 江西, 湖南, 廣東, 四川 등지에서 생산되어 해로를 통해 요동으로 운송되기 때문에 강남 하포라고 칭한 것이다. 우리나라에서는 '舊遼東布'라고 부르기도 하였다. 『연대재유록』에는 당시 요동에서 강남포를 구입하지 못한 이유가 해안의 소요사태로 남방의 상선이 왕래하지 못하기 때문이라는 현지인의 말이 기록되어 있다.

428 도도평장(都都平丈) : 한자도 제대로 알지 못하는 촌학구를 뜻한다. 어떤 시골 글방

무장 기병 甲騎

성경에서 동쪽으로 가면 또 흥경이니	盛京東去又興京
진나라가 쌓은 만리장성은 의지할 수 없어라.[429]	無賴秦家萬里城.
양비는 평정되지 않고 묘비가 일어나니[430]	洋匪未平苗匪動
흑룡강 병사 절반은 남쪽으로 출병하네.	黑龍江士半南征.

심양서원 瀋陽書院

애신각라의 종실에서 유생을 충원하니[431]	覺羅宗室補靑衿
팔기의 생도들이 빽빽이 책상에 앉아있네.	旗下諸生對榻森.
그 속에 김 군은 어느 고을의 가문인가?	箇裏金君何郡望
제 스스로 말하길 선조가 계림에서 왔다하네.[432]	自言先世在雞林.

선생이 『논어』「八佾」의 "郁郁乎文哉"를 "都都平丈我"라고 잘못 읽은 데서 유래한 말이다(『西湖遊覽志』 권25).

429 성경에서……없어라 : 1616년 後金을 세운 청 태조 누르하치가 遼寧省 新賓 지역인 赫圖阿拉에 도성을 세웠고, 1621년에 심양으로 천도하였는데, 청 태종이 1636년 국호를 淸으로 정하고 赫圖阿拉을 興京으로, 심양을 盛京으로 개칭하였다. 여기서는 청나라가 성립된 도성이 모두 만리장성 동쪽에 위치하고 있음을 말한다.

430 양비(洋匪)는……일어나니 : 유득공은 『연대재유록』에서 건륭제 말기부터 일어난 청나라 전국의 소요사태에 대하여 탐문하여 여러 사람들의 전언을 기록하였는데, 洋匪는 절강성과 복건성 등 해안 지방에서 일어난 해적의 소요를, 苗匪는 운남성에서 일어난 묘족의 소요를 지칭한다.

431 애신각라(愛新覺羅)의……충원하니 : 애신각라는 만주족 성씨의 하나로 청 황제의 성씨이다. 애신은 금을 뜻하고, 각라는 성씨를 뜻하므로, 김씨라는 의미이다. 유득공이 심양서원에 방문하였을 때 만난 제생 중에는 황족인 覺羅富坤이 포함되어 있다(『燕臺再遊錄』 참조).

432 그 속에……왔다하네 : 계림은 신라 경주의 옛 명칭으로, 경주김씨를 의미한 것으로 보인다. 한편 계림은 만주족의 옛터전인 吉林를 의미하며 신라와 연관된 의미를 지닌다. 『滿洲源流考』에 "당나라 때 계림이라 칭한 것은 응당 지금 길림의 잘못 전해진 것이다. 신라 백제 등의 나라 역시 모두 그 부근의 지역에 있었다.[唐時所稱雞林, 應卽今吉林之訛, 而新羅百濟諸國, 亦皆其附近之地.]"라고 하여, 길림이 신라와 깊은 연관

신부 新婦

징 치고 피리 불며 시끌벅적 　　鳴鑼吹笛太嘲轟
붉은 비단 씌운 수레가 느릿느릿 길을 가네. 　　紅錦籠車緩緩行.
수레 안은 뉘 집 자식인가 물어보니 　　借問車中誰氏子
정황기 딸이 장경에게 시집간다네.[433] 　　正黃旗女嫁章京.

실승사 實勝寺

유리 기와 불당[434] 속 라마승 　　琉璃殿屋喇嘛僧
갈기처럼 솟은 황색모자[435] 참으로 보기 싫어라. 　　黃帽鬅鬙最可憎.
만 리 길을 낙타에 옥쇄 실어 왔다는데 　　萬里明駝馱玉璽
저들이 어떻게 후금을 흥성케 했단 말인가.[436] 　　干渠甚事後金興.

이 있는 것으로 표명하였다.

433 정황기(正黃旗)……시집간다네 : 正黃旗는 청나라 군사편제인 팔기 중 하나이다. 팔기에 소속된 旗人은 일정한 특권을 가져 '八旗子弟'는 귀족자제라는 의미로 쓰인다. 장경은 '將軍'의 만주어 音譯으로, 팔기의 武官을 지칭하는데, 후대에는 각 아문의 책임관원을 지칭하였다.

434 유리 기와 불당 : 원문은 '琉璃殿屋'으로, 실승사가 청색과 황색의 기와로 덮여있음을 말한다. 박지원은 『열하일기』 「盛京伽藍記」에서 실승사를 설명하며 "정전의 건물은 모두 청색과 황색의 유리기와로 덮었다.[殿屋皆覆以靑黃琉璃瓦.]"라고 하였다.

435 황색모자 : 라마교 승려가 착용하는 닭벼슬 모양의 장식이 달린 모자를 말한다. 라마교 종파 중 겔룩파(Gelug, 格魯派)는 황색 가사를 착용하기 때문에 黃敎 또는 黃帽派라고도 칭한다.

436 만 리……말인가 : 1635년 몽고 세력을 규합하여 후금과 대치하던 차하르부가 후금에게 투항하면서 원나라 옥쇄를 바친 일을 말한다. 이를 명분으로 홍타이지는 청으로 국호를 바꾸고 황제로 등극하였다. 이 과정에서 몽골과 화합을 위하여 라마교를 받아들이고, 심양에 실승사를 창건하여 청 황실의 願堂으로 삼았다. 明駝는 잘 달리는 낙타를 지칭하며, 당나라 때 역참의 관리를 明駝使라 칭하였다.

거류하 巨流河

회오리바람 모래밭에 불어 한낮에도 어두운데 旋風沙磧晝常冥
요수는 세차게 흘러 멈춤이 없구나. 遼水洶洶逝莫停.
북쪽 너머 시름겨운 구름 떠 있는 곳 어디인가 直北愁雲何處是
악라사 경계요 옛날 정령위 머물던 곳이네.[437] 鄂羅斯界古丁令.

송산 행산의 옛 전쟁터[438] 松杏古戰場

연대는 무너져 내리고 포루는 텅 비고 烟臺塌盡礮樓空
사방에 휘날리던 깃발은 마치 꿈속인 듯하네. 四路旋旗似夢中.
지금은 그저 풍경이 좋다 말하니 且說如今風景好
송산 이내는 푸르고 행산은 붉네. 松山嵐翠杏山紅.

판문참 板門站

천하에서 가장 큰 늪지 일판문 天下沮洳一板門
당 태종도 여기서 동정을 후회했으리.[439] 唐宗到此悔東轅.

---

437 악라사(鄂羅斯)……곳이네 : 거류하는 일명 周流河로 遼河의 옛 이름인데, 원류는 내몽고자치구의 西遼河와 길림성의 東遼河 두 줄기이다. 옛날에는 요하의 발원지를 막연하게 '胡地' 또는 '塞外', '口外'라고 칭하였기 때문에 북쪽으로 鄂羅斯와의 경계에 있다고 말한 것으로 보인다. 악라사는 '大鼻㺚子'라고도 칭하는데 흑룡강 북쪽의 러시인을 말한다. 요하에 의하여 요서와 요동으로 나누는데, 요동성의 백탑이 정령위가 신선이 되어 학으로 변해 날아와 앉은 곳이라고 전해진다.

438 송산……전쟁터 : 송산과 행산은 요녕성에서 산해관으로 진입하는 요충지로서 명청 교체기 양국의 전투가 가장 치열했던 전장터이다. 박지원은 『열하일기』에서 "이곳이 곧 옛날 崇禎 경진 신사 연간(1640~41)에 피비린내 나던 곳이다. 이제 벌써 백여 년이 지났건만 아직도 회복되지 못하고 있으니, 그 당시 용과 범들의 싸움이 격렬하였음을 짐작할 수 있다.[嗚呼. 此崇禎庚辰辛巳之際, 魚肉之場也. 至今百餘年間, 尙未蘇息, 足想當時龍爭虎鬪之跡矣.]"라고 하였다.

439 천하에서……후회했으리 : 원문 '沮洳'는 遼澤을 지칭한다. 유득공은 『金臺臆語』의

날쌘 화류마[440]도 끝내 어찌할 수 없으니　騂騮奮迅終無奈
십리 길도 꼬박 하루 만에 이르러 석양이 저무네.　十里程消洽日昏.

농부의 집 農戶

털모자 쓰고 나귀 몰아 밭에 씨 뿌리러 가고　氈帽叱驢去種田
궁혜[441] 신고 벽돌 문 앞에서 오리 몰고 가네.　弓鞋驅鴨甓門前.
요서는 요동이 좋은 것에 비할 바 아니니　遼西不比遼東好
화주 석 잔에 흙집에서 잠을 자네.[442]　火酒三盃土屋眠.

영원주 寧遠州

휘장 내리고 오롯이 앉아 비몽사몽 졸며 가니　垂幨兀坐睡瞢騰
돌무더기에 부딪는 두 바퀴에 몸을 맡기네.　一任雙輪鬪石層.
영원위 패루를 이제 다시 지나가니　寧遠牌樓今再過
요양성 백탑 또한 예전에 보았지.[443]　遼陽白塔亦看曾.

「一板門二道井」에서 "옛날에 요택이라 이르는 곳은 요동 벌판에서 가장 습한 지역이다. 당 태종이 동방(고구려)을 정벌할 때 천자의 군대가 가장 고생한 곳은 필시 여기이다.[古所謂遼澤, 遼野之最沮洳處也. 唐文皇東征時, 六師窘甚, 必此處也.]"라고 하였다.

440 화류마(騂騮馬) : 周나라 穆王의 八駿馬 중 하나로, 명마를 뜻한다.

441 궁혜(弓鞋) : 전족을 한 漢族 여성이 신는 신발을 말한다.

442 요서(遼西)는……자네 : 金昌業의 『燕行日記』「山川風俗總錄」에서, "봉성에서 주류하까지는 초가집이 대부분이고, 주류하에서 산해관까지는 흙집이 대부분인데, 흙집이 나타난 이후부터는 간간이 기와집이 있고 초가집은 전혀 보이지 않으니, 이곳에는 풀이 없어서 그러한 것이다.[自鳳城至周流河, 草家居多, 自周流河至山海關, 土屋居多. 自有土屋以後, 間有瓦家, 而絶不見草家, 此無草而然也.]"라고 하였다.

443 영원위……보았지 : 영원위 성안에 있는 祖大壽와 祖大樂의 패루와 요양성의 永安寺 북쪽에 있는 백탑을 지칭한다.

큰 수레 大車

여섯 필 말, 세 마리 노새에 입(卄)자 모양의 바퀴[444]	六馬三騾廿字輪
창고 안 수수포대를 다 내어 실었네.	高粱米帒載傾囷.
석양녘 채찍 그림자 부드럽게 휘도니	斜陽裊娜鞭絲影
어부의 낚싯줄 놀리는 솜씨를 배웠는가.	還學漁翁弄釣綸.

만주족 여인 滿女

큰 신발 넓은 적삼의 만주 여인	大靸寬衫雌滿洲
붉은 들꽃 옥비녀에 가득 꽂았네.	野花紅壓玉搔頭.
우는 아이 달래어 요거[445] 안에 내려놓고	兒啼穩放腰車裡
부끄럼 전혀 없이 길손에게 담배를 구하네.	對客求菸了不羞.

반점 飯店

한낮 햇빛 따사롭게 돌담장 비추는데	午景遲遲下石牆
맷돌 돌리는 작은 나귀는 어찌 그리 바쁜가?	小驢旋磑爾何忙.
지친 나그네 몽롱하게 와서 베개에 기대니	倦客朦朧來倚枕
주인 늙은이 홀로 기장밥을 짓네.	主人翁自爨黃粱.

목장 牧塲

대릉하에 펼쳐진 흰 모래톱	大凌河展白沙汀

444 입(卄)자 모양의 바퀴 : 바퀴살이 축을 중심으로 모여 있지 않고, 바퀴의 한쪽 끝에서 축을 지나 다른 쪽 끝으로 널판을 대어 만든 바퀴를 말한다.

445 요거(腰車) : 요람을 지칭하며, '睡車'라고도 칭한다.

북방의 찬 기운 가득하여 풀이 이제야 돋아나네.	朔氣氤氳艸始靑.
몰려가는 돼지 떼는 올챙이 떼와 흡사하고	豬陣離離蝌蚪似
움직이지 않는 양떼는 오뚝오뚝 솟은 버섯 같네.	羊羣不動菌亭亭.

발발[446] 점포 餑餑舖

산해관 동쪽에서 익숙히 보았던 발발 반[447]	眼慣關東餑餑盤
일하는 아이들도 아는 듯 안부를 묻네.	兒童也解問平安.
화동[448]의 삶은 계란 정말 맛있는데	華東正味烹雞子
납약환[449]은 진짜와 가짜가 섞여 있네.	眞贋通行臘藥丸.

오이 절임 점포 瓜菹舖

닭과 돼지고기, 술과 국수 나오는 데로 먹으니	雞豬酒麪任逢場
한번 취하면 타향에 있음을 모두 잊네.	一醉渾忘在異鄕.
요하를 다 들이켜도 풀 수 없는 갈증에	吸盡遼河難解渴

446 발발(餑餑) : 밀가루 피로 만든 만두류의 음식을 지칭한다. 청나라 富察敦崇이 지은 『燕京歲時記』「元旦」에서 “이날 빈부와 귀천을 막론하고 모두 흰 밀가루로 교자를 만들어 먹는데, ‘삶은 발발’이라 한다.[是日, 無論貧富貴賤, 皆以白麵作角而食之, 謂之煮餑餑.]”라고 하였고, 홍대용의 『연기』에는 “둥근 떡을 ‘餑餑’이라고 하는데, 안에 설탕을 많이 넣었다. 元宵餠이라고 하는 것은 밀가루를 둥글게 새알처럼 뭉친 것인데, 속에 설탕이 들어 있고 끓여서 먹는 것으로 가장 먹을 만하였다.[其圓餠號爲餑餑, 多包雪糖. 其稱元宵餠者, 團麪如鳥卵, 中有糖湯, 烹而喫之, 最可口也.]”라고 하였다. 유득공 또한 『熱河紀行詩註』의 「餑餑」이라는 시에서 청나라 궁중에서 조반으로 제공한다고 말하였다.

447 발발 반(盤) : 반은 발발을 담는 그릇으로, 청나라의 『光祿寺則例』에는 매 반에 25개의 발발을 담았다고 기록하였다.

448 화동(華東) : 중국의 동쪽이란 뜻으로 江蘇, 浙江, 江西 등의 지역을 지칭한다.

449 납약환(臘藥丸) : 臘日을 전후하여 보양을 위한 선물로 보내는 여러 가지 환약을 지칭한다.

새우젓에 절인 오이는 맛보지 못하였네. 鹵蝦瓜子不堪嘗.

대릉하 大凌河

작은 말들 뽐내어 울며 일제히 배에 오르는데 小馬驕嘶齊上船
흰 노새는 거침없이 강을 가로질러 앞서 가네. 白騾雄快截河先.
모래바람 몰아치자 사신의 수레 출발하니 風沙颯沓征軺發
서쪽으로 기우는 해가 수수밭에 저무네. 西日平沈薥黍田.

이제묘 夷齊廟

청성사[450] 아래 홀로 배회하니 聖淸祠下獨徘徊
난하의 물 넘실넘실 변방 밖에서 흘러오네. 灤水沄沄塞外來.
점심에 올린 청빈한 고사리나물 한 접시 午供淸寒薇一楪
서산의 옛이야기[451] 또한 구슬퍼라. 西山故事亦悲哉.

민관[452] 民官

쌍쌍이 활을 차고 말 탄 이들 어느 관직인가 묻고 雙雙彀騎問何官
점포에서 차 마시며 한번 인사를 나누었네. 店舍茶盃請一歡.
재미삼아 만전[453]을 잘라 대련을 써주고 戲劈蠻箋題對子

450 청성사(淸聖祠) : 백이숙제의 사당으로, '淸聖廟'라고도 칭한다. 『맹자』 「萬章 下」에서 백이를 '淸聖'이라 칭한 것에서 유래한다.

451 서산(西山)의 옛이야기 : 서산은 首陽山을 지칭하며, 백이와 숙제가 제후인 주나라가 천자의 나라인 은나라를 공격하는 것에 항거하며 수양산에 은거하여 고사리만 캐먹다가 순절하였다는 고사를 지칭한다.

452 민관(民官) : 民政을 담당한 관리로서, 軍官의 상대적 의미로 쓰였다.

453 만전(蠻箋) : 종이의 한 종류로, 당나라 때 고구려의 종이를 지칭하거나 蜀나라 지역에서 생산되는 채색 종이를 지칭한다.

다시 조선 부채 펼쳐 풍란을 그려주네. 更開東扇寫風蘭.

영평부 永平府

북진의 높은 봉우리 바닷가 모퉁이에 이르고 北鎭雄峰奠海陬
팔기의 백성들 옛 유주 땅에 섞여 사네.[454] 旗民雜處古幽州.
집집마다 관제에 향불을 경건히 올리고 家家關帝嚴香火
고을마다 문창군의 누대 하나씩 세웠네.[455] 縣縣文昌起一樓.

표자[456] 嫖子

은사 나비에 보요 비녀[457]를 꽂고 銀絲蝴蝶步搖簪

---

454 북진(北鎭)의……사네 : 遼寧省의 의무려산을 말한다. 舜임금이 중원을 12州로 나눌 때 幽州의 鎭山으로 봉하였는데, 북쪽은 몽고와의 경계가 되고 남쪽으로 바다가 있어 주봉을 望海峰이라 칭한다. 팔기는 民과 軍을 결합한 만주족 특유의 조직편제로, 순임금이 다스린 중원의 땅인 幽州에 만주족이 함께 거주하고 있음을 말한다.

455 집집마다……세웠네 : 청나라 민간에 도교가 널리 퍼져있음을 말하였다. 김창업의 『연행일기』「山川風俗總錄」에 "마을마다 절과 사당이 있는데, 요양·심양·산해관 등에 가장 많다.……집집마다 關帝의 화상을 봉안하고 아침저녁으로 분향하는데, 상점도 마찬가지이다.[有村必有寺有廟, 如遼陽瀋陽山海關等處最多.……家家奉關帝畫像, 朝夕焚香, 店肆皆然.]"라고 하였다. 문창군은 인간의 봉록과 공명 등을 관장하는 도교의 신인 梓潼帝君을 지칭하는데, 과거 응시자들이 소원을 빌었기 때문에 학교에 사당을 세웠다.

456 표자(嫖子) : 창기를 지칭한다. 유득공은 『연대재유록』에서 "嫖子란 저들이 土妓라고도 칭하는데, 우리나라에서 私娼이라 말하는 것이다. 關의 안팎에 곳곳마다 있는데 鰲山站이 가장 많다.[嫖子者, 彼中或稱土妓, 我東所謂私娼也. 關內外處處有之, 鰲山站最盛.]"라고 하였으며, 자신이 직접 본 표자에 대하여 "그 한 떼가 머리에 步搖, 金鳳凰, 蝴蝶, 綵花를 꽂고 화사하게 오가는데,……이들은 대부분 熱河, 天津에서 왔다는데, 간혹 발을 싸매지 않은 자가 있으며, 滿洲 계집도 그렇다고 한다.[見其一羣, 頭揷步搖金鳳凰蝴蝶綵花, 姶娉來去.……此類多從熱河天津來, 或有不褁脚者, 滿洲女亦爲之也.]"라고 하였다.

457 보요(步搖) 비녀 : 보요는 여자의 머리 장식으로 걸으면 흔들리기 때문에 붙여진 이름이며, 주로 비녀 위에 덧꽂았으므로 '步搖簪'라 칭한다.

살구씨 같은 눈매[458]에 황색 적삼 입고 월금을 품었네. 杏子黃衫抱月琴.
고향집은 천진이건만 돌아가지 못하고 家住天津歸未得
변방 담장의 화류로 또 봄이 깊어가네. 塞垣花柳又春深.

연희 배우 戲子

시골 연희의 황당한 이야기 한바탕 구경하니 邨戲荒唐一鬨瞻
사방을 둘러 친 갈대 울타리 처마엔 구름이 스치네. 蘆棚四面拂雲簷.
한나라 관료의 도포와 홀은 그럴듯한데 漢官袍笏看良是
석자나 늘어트린 수염은 괴이하기도 하여라. 三尺離離可怪髯.

머리털 깎는 장인 剃匠

거리를 따라 철 가위 소리 맑게 울리니 遵街鐵鑷響玲瓏
머리털 깎는 일 예로부터 기교가 있었네. 薙髮元來有巧工.
뒤편에 올챙이 꼬리를 조금 남겨둔 채 向後略存蝌蚪尾
삽시간에 잘린 털 뭉치 어지러이 떨어지네. 霏霏一霎剪毿毶.

무령현 撫寧縣

패루의 연구로 뽐내는 곳 몇 집이런가[459] 幾處牌聯務自誇

458 살구씨 같은 눈매 : 원문의 '杏子'는 '杏子眼'의 의미로 여자의 아름다운 눈을 비유하는 말이다.

459 패루의……집이런가 : 예로부터 무령을 비롯하여 豐潤, 昌黎 등지에서 과거에 합격한 자를 많이 배출하여 문밖에 패루를 세우거나 현판을 달아서 가문의 명예를 현양하였음을 말한다. 1729년 청나라에 사행을 다녀온 金舜協은 『燕行錄』에서 "대개 이곳에서 과거에 합격한 자들은 반드시 문밖에 현판을 걸고 '成均譽高'라 쓰기도 하고 '辟雍'이라

무령성 안 저자거리 작지만 번화하다네. 撫寧城市小繁華.
글의 향기가 고조 증조 때부터 전해오니 書香遠在高曾世
금색 글자로 진사의 집이라 써놓았네. 金字猶題進士家.

차 파는 점포 茶舖

저자거리 누각에서 마음 내키는 대로 찻잔을 드니 市樓隨意把茶鍾
만인이건 한인이건 한량배들 도처에 보이네. 滿漢黀豪到處逢.
여기저기서 들리는 사투리 전혀 알아듣지 못하니 往往鄕音多未曉
한단의 행상과 제남의 품팔이라네. 邯鄲賈客濟南傭.

통주 通州

쫄깃한 가는 국수[460] 탕 그릇에 먹으며 餠索濃纖點椀湯
통주성 안에서 단오를 맞는구나.[461] 通州城裏作端陽.
온 거리에서 창포 뿌리 파는 것을 보니 滿街看賣菖蒲本
풍물은 아련히 고향과 흡사하네.[462] 風物依依似故鄕.

쓰기도 하는데, 그중 청요직에 뽑힌 자들이 무녕현에 더욱 많았다. 그래서 '學行兼優', '正人君子', '邦光家瑞' 등의 현판 또한 많았다. [蓋此地之登科者, 必懸板於門外, 或書成均譽高, 或書辟雍, 其淸選者尤多撫寧縣焉. 且有學行兼優・正人君子・邦光家瑞等懸板亦多.]"라고 하였다.

460 국수 : 원문 '餠索'은 '索餠', 즉 밀가루 반죽으로 만든 국수이다.

461 통주성……맞는구나 : 『연대재유록』에는 단오일인 5월 초3일 기록에 "귀국길에 올라 통주에서 잤다.[還發宿通州]"라고 하였다.

462 온……흡사하네 : 『고운당필기』 권5 「歲時風俗」에 "단오의 속명이 수리[戍衣]인데, 어린 자녀에게 홍색과 녹색 새 옷을 입히고, 창포물로 얼굴을 씻고 또 창포 뿌리를 깎아 비녀를 만들어 주사를 묻히고 쪽에 찌르는 것을 '수리장(단오장)'이라 한다.[端午, 俗名戍衣, 小兒女着紅綠新衣, 菖蒲蘸水頮面, 又削菖蒲根作簪, 點朱砂揷髻, 號爲戍衣粧.]"라고 하였다(유득공 저・김윤조 등 역, 『고운당필기』(한국고전번역원, 2020.) 379면 참조).

풍윤현 豊潤縣

천리 길에 배꽃 피어 발을 올린 채 앉아가고　　梨花千里坐褰簾
연대[463]에서 시권 지으며 세월을 보내네.　　詩卷燕臺歲月淹.
가볍고 맵시 있는 풍윤의 부채를 사가니　　買取輕盈豊潤扇
유관(楡關)[464] 동쪽으로 나가면 올해 더위를 막으리라.　　楡關東出禦新炎.

산해관 山海關

분사가 감독하며 위엄 있게 도열해 있고[465]　　分司監督儼成班
옻칠한 탁자 가운데 필산을 세워놓았네.　　髹卓中心捧筆山.
행인 검열이 전혀 엄하지 않으니　　點閱行人都沒緊
청심환을 보내자 관문을 활짝 여네.　　淸心丸去洞開關.

계주 薊州

진인이 옥을 심었으니 어찌 밭이 없겠으며[466]　　眞人種玉豈無田

463 연대(燕臺) : 연대는 燕나라 昭王이 인재를 모우기 위해 세웠다고 전하는 黃金臺를 지칭한다. 연대는 연나라의 수도 薊州 지역에 있었으나, 북경과 가까워 북경일대를 지칭하며, 북경까지의 사행로를 상징하기도 한다. 유득공이 1801년 사행의 기행문을 『연대재유록』라 칭한 것도 이 때문이다.

464 유관(楡關) : 일명 臨楡關으로 산해관을 축성하기 이전에 있었던 관문인데, 산해관을 지은 후에는 관문의 기능을 잃고 역참의 기능만 남아, 산해관의 별칭으로 쓰이기도 하였다. 撫寧縣과 산해관 사이에 있다.

465 분사(分司)가……있고 : 明나라 宣德 9년(1434)에 兵部分司署를 산해관에 설치하여 관문을 관리하였고, 청나라에서도 이 제도를 유지하였다. 관문을 통행할 때 城將이 검열하는데, 청사에는 관원이 도열하고, 청사 앞 도로에는 갑병이 도열하여 행하였다.

466 진인(眞人)이……없겠으며 : 계주 玉田縣의 유래를 설명한 것으로 옛날에 楊伯雍이 선행을 베풀어 仙人으로부터 돌멩이 씨앗[石子] 한 섬을 받아 藍田에 뿌렸더니 거기에서 모두 옥이 자라났다는 고사가 있다.

요동의 학이 날아와서 신선을 배우길 권했다네.[467]	遼鶴飛來勸學仙.
우습구나. 분주히 떠도는 동해의 객	可笑棲棲東海客
계문을 수레 타고 또 금년에 지나가네.	薊門車馬又今年.

467 요동의……권했다네 : 한나라 때 요동 사람 丁令威가 仙道를 배워 터득한 뒤 천년 뒤에 학으로 변해 고향 땅에 돌아와 華表柱에 앉아 울었는데, 아무도 알아주는 사람이 없었다는 고사가 전한다.

5-81

서쪽으로 공무를 나가며 벽란도을 건너다468

西征渡碧瀾

서쪽으로 공무를 나가며 벽란도를 건너	西征渡碧瀾
해주 성으로 들어가니	入于海州城.
해백은 내각 학사라469	海伯閣學士
서로 마주하여 하염없이 눈물 흘리네.	相對涕縱橫.
서문을 나가 또 서쪽으로 가니	出西門更西
북풍이 부사의 깃발 휘감는데	北風捲我旆.
서하의 도호부는	都護西河府
실로 해서의 좌영이라470	實惟海左營.
초하루 새벽 절하고 향을 올리며	朔晨拜上香
통곡하다가 또 목메었네.	慟哭或失聲.
관사는 어찌 그리 엄숙하고	館宇何肅肅
등잔불은 어찌 그리 반짝였던가.	燈燭何晶晶.

468 서쪽으로……건너다 : 유득공은 1800년(정조24) 황해도 풍천 부사에 임명되었고, 6월 정조가 사망하여 10월에 중국의 勅使가 오자 황강으로 영접의 일을 위하여 사역을 나갔다가 돌아오며 이 시를 지은 것으로 보인다. 벽란도는 개성 서쪽 36리 지점에 있는 예성강 나루의 이름인데, 고려시대 때 왕도인 개성의 문호의 역할을 하여 외국사신을 영송하기 위해 세운 碧瀾亭에서 유래하였다.

469 해백(海伯)은 내각 학사라 : 해백은 황해도 관찰사를 지칭하며, 당시 관찰사 서영보가 초계문신 출신이었으므로 내각 학사라 칭하였다.

470 서하(西河)의……좌영(左營)이라 : 풍천도호부를 지칭한다. 서하는 풍천의 古號이다. 황해도에는 연안과 풍천에 두 개의 도호부를 두고 있으며, 풍천 도호부사가 左營將을 겸하였다(『大東地志』 卷17 「黃海道」).

아전과 장교[471] 또한	功曹與列校
서로 돌아보며 역시 갓끈을 적시네.	相顧亦沾纓.
인산 날짜가 정해져	因山旣戒日
말미를 얻어 잠시 도성에 왔다가	請暇暫赴京.
갑자기 중국 칙사 온다는 말 듣고	忽聞北客來
서쪽으로 다시 이틀 길을 하루 만에 달려왔네.	西馳更兼程.
황강은 두참이라 부르니[472]	黃岡號頭站
객관이 화려하고 넓으며	客舍華而宏.
자리에는 용의 수염 문양은 찬연하고	文茵龍鬚燦
비단 휘장에는 유소가 늘어져있네.	錦帳流蘇縈.
이속들은 분주하게 요리하여	吏役紛烹爨
구운 노루고기며 숭어탕을 잡다하게 늘어놓고	獐炙雜鯔羹.
군졸을 풀어 깃발을 올리며	發卒揚旌幟
떠들썩하게 모두 나가 영접하네.	喧轟並出迎.
내 일찍이 북경을 다녀온지라	我曾游燕中
저들의 정상을 익히 아노니	習知彼之情.
오호라 저 통역하는 무리들[473]	噫彼鞮象輩
그 조상은 도망친 우리 백성이라	其祖我逋氓.
저들의 교활함과 탐욕스러움을 보니	看渠黠且饕
마음에 실로 불평이 있어서라네.	於心實不平.
일을 마치고 수레를 움직여	事訖振徒御

471 아전과 장교 : 원문의 '功曹'는 지방 관청의 하급관료를, '列校'는 군영의 校尉를 지칭한다.
472 황강(黃岡)은 두참(頭站)이라 부르니 : 두참은 관내 지역의 가장 큰 역참을 지칭하는데, 예로부터 중국과 해로가 통하여 사신이 왕래한 황강이 황해도의 두참으로 칭해졌다.
473 통역하는 무리들 : 원문 '鞮象'은 고대에 타민족의 말을 통역하는 역관을 지칭한다.

바다를 따라 남쪽으로 내려오니	遵海而南行.
끝날 줄 모르는 행역에	行役不知罷
내 평생이 훌쩍 지나가네.	忽忽付此生.
저 구월산[474]을 바라보니	瞻彼九月山
웅장하여라 푸르게 높이 솟아있네.	雄哉碧崢嶸.
빠른 여울물 바위에 부딪치며 내달려	驚湍觸石奔
건너려 해도 말이 고개를 돌리며 울고	欲涉馬顧鳴.
고삐를 당겨 가파른 언덕을 넘어가니	攬轡越陂陀
메마른 풀에 진눈깨비 흩뿌려 있네.	衰艸棲殘霙.
수레에서 내려 잠시 쉬고자 하나	弭蓋圖暫歇
소송 문건은 책상 가득 쌓여있고	訴牒堆案呈.
잠깐 눈 붙이려 해도 정신은 말똥말똥	假寐魂耿耿
밀랍 촛불 타오르며 밤이 깊어 가는데	蠟炬燒深更.
가만히 지난 일을 생각해보니	靜言思往昔
눈자위에 또 다시 눈물이 차오르네.	淚眶時復盈.
이 고을은 곧장 서해와 이어져	此府直西海
방비 또한 소홀히 할 수 없어라	爲守且不輕.
돛을 펼치면 등주에 이를 수 있어	風帆可登州
숭정 때는 칙사가 오기도 하였고	詔使來崇禎.
성곽 옆 황화루는[475]	城畔皇華樓

474 구월산(九月山) : 황해도에 있는 산으로 일명 阿斯達山이라고도 한다(『新增東國輿地勝覽』 卷42 「黃海道 文化縣」).

475 황화루(皇華樓) : 풍천에 있는 누대의 이름으로, 황화는 황제가 보낸 사신을 뜻한다. 홍량호가 황해도 관찰사 때 쓴 『海西錄』에 「皇華樓」라는 시가 있으며, 마지막 구에 "파도 소리 끊임없이 울리니, 일찍이 중국의 배가 떠왔네.[滄波鳴不息, 曾泛朝宗船.]"라고 하였다.

아직도 옛 시절의 이름을 지니고 있네.	猶有舊時名.
요즘은 고기잡이배를 금하고 있으나	如今禁漁船
중원에서는 맑은 날을 틈타 엿보니	夏瞭乘天晴.
순행하며 날마다 도적을 단속하고	巡徼課戢盜
휘하를 거느리고 군사훈련을 감독하네.	按部督治兵.
서생이라 비록 능력은 없지만	書生縱無能
임금님의 은혜 갚기만을 바랄뿐이네.	庶幾報聖明.

번역 이철희

5-82

형암 거사의 이가 흔들려 장차 빠지려 하기에 시를 지어 위로하다[476] 【권1 「산해도를 열람한 노래[搜山海圖歌]」 다음에 두어야 한다.】[477]

炯菴居士齒搖將落 詩以慰之 【第一編搜山海圖下】

형암 거사 댁 계집종 쌀을 제대로 일지 않아	炯菴婢子米不淅
대략 숟가락질 세 번에 돌이 하나씩.	大率三匙得一石.
무심히 씹다 깜짝 놀라 볼 움켜쥐고	無心嚼之驚捧頰
입속에서 이리저리 혀 놀려 찾아내었네.	口裏周旋舌能索.
밥상에 뱉어 놓으니 어떤 것은 콩알만 한데	出置盤中或如荳
계집종 스스로 부끄럼 알도록 끝내 꾸짖지 않네.	使婢自媿終不責.
잇몸 사이가 절반쯤 난리가 나서	齦齶之間半騷然
이빨 하나 푸르스름하게 심하게도 상했네.	一齒色青被傷劇.
혀로 밀어냈다가 입술로 다시 밀어넣고서	舌驅而出唇驅入
귀 기울여 들어보니 이뿌리가 뿌지직.	低耳自聞根聲砉.
두부같이 부드러운 것도 씹지 못하고	軟如荳腐不能嚼
찰떡은 침에 개어 목구멍으로 넘겨 보내네.	黏餠塗涎送入膈.
이 이는 이미 깎아버린 손톱과 같은지라[478]	此齒已同旣剪爪

476 형암(炯菴)……위로하다 : '형암'은 李德懋의 호이다. 이덕무의 『雅亭遺稿』에 「유혜보가 나의 이가 아픈 것을 두고 시로 지었는데 지금 나의 이가 빠졌다. 이에 그 운을 따라 짓는다[柳惠甫前作病齒詩 我今落矣 仍步其韻]」라는 시가 있는데 유득공의 이 시를 차운한 작품이다.

477 산해도(山海圖)를……한다 : 『영재집』 권1에 실린 「산해도를 열람한 노래[搜山海圖歌]」 제목에 "이 아래에 응당 형암에게 준 시 두 수를 써야 한다.[下當書炯菴二首]"는 원주가 달려 있다.

478 이……같은지라 : 『明會典』 卷92 「禮部」에 따르면 喪禮의 한 절차인 '大斂' 때 망자의

빠진들 모래며 돌에 불과하니 애석할 것 없네.	落地渾沙不復惜.
내가 보니 세상에 이 빠진 사람들	我看世人齒豁者
웃을 때면 습관처럼 부채로 얼굴 가리네.	笑時習以扇遮隔.
한마디 말 나뉘어 서너 개 소리가 되고	一語分爲三四音
혀끝은 앵두 모양으로 틈새에 잘도 내미네.	舌頭如櫻善投隙.
무뿌리 끊어 먹으면 껍질은 그대로 남고	斷來菁根有連皮
오이 으깨기를 다해도 돌맥[479]이 보이네.	刮罷瓜[480]肉見突衂.
북도 아니고 도끼도 아닌데 어인 일로 빠졌나[481]	非梭非斧缺胡爲
세상 사람들 그 연유 알아낼까 도리어 걱정되네.	還恐世人求其跡.
관상에 고기 먹을 팔자 없다고 붓을 던지진 마소[482]	相無食肉莫投筆
이가 가지런해야 비로소 책문을 바칠 수 있다오.[483]	齒若編貝始獻策.

치아와 손발톱을 관의 귀퉁이에 넣는 절차[實生時所落髮齒及所剪爪于棺角]가 있는데, 여기서는 흔들리는 이가 빠진 손톱과 같이 생명력을 상실했음을 말하고 있다.

479 돌맥 : 오이 껍질의 오돌토돌한 부분을 가리키는 것이 아닌가 생각되는데 확실한 사항은 알 수 없다.

480 瓜 : 저본에는 "瓜改爪"라는 頭註가 있으나 문맥이 통하지 않아 따르지 않음.

481 북도……빠졌나 : 죽림칠현의 한 사람인 謝鯤은 이웃집의 예쁜 여자를 꾀다가 여자가 던지는 북에 맞아 이가 부러진 일이 있었으며(『晉書』 卷49 「謝鯤列傳」 참조), 宋太祖는 자신의 참새 사냥을 방해한 신하를 도끼 자루로 때려 그 신하의 이를 부러뜨린 일이 있었다(『續資治通鑑綱目』 卷1 「太祖 建隆 2年」 조 참조).

482 관상에……마소 : 後漢의 장수 班超가 어릴 적에 관상을 보았는데, "제비턱에 호랑이 목으로, 날아올라 고기를 먹을 만하니 이는 만리후의 관상이다.[燕頷虎頸, 飛而食肉, 此萬里侯相也.]"고 평했다는 고사가 전한다(『後漢書』 卷47 「班超傳」). 여기서 '고기를 먹는다'는 것은 높은 관직에 오른다는 의미이다. 또 「반초전」에는 "반초는 집안이 가난해 항상 관리에게 고용되어 글 써주는 일로 먹고살아 오랫동안 수고로웠다. 한번은 일을 그만두고 붓을 던지면서 탄식하며 말하기를, '대장부가 남다른 뜻과 지략이 없으면 오히려 傅介子와 張騫을 본받아 이역에서 공을 세워 봉후의 자리에 올라야 하거늘, 어찌 오래도록 붓 잡는 일에 종사한단 말인가?'라고 하였다.[超家貧, 常爲官傭書以供養, 久勞苦. 常輟業投筆, 歎曰, '大丈夫無他志略, 猶當效傅介子張騫立功異域, 以取封侯, 安能久事筆硯間乎?']"는 내용도 보인다.

483 이가……있다오 : 漢 武帝는 황제의 자리에 올라 어진 인재를 널리 구하였기에 수많은

현인과 문인들이 글을 올려 자천하였는데 이때 東方朔도 글을 올렸다. 이 글에 "신 동방삭은 나이는 스물둘에 키는 9척 3촌이요, 눈은 매달린 구슬 같고 이는 가지런한 조개 같으며 용맹은 맹분과 같습니다.[臣朔年二十二, 長九尺三寸, 目若懸珠, 齒若編貝, 勇若孟賁.]"이라는 구절이 있다(『漢書』 卷65 「東方朔傳」).

5-83

형암이 차운해 보내온 시에서 이빨이 이미 빠졌다고 하기에 다시 차운해 짓다 【위와 같음】

炯菴見和云齒已落矣 復次其韻 【同上】

공부자도 도가 막히자 쌀 씻을 겨를 없이 떠났고[484]　夫子道窮不暇淅
옛날 어떤 선인은 흰 돌을 삶아 먹었다지.[485]　古有仙人煮白石.
원래 돌 씹는다고 이 빠지는 것 아니지만　嚼石元非落齒道
삼분과 팔삭[486]은 곱씹지 마오.　莫嚼三墳與八索.
평생토록 아름다운 말 쉼 없이 토해냈기에　平生綺語吐不休
하늘이 그 입을 미워해 조용히 책망을 내림이라.　天惡其口陰降責.
그대 보니, 사흘 동안 벌린 입 다물지 못하고[487]　見子三日呿不下
손님 마주해 끙끙댐이 너무도 심하구나.　對客呻吟無乃劇.
한번 뽑으매 손쉬움이 닭 머느리발톱[487] 빠짐과 같거늘　一拔快同雞距脫

484 공부자도……떠났고 : 『맹자』「萬章 下」에 "공자가 제나라를 떠날 때 담가놓은 쌀을 건져 떠났다.[孔子之去齊, 接淅而行.]"라는 구절을 가져온 것이다. 공자는 자신이 제나라에서 등용될 수 없음을 확인하자 신속히 제나라를 떠났던 것이다.

485 옛날……먹었다지 : 옛날에 백석 선생이라 불렸던 신선은 흰 돌을 삶아 양식으로 삼았다는 전설이 있다(『神仙傳』「白石生」).

486 삼분(三墳)과 팔삭(八索) : 고대의 책 이름인데 실물은 전하지 않는다. 후대에는 책을 뜻하는 일반 명사로 쓰였다.

487 입 다물지 못하고 : 『莊子』「秋水」의 "입이 벌어져 닫히지 않고 혀가 들려 내려가지 않았다.[口呿而不合, 舌擧而不下.]"라는 구절을 활용한 표현이다.

488 닭 머느리발톱 : 닭의 다리 뒤쪽에 나 있는 날카로운 발톱을 가리킨다. 닭은 싸울 때 이 발톱을 이용해 공격하는데, 대단히 날카롭기는 하지만 사람이 손으로 잡고 돌리면

반쯤 빠졌을 땐 고약하기가 소뼈 뿌직거리듯 하였지.	
	半摧惡似牛骨砉.
병든 잇몸 누렇게 물들어 멧대추[489] 끼우고	病齶黃染酸棗晉
굳은 밥 삼키다 막히면 탁한 술 목구멍에 붓네.	硬飯呑滯劣酒膈.
악정자춘은 다리를 다쳐 걱정이 깊었고[490]	樂正子春足憂深
양주는 터럭 하나도 오히려 아까워했지.[491]	楊朱一毛猶可惜.
뺨과 아래턱이 서로 떨어져 다시 의지하지 못하고	輔車相失不復依
입술과 혀가 직접 닿아 막히는 바 없구나.[492]	唇舌爲隣無所隔.
이 구멍이 아이 적에는 항상 열려있었는데	此竇兒時常一開
속된 무리가 지금 다시 그 틈을 만들어 내네.[493]	俗輩今復出其隙.
세속에선 버들가지 깎아 교묘히 그 틈을 메우니[494]	世俗削柳工補闕
보면 비록 진짜 같아도 혈맥은 통하지 않네.	看雖亂眞非血脉.

쉽게 빠진다고 한다.

489 멧대추 : 멧대추는 風症에 효험이 있는 약재로 알려져 있다.

490 악정자춘(樂正子春)은……깊었고 : 악정자춘은 曾子의 제자로 효성이 깊었다. 그가 한 번은 발을 다친 일이 있었는데 부모님께서 주신 신체를 지키지 못했다고 크게 탄식하였다고 한다(『禮記』「祭義」).

491 양주(楊朱)는……아까워했지 : 전국시대의 사상가인 양주는 자신의 터럭 한 올을 뽑는 것으로 천하에 이롭게 되는 점이 있더라도 터럭을 뽑지 않았다고 한다(『孟子』「盡心 上」).

492 뺨과……없구나 : "뺨과 아래턱이 서로 의지하니, 입술이 없어지면 이가 시리다.[輔車相依, 脣亡齒寒.]"(『左傳』「僖公五年」)라는 구절을 활용한 표현이다.

493 속된……내네 : 고전소설 「배비장전」 등에 나타나는 이른바 '拔齒說話'를 말하고 있는 것이 아닌가 생각된다. 과거에는 기생에게 미혹한 남성이 사랑의 증표로 자신의 이빨을 뽑아 주는 일이 있었다고 한다.

494 버들가지……메우니 : 명대에 나온 의약학서인 『本草綱目』 권35 「柳」 조에 "버드나무 가지는 풍을 제거하고 종기를 삭이며 통증을 멎게 한다. 여린 가지를 깎아서 牙杖을 만들어 치아를 씻으면 더욱 신묘한 효과가 있다.[柳枝去風消腫止痛. 其嫩枝削爲牙杖, 滌齒甚妙.]"는 내용을 참조할 수 있다. '牙杖'은 버드나무로 만든 일종의 이쑤시개인데, 유득공 당대에는 버드나무로 치아 모양을 만들어 끼우는 풍습이 있었던 것이라 생각된다.

연 땅 아이 말에서 떨어져 다쳤던 일[495]과 자못 다르거니와 頗異燕兒墮馬傷
위나라 문객 대자리에 쌓였던 행적과 어찌 같으리오.[496] 惡似魏客入簀跡.
이제부턴 읽지도 말고 읊조리지도 마오 自此莫讀復莫吟
서른여섯 번 이 부딪힘도 오히려 하책이라네.[497] 三十六敲猶下策.

---

495 연(燕) 땅……일 : '연 땅'은 중국 북방 지역을 가리키므로 이는 '塞翁之馬' 고사를 언급한 것으로 보인다. 새옹이 잃어버렸던 말이 얼마 지나 준마를 함께 데리고 돌아오자 마을 사람들은 모두 축하하였으나 새옹은 기뻐하지 않았다. 얼마 뒤 새옹의 아들이 그 준마를 타다가 떨어져 다리를 다치자 마을 사람들이 모두 불행한 사고를 위로하였으나 새옹은 슬퍼하지 않았다. 얼마 뒤 마을 젊은이가 모두 전쟁에 끌려가서 죽음을 당했으나 다리를 다쳤던 새옹의 아들은 전쟁에 끌려가지 않아 목숨을 잃지 않았다(『淮南子』「人間訓」).

496 위나라……같으리오 : 전국시대 秦나라 출신 范雎의 행적을 말하고 있다. 범수는 위나라 須賈의 문객이 되어 그를 섬겼다. 그런데 범수는 제나라로부터 뇌물을 받았다는 의심을 받아 갈비뼈와 이빨이 부러지는 가혹한 형벌을 받고 대자리[簀]에 말린 채 변소에 버려졌다. 그러나 범수는 그곳에서 어렵게 탈출하여 훗날 위나라에 복수를 하였다(『史記』 卷19「范雎蔡澤列傳」).

497 서른여섯……하책(下策)이라네 : 道家의 건강 수련법 가운데 '叩齒', 즉 이빨을 아래위로 부딪히는 방법을 말한 것이다. 송대의 도교서인 『雲笈七籤』에 "叩齒를 서른여섯 번 하라.[叩齒三十六通.]"는 말이 여러 차례 나온다.

5-84

또 가선에 쓰다 【권1 「다른 사람을 대신하여 가선에 쓰다[代人題歌扇]」 아래로 옮겨야 한다.】[498]

又題歌扇【第一編代人題歌扇下】

우금티[499] 아래로 비는 부슬부슬	于金堆下雨霏霏
정자방[500] 앞으로 봄물은 불어나네.	艇子坊前春水肥.
강남땅 새로운 가락에 맞춰	爲是江南新曲子
온 성의 아녀자들 노래 부르고 춤추며 돌아오네.	滿城兒女踏歌歸.

498 다른……한다 : 『영재집』 권1 「다른 사람을 대신하여 가선에 쓰다[代人題歌扇]」 제목에 "이 시 아래에 「또 가선에 쓰다」라는 시 한 수를 써야 한다.[此下當書又題歌扇一首]"라는 원주가 달려 있다.

499 우금티 : 원문 '于金堆'는 동학농민운동 당시 격전지로 유명한 '우금티'(공주 금학동에서 주미동으로 넘어가는 고개)의 차자 표기로 생각된다. 본래 '金堆'는 '金粟堆'의 줄임말로 중국 陝西省 金粟山에 있는 唐 玄宗의 능을 가리키는 말이지만 이후 제왕의 능을 가리키는 말로 쓰였던바 '于金堆下'는 '왕릉 아래에서'라는 뜻으로 새길 수도 있다. 현지 지명을 음차하면서도 공주가 지닌 古都의 분위기를 살린 표현으로 볼 수 있다.

500 정자방(艇子坊) : 공주 송산리 백제 왕릉군 부근의 '정자산'을 가리킨다. 공주의 지형이 풍수지리상으로 배의 모양[舟形] 같다고 하는데, 정지산의 북쪽 기슭에 금강이 흐르기 때문에 배가 멈추어 정박했던 곳이라는 뜻이 산 이름에 담겨있다.

5-85

강화도로 가는 이를 전송하며 느낌이 있어 【권2 「남쪽으로 돌아가는 사람에게 주며[贈人南歸]」 아래로 옮겨야 한다.】[501]

送人沁都有感 【第二編贈人南歸下】

황량한 누대에 기대어 하늘과 맞닿은 바다 가을날 바라보니 海天秋望倚荒臺

안팎으로 뻗은 산하 진실로 아름답구나. 表裡山河信美哉.

교활한 오랑캐야 나는 듯 편히 건넜다 자랑 마라[502] 黠虜休誇飛渡便

용렬한 자는 복파장군 재주 없음이 끝내 부끄럽구나.[503] 庸兒終媿伏波才.

한 틀 서대는 공중으로 날아올라 사라졌고[504] 一鉤犀帶騰空去

501 남쪽으로……한다 : 『영재집』 권2 「남쪽으로 돌아가는 사람에게 주며[贈人南歸]」 제목에 "이 시 다음에 「강화도로 가는 이를 전송하며 느낌이 있어」 한 수를 실어야 한다.[此下當書送人沁都有感一首]"라는 원주가 달려 있다.

502 교활한……마라 : 병자호란 당시 후금 군대는 두 갈래로 나누어 홍타이지[皇太極]는 남한산성을 공격하고, 누르하치의 아들 도르곤[多爾袞]이 강화도를 공격하였다. 도르곤 휘하에는 명나라 수군이었던 孔有德과 耿仲明도 있었다. 이들이 인근 지역의 목재를 끌어모아 뗏목을 만들어 강화 해협을 건넜다.

503 용렬한……부끄럽구나 : 후금의 군대가 서울까지 임박하자 조선 조정은 한성판윤이었던 金慶徵을 강화도 檢察使로 임명하여 강화도 수비의 총책임을 맡겼다. 그러나 김경징은 본인의 안위만 돌볼 뿐이었으며, 강화 수비는 실책에 실책을 거듭한 끝에 강화도를 적의 수중에 넘겨주고 말았다. 이후 김경징은 이 일로 탄핵당하여 사사되었다. '복파장군'은 후한의 장수였던 馬援을 지칭하니, 그는 변방의 이민족을 토벌하는 데에 큰 공을 세웠던 인물이다.

504 한 틀……사라졌고 : 강화성 함락 당시 화약에 불을 붙여 스스로 목숨을 끊음으로써 절의를 지켰던 金尙容의 사적을 말하고 있다. '서대'는 무소뿔로 만든 角帶로 정1품과 종1품 고위 관원만 착용할 수 있었다.

몇 척이나 되는 피선[505]이 바다를 뒤덮어 왔던가.	幾隻皮船蔽海來.
강화의 바닷물 유유히 천고의 한을 품었나니	沁水悠悠千古恨
누가 쓸개의 쓰디쓴 맛[506]을 술잔에 부었나.	誰將嘗膽付含杯.

505 피선(皮船) : 피선은 '者皮船'의 줄임말인데 짐승의 가죽으로 만든 북방 민족의 작은 배이다. 『정조실록』에 "또다시 정축년 때처럼 적병이 皮船을 타고 건너와서 강을 뒤덮고 올라온다면 금성탕지 같은 공고함과 예리한 무기가 있다한들 장차 어떻게 믿을 수 있겠습니까?[又復如丁丑之甲渡皮船, 蔽江以來, 則金湯之固・甲兵之利, 將安所恃哉?]"라는 기록이 보인다(『정조실록』 3년(1779) 3월 8일 첫 번째 기사).

506 쓸개의 쓰디쓴 맛 : 臥薪嘗膽 고사를 활용한 표현이다. 춘추시대 오나라 왕 句踐은 월나라 왕 夫差와 싸워 크게 패했다. 구천은 그 치욕을 잊지 않기 위해 곁에 쓸개를 매달아 놓고 복수를 준비한 끝에 마침내 승리를 거두었다.

5-86

차운하여 송고의 신씨 초당[507]에 쓰다 【권2 「코 골며 잠자는 이[鼾睡者]」 아래로 옮겨야 한다.】[508]

次韻題松皐申氏艸堂 【第二編鼾睡者下】

화창하게 이제 막 개어 푸른 명아주 펼쳤는데	快快新晴布綠藜
오랜 벗 거센 물결 서편에 살고 있네.	故人居在亂流西.
흰 닭은 삽짝에서 승채[509] 쪼고	白雞籬落穿僧菜
검은 소는 뜨락에서 되새김질하네.[510]	烏犉庭除吃聖虀.

507 송고(松皐)의 신씨초당 : 『영재집』 권9에 실린 「隱仙洞記」는 "을미년(1775) 孟冬에 나는 양주 송고정사에서 글을 읽고 있었다. 신 아무개가 나를 이끌어 수락산 은성동을 유람하였는데……[乙未孟冬, 讀書于楊州之松皐精舍, 有申生某導余, 游乎水落之山隱仙之洞……]"라는 문장으로 시작하고 있어, '송고의 신씨초당'은 바로 이곳임을 알 수 있다. '은선동'은 현재 의정부시 산곡동에 속한 지명으로 수락산의 기암괴석을 잘 볼 수 있는 곳이다.

508 코……한다 : 『영재집』 권2 「코 골며 잠자는 이[鼾睡者]」 제목에 "이 시 다음에 「차운하여 송고의 신씨초당에 쓰다」 한 수를 실어야 한다.[此下當書次韻題松皐申氏草堂一首]"라는 원주가 달려 있다.

509 승채(僧菜) : 순천 지역의 읍지인 『新增昇平志』 上 「藥材 夏枯草」의 주석에 "다른 이름은 미초이며 세상에서는 승채라고 부른다. 조증을 치료하는데 매우 효험이 있다.[一名蘼草, 俗呼僧菜. 治燥證甚效.]"는 내용이 보인다. '하고초'의 다른 이름은 '꿀풀'인데 꽃에 꿀이 많다고 하여 붙여졌다. 다년생 식물로 우리나라 전역에 자생한다. 한편 '승채'는 호박으로 볼 수도 있다. 李圭景의 『五洲衍文長箋散稿』 「番椒南瓜辨證說」에는 '남과' 곧 호박에 대해 설명하며 "승려들이 먹었는데 대략 평민에게도 퍼졌지만, 사대부들은 먹지 않았기에 '승려의 채소[僧蔬]'라고 여겼다. 이후 차차 퍼져 오늘날에는 늘 먹는 반찬이 되었다.[僧尼食之, 略及平民, 而士大夫則不與焉, 以爲僧蔬. 自此以後, 漸漸流行, 今爲日用恒饌.]"는 기록이 보인다.

510 되새김질하네 : 원문 '吃聖虀'를 직역하면 '성제를 먹는다'라고 할 수 있다. '성제'는 『本草綱目』 권54 「牛」 조에 따르면 "소의 위장 속에서 아직 소화되지 않은 풀[牛腸胃中未化草.]"이다. 일반적으로 한문에서 되새김질을 표현할 때 '呞(되새김질할 사)' 자를 쓰는 것에 견주어 매우 특이한 표현이라 할 수 있다.

소박한 술상을 사랑채에 차렸는데	眞率杯盤陳外舍
상서로운 베틀 소리 안채에서 들려오네.	吉祥機杼響中闈.
봄 산은 겹겹이 쪽빛으로 물들어가	春山數疊堆藍色
이를 마주하니 초규[511] 부러운 마음 사라지네.	對此無心羡楚珪.

511 초규(楚珪) : '초나라 관원의 홀[珪]'이라는 뜻으로, 전국시대 월나라 사람 莊舃과 관련된 고사이다. 장석은 출신이 미천했는데 초나라에서 높은 관직에 올랐다.

5-87

이 시랑의 동장[512]에서 다시 짓다 【권2 「정릉동 서쪽에서 밤에 모이다[貞西夜集]」 아래로 옮겨야 한다.】[513]

李侍郎東莊再賦 【第二編貞西夜集下】

언덕과 동산이 이처럼 상쾌하고 높으니 邱園此爽塏
멀리 가려는 마음, 다시 어디로 향하겠는가. 遐心復焉如.
말고삐 당겨 홍진 밖으로 내달려 振轡紅塵表
수레 덮개 날리며 높은 성벽 부근으로 당도했네. 飛蓋層城隅.
아득하다, 저 옛날 석인[514]이여 邈矣古碩人
그립도다, 어진 대부. 懷哉賢大夫.
산빛은 흰 새 너머 보이고 山色白鳥外

512 이 시랑(李侍郎)의 동장(東莊) : '이 시랑'은 이서구를 가리킨다. 이서구는 1774년(영조 50) 정시 병과에 급제하여 1775년 4월에 예조정랑에 제수되고 12월에 이조좌랑에 제수되었다. 『영재집』 권2에 「이 시랑의 송산별업에서[李侍郎松山別業]」라는 시가 있는데, 이서구의 『薑山詩集』에도 「송산으로 가는 길에 유진사(유득공)를 떠올리며【두 수】[松山道中 懷柳進士【二首】]」라는 작품이 있다. 또한 『영재집』 권5의 「숙직을 마치고 나오는 날 계성의 서재에 들러 전라도관찰사로 있는 강산 시랑에게 부치다[出直日 過季成書齋 寄薑山侍郎按節湖南]」에서 薑山(이서구)을 시랑으로 지칭하고 있으며, 『고운당필기』 권6 「皮荻栗辨」에 "西郊에서 어가를 맞이하는 반열에서 우연히 시랑 李薑山을 만나 서 학사의 일본 밤에 대한 이야기를 나누었다.[西郊迎駕班, 遇薑山李侍郎, 說徐學士日本栗事.]"고 하는 등 유득공이 이서구를 지칭할 때 '李侍郎'이라 한 예를 자주 확인할 수 있다.

513 정릉동……한다 : 『영재집』 권2 「정릉동 서쪽에서 밤에 모이다[貞西夜集]」 제목에 "이 시 다음에 「이 시랑의 동장에서 다시 짓다」 한 수를 실어야 한다.[此下當書李侍郎東莊再賦一首]"라는 원주가 달려 있다.

514 석인(碩人) : 일반적으로 석인은 덕이 높은 사람을 가리키지만, 여기서는 『시경』 「衛風 考槃」의 "숨어 사는 곳 산골짜기에 있나니, 석인의 마음이 넉넉하도다.[考槃在澗, 碩人之寬.]"와 같이 은거하는 사람을 지칭하고 있다.

숲에는 꾀꼬리 소리 들리기 시작하네.　　林景黃鸝初.
표표한 시골 사람 차림의　　飄飄野衣冠
이 시랑 뵙고서 안부를 여쭈니　　承風展起居.
곧장 날씨를 묻고　　卽事問陰晴
하는 말마다 농사 이야기 펼치네.　　所說陳菑畬.
무성한 가지는 마땅히 쳐내야 하고　　繁枝合遭刪
묵은 풀은 응당 없애야 한다고.　　穢艸云當除.
나무꾼 지나가매 낫을 빌리고　　樵夫過借鎌
중은 와서 호미질 도와주네.　　釋子來助鋤.
이리저리 거닐다 앞 비탈길 올라　　逍遙陟前坂
큰 숨 내쉬며 저편 언덕 바라보니　　太息望彼墟.
세상사에 연연한[515] 이내 몸　　伊余悽悽者
어느 때나 초가집 마련하려나.　　何時結茅廬.

---

515 연연한 : 원문의 '悽悽者'는 『논어』 「憲問」의 "미생묘가 공자께 말하였다. '그대는 어찌하여 그리도 연연해하는가? 말을 잘하여 다른 사람에게 아첨하려는 것 아닌가?[微生畝謂孔子曰, 丘何爲是栖栖者與? 無乃爲佞乎?]"라는 구절에서 가져온 표현이다.

5-88

청석동[516]에서 【권3 「오정문에서[午正門]」 아래로 옮겨야 한다.】[517]

青石洞 【第三編午正門下】

울창하고 높이 솟은 푸른 봉우리 사이길	青峰挾路鬱嵯峨
철기병이 지난날 바위틈으로 지나갔지.	鐵騎曾從石穴過.
만약 한 사람만 창 빗겨 막아섰더라면	假使一夫橫戟立
영아이대[518]야 네 어쩔 수 있었으랴.	英俄爾代問如何

516 청석동(青石洞) : 개성 천마산 서쪽의 지명이다. 李裕元의 『林下筆記』 '청석동' 조에 따르면 청석동은 사람과 말이 간신히 통과할 수 있는 좁은 길이 20리나 이어져, 병자호란 이후에는 청석진의 방비를 강화해야 한다는 목소리가 높아졌지만 실행에 옮기지 못했다고 한다.

517 오정문에서……한다 : 『영재집』 권3 「오정문에서[午正門]」 제목에 "이 아래에 「청석동」 한 수를 실어야 한다.[此下當書青石洞一首]"는 원주가 달려 있다.

518 영아이대(英俄爾代) : 滿洲正白旗人 출신의 청나라 장수로 우리나라에서는 '龍骨大(1596~1648)'로 알려져 있다. 그는 병자호란 전부터 조선에 사신으로 와서 굴복을 강요하였기에 조정의 관원 가운데에서는 그를 죽여 돌려보내지 말아야 한다고 주장한 이도 있었다.

5-89

낭자산[519]에서 【권3 「첨수참에서[甜水站]」 아래로 옮겨야 한다.】[520]

娘子山 【第三編甜水站下】

낭자산 앞으로 주막 깃발 휘날리는데	娘子山前颺酒帘
담장 너머로[521] 때때로 고운 자태 보이네.	登墻時復見濃纖.
바람 높은 저녁 벌판으로 송골매 빨리 날고	風高暮磧角鷹疾
서리 내린 차가운 연못에 금붕어 헤엄치네.	霜落寒潭金鯽潛.
조의[522]와 마주하여 의자에 앉은들 무어 상관하며	何妨皁衣對據榻
홍모[523]가 와서 주렴 들추어도 성내기 어렵네.	難嗔紅帽來掀簾.
단풍 숲 십리 길, 고개 돌려 다시 보니	楓林十里重回首
청석령 슬픈 노래[524]에 눈물이 더해지네.	青石悲歌涕淚添.

519 낭자산(娘子山) : 연행 노정의 하나로, 청석령을 지나 요동으로 들어가기 전에 있는 산이다. '狼子山'이라고도 쓴다. 李海應의 『薊山紀程』에 "唐太宗이 고구려와의 싸움에서 지고 길을 잃었는데, 밤에 닭 우는 소리가 들리는 곳을 찾아가 한 낭자를 만나 함께 즐겼다. 날이 밝아 깨어났는데 몸이 한 무더기의 돌 틈에 있었고 그 돌을 자세히 보니 닭의 볏과 발톱과 비슷한 모습이 있었다. 당 태종은 마음속으로 기이하게 여겨 절을 세우니, 산 이름을 '娘子'라 하고 절 이름을 '鷄鳴'이라고 하였다."라는 관련 기록이 보인다.

520 첨수참(甛水站)에서……한다 : 『영재집』 권3 「첨수참에서[甛水站]」 제목에 "이 아래에 「낭자산에서[娘子山]」 한 수를 써야 한다.[此下當書娘子山一首]"는 원주가 달려 있다.

521 담장 너머로 : 원문의 '登墻'은 宋玉의 「登徒子好色賦」에 나오는 "이 여인 담 너머로 나를 엿보길 삼 년이나 하였는데, 지금껏 허여하지 않노라.[此女登牆窺臣三年, 至今未許也.]"라는 구절을 활용한 표현이다. 조선 사신의 행렬을 구경하기 위한 여인들의 모습을 형용하고 있다.

522 조의(皁衣) : 본래는 검은 옷을 입은 秦나라의 하급 관원을 가리키는 말이었는데, 이후에는 마두배 등 지체가 낮은 사람을 일컫는 말로 널리 쓰였다.

523 홍모(紅帽) : 청나라 관원이 썼던 붉은 모자.

524 청석령 슬픈 노래 : 병자호란 때 심양으로 끌려가던 鳳林大君이 이곳을 지나면서 "청석

령 지나거니 草河口 어드매오. 胡風도 참도 찰샤 궂은 비는 무슨 일고. 아무나 行色 그려내어 님 계신 데 드리고자."라는 시조를 지은 바 있다.

5-90

오잡조[525] 【세 수○권4 「갈산의 강창에서[葛山江倉]」 아래로 옮겨야 한다.】[526]

五雜組 【三首○第四編葛山江倉下】

오잡조라, 만화석[527]	五雜組, 滿花席.
가고 오네, 관동역[528]으로	往復來, 關東驛.
어쩔 수 없이, 높으신 손님 뵙네.	不得已, 見貴客.
오잡조라, 더그레[529] 차림 아전들	五雜組, 鵲衣隷.
가고 오네, 참으로 해묵은 폐단	往復來, 眞痼弊.
어쩔 수 없이, 봄철 세금 재촉하네.	不得已, 催春稅.
오잡조라, 쏘가리	五雜組, 錦鱗魚.

525 오잡조(五雜組) : 오잡조는 雜體詩의 일종으로 첫 구에서 '五雜組'란 글귀를 사용하기 때문에 붙은 명칭이다. 嚴羽의 『滄浪詩話』 「詩體」에서 잡체시를 논하면서 오잡조를 하나의 시체로 들었는데, 전편은 三言六句로 이루어져 있고 '五雜組'로 첫머리를 시작한다고 하였다.

526 갈산(葛山)의……한다 : 『영재집』 권4 「갈산의 강창에서[葛山江倉]」 제목에 "이 시 아래에 「오잡조」 세 수를 써야 한다.[此下書五雜組三首]"는 원주가 달려 있다.

527 만화석(滿花席) : 꽃무늬 문양의 골풀 돗자리로, 중국에 공물로 보내던 물품의 하나이다. 중국산보다 부드러워 인기가 많았다고 한다. 韓致奫의 『海東繹史』 「草類」에는 '滿花草'로 만든 돗자리를 '만화석'이라 한다는 기록도 있다. 그러나 일반적으로 만화석은 '花紋席'과 같이 꽃무늬 돗자리라는 의미로 통용되었던 것으로 보인다.

528 관동역(關東驛) : 강원도 감영이 있던 原州驛을 지칭하는 것으로 생각된다. 참고로 『영재집』 권4 「葛山江倉」에 이어지는 시가 「왕명을 받들어 관동의 순영에 도착하다[奉命到關東巡營]」이다. 이때 유득공은 정조 어제시를 관찰사에게 전달하여 영월의 淸虛樓에 걸도록 하는 임무를 받들고 강원감영에 갔다.

529 더그레 : 원문의 '鵲衣'은 사령 등 하급 관원이 착용하는 복식으로 흰옷 위에 검은 쾌자를 걸친 모양이 까치와 유사하다고 하여 만들어진 명칭이다.

가고 오네, 여주의 강	往復來, 黃驪湖.
어쩔 수 없이, 또 한 병의 술.	不得已, 又一壺.

5-91

진한 와당가[530] 【계해년(1803) 섣달 이후】

秦漢瓦當歌 【癸亥臘月以後】

그대는 보지 못했나	君不見
오늘날 서안부	今日西安府.
한나라 비석 숲을 이뤄 붓대처럼 빼곡한데	漢碑林立如禿錐
개성 석경이 가장 오래되었다 이름났지.[531]	開成石經號最古.
또 보지 못했나	又不見
장하가 울며 흐르는 업성 동쪽	漳河鳴逝鄴城東.
시골 노인이 때로 동작연을 내다 파니	村翁時賣銅雀硯
누가 조조와 석호 시대 분별하리오.[532]	誰辨阿瞞與季龍.

530 진한와당가(秦漢瓦當歌) : 와당은 문양이나 문자를 새긴 기와를 말한다. 진나라 때는 아방궁 등 대규모 건축물이 西安을 중심으로 지어졌기에 이 지역에서 진나라 와당이 많이 출토되었다. 한나라도 長安에 도읍했기에 일찍부터 이 지역에서 한나라 와당이 많이 출토되었다.

531 서안부(西安府)……이름났지 : 중국 西安에는 碑林이 있어 한나라 비석 등 고대의 비석이 모여 있다. 이 비림은 당나라 개성 연간(836~840)부터 조성되기 시작하여 이후 왕조에서도 조성 작업이 계속 이어져 오늘에 이르고 있다. '개성 석경'에는 『周易』·『尙書』·『毛詩』·『周禮』·『儀禮』·『禮記』·『春秋左氏傳』·『公羊傳』·『穀梁傳』·『孝經』·『論語』·『爾雅』 등의 유교 경전이 새겨져 있다.

532 장하(漳河)가……분별하리오 : '장하'는 鄴城을 지나는 강으로 지금의 河北省 臨漳縣 지역에 있다. 曹操(155~220, 阿瞞은 아명)는 위나라를 건국하고서 이를 기념하여 업 땅에 銅雀臺를 세웠는데, 이후 後趙의 3대 황제인 石虎(295~349, 季龍은 字)가 동작대를 더 크게 확장하였다. 이후 세월이 흐르면서 동작대는 허물어졌는데 송나라에 이르러 동작대가 있던 곳에서 기와가 종종 출토되었고 사람들은 그것을 벼루로 사용하면서 동작연이 생겨났다. 송나라 朱長文의 『墨池編』 권6 「碑刻」에 "마을 사람들이 땅을 파다가 종종 (동작대 기와-인용자) 얻었다.……호사가들은 그것을 옛 물건으로 여겨 자못 애지중지하였다.[里人因掘土, 往往得之.……好事者, 以其古物, 頗愛重之.]"라는

진나라 황제 겹겹의 궁궐 문, 한나라 이궁 秦帝重關漢離宮
장안은 토질이 약해 회나무 뿌리 드러났지.[533] 長安土瘦槐根出.
가련타 퇴락한 푸른 원앙전[534] 可憐零落綠鴛鴦
승상 신하 이사와 신하 소하의 필적.[535] 丞相臣斯臣何筆.
아방궁터를 쟁기로 갈고, 감천궁[536]은 늪이 되니 犁翻阿房沼甘泉
곳곳이 봄풀에 우거지고 찬 안개에 덮였네. 幾處春蕪冪寒烟.
이무기는 멀리 바라보기 좋아해 하늘로 날아갈 듯[537]
螭蚴好望飛上天
흙에 얼룩지고 이끼 폈거늘 신기하게 온전하네. 土暈苔花怪爾全.
옛사람들 일을 함이 정말로 구차하지 않아 古人作事眞不苟
음양관지[538]로 향배와 좌우 구분하였네. 陽款陰識辨背右.

기록이 있다.

533 장안은……드러났지 : 장안에는 "장안 대도는 양쪽으로 버드나무 회나무 심었네.[長安大街, 夾樹楊槐.]"(『晉書』「載記 十三」)라는 말이 있을 정도로 회나무가 많았다고 한다. 한편, '鬼市'라 불리는 곳도 있었는데 그곳을 두고 "장안은 흙이 다하여 회나무 뿌리 높게 드러났네.[長安土盡槐根高.]"(『說郛』 卷69 「輦下歲時記」)라 노래한 구절이 있었다. 여기서는 장안에 매장되었던 유물들이 쉽사리 출토되는 모습을 통해 무상감을 표현하고 있다.

534 원앙전(鴛鴦殿) : 한나라 未央宮에 속했던 전각의 하나이다. 당나라 喬知之의 「梨園亭子侍宴」에 "풀이 푸르른 원앙전, 꽃이 붉은 비취루.[草綠鴛鴦殿, 花紅翡翠樓.]"라는 구절이 있다.

535 이사(李斯)와……필적 : 진나라의 승상 李斯는 大篆에 바탕을 둔 小篆體를 만들었다고 전해지며 嶧山碑 등의 글씨를 남겼다. 한나라의 승상 蕭何도 署書體를 만들었다고 전해지며, 직접 署書體로 '蒼龍', '白虎' 등의 궁궐 편액을 썼다고 한다(『漢藝文志考證』 卷4 「八體六技」).

536 감천궁(甘泉宮) : 한나라 武帝가 건립한 궁궐로 西安 북쪽 淳化縣에 위치하였다.

537 이무기는……듯 : 와당에 새겨진 교룡의 모습을 형용한 표현이다.

538 음양관지(陽款陰識) : 陶宗儀의 『輟耕錄』 卷17 「古銅器」에 "이른바 관지는 두 가지 뜻으로 나뉜다. 관은 음의 글자이니 움푹 들어간 것으로 새겨서 만든다. 지는 양의 글자이니 튀어나오게 만든다.[所謂款識, 乃分二義. 款謂陰字, 是凹入者, 刻畫成之. 識謂陽字, 是挺出者.]"라는 기록이 있다.

금석 출토가 다하자, 기와가 뒤를 이으니	金石畢出瓦繼之
인간 세상 아득하여 또한 유구하다 하리로다.	人世茫茫亦云久.
오호라, 역산 비석[539] 이미 불에 탔기에	嗚呼嶧山碑已野火焚
서경의 팔체[540]가 다만 어지럽게 뒤섞여 있네.	西京八體徒紛紜.
오늘날 소전체 배우는 자는	今之學爲小篆者
이 사십 편 와당문을 읽어야 하리.	讀此四十瓦當文.

539 역산(嶧山) 비석 : 李斯의 글씨라고 전해지는 비석이다. 진시황이 역산을 순수했을 때 새긴 것이라고 전해진다. 비문의 끝부분에 "……승상 신 이사가……죽음을 무릅쓰고 말하기를 '신은 청컨대 돌에 새길 조서를 마련하소서. 금석에 새기면 인하여 명백히 전해질 것입니다.[……丞相臣斯……昧死言, '臣請具刻詔書, 金石刻因明白矣.']"라는 구절이 있다. 두보의 「李潮八分小篆歌」에 "역산의 碑는 들불에 타버렸고, 대추나무에 옮겨 새긴 것은 자획이 살쪄 본모습 잃었네.[嶧山之碑野火焚, 棗木傳刻肥失眞.]"라는 구절이 있다.

540 서경의 팔체 : 진한 시대의 여덟 가지 서체. 大篆・小篆・刻符・蟲書・摹印・署書・殳書・隸書를 말한다.

5-92

계부[541]의 회갑 수연 자리에 공손히 올리다

季父回甲壽席恭進

문한과 검약은	文雅與淸儉
우리 집안 대대로 전해지니.	吾家世世傳.
경전 끌어안고 옛 학문 닦으며	抱經敦古學
덕을 숭상하여 선현을 경모하네.	尙德景先賢.
위대포의는 참으로 하늘이 내린 벼슬[542]이요	韋布眞天爵
임천에서 지냄은 오래된 인연이네.	林泉是宿緣.
생신을 맞이하여 술잔 올리니	弧辰來奉觶
풍광과 경물은 또 새해를 알리네.	風物又新年.

541 계부 : 柳璭(1744~1822)을 가리킨다. 유곤은 갑자년생으로 1804년에 회갑을 맞았다. 유곤은 運玉, 餘菴, 旋玉, 引慶山人 등의 별호를 사용하였으며, 조카 유득공과 가깝게 지냈다.

542 위대포의(韋帶布衣)……벼슬 : '위대포의'는 '가죽 띠와 베옷'으로 벼슬하지 않은 선비의 차림을 나타내는 말이다. '하늘이 내린 벼슬' 곧 '天爵'은 『맹자』의 "인의충신을 행하고 선을 즐거워함을 게을리하지 않는 것, 이것이 천작이다.[仁義忠信, 樂善不倦, 此天爵也.]"라는 구절에서 유래한 것이다.

5-93

이날 다시 돌아가신 증조부 회갑연의 운을 따라 짓다[543]

是日更次先曾大父周甲壽席韻

산수 가운데로 만년에야 몸을 받들어 물러났거늘 泉石中間晩奉身
어째서 일찍부터 죽림의 사람이라 잘못 비견되었나.[544] 何曾錯比竹林人.
푸른 시전지에 먹물 휘둘러 선조를 떠올리고 翠箋拂墨追先世
생신 자리에서 술잔 날리며 봄날을 완상하네. 弧席飛觴感卽春.
답호[545]는 벗들의 정표이니 상자 가득 따스하고 搭護友分盈笥暖
순모[546]를 자식들이 바치니 한 상 가득 진미로다. 淳母兒獻一盤珍.
계곡 정자에서 취기 오른 뒤 시축을 엮나니 溪亭醉後編歌詠
태평 세상에서 늙도록 살아가며 육친[547]과 함께하네. 生老昇平對六親.

---

543 이날……짓다 : 유득공의 증조부는 柳三益(1670~1746)이다. 집안의 어른인 유삼익의 회갑연 때 사용했던 운자를 활용해 시를 지어 유곤의 회갑을 축하했던 것으로 생각된다.

544 죽림의……비견되었나 : 죽림은 중국 魏晉 시대에 세상을 등지고 자연에서 술과 청담을 즐겼던 阮籍과 嵇康 등의 '죽림칠현'을 가리키는바, '죽림의 사람'이란 세상을 벗어나 자연에서 지내는 사람을 일컫는 표현이다. 여기서는 柳璭이 젊어서부터 은거의 삶을 살았던 것이 아니라, 노년에 들어 시작된 것임을 말하고 있다.

545 답호(搭護) : 사대부의 평상복 안에 입거나 겉옷 위에 덧입는 복식으로 옆트임이 있는 반소매 도포이다.

546 순모(淳母) : 『禮記』에서 가장 맛있는 음식으로 일컫는 '八珍味'의 하나이다. 육젓을 달여서 기장으로 지은 밥 위에 얹고 기름으로 적신 것이라 한다.

547 육친(六親) : 부모 형제 처자 등 친척을 일컫는 말.

5-94

「이문원의 학[548]」에 차운하여 김풍고[549] 합하와 심두실[550] 직각께 삼가 올리다

院鶴次韻 奉呈金楓皐院閤沈斗室直閣

학을 마주하고 학의 마음 헤아리기 무어 어려우리오
對鶴何難揣鶴心

한번 날아가서 영주(瀛州)[551]의 봉우리로 돌아감이라.
一飛飛去返瀛岑.

고개 숙여 더욱 그리워하며 우리 안에서 쪼고 있지만
低頭更戀樊中啄

숲에 놓여 꺾이고 헐벗음보다 훨씬 나으리. 勝似摧頹放在林.

---

548 이문원의 학 : 이문원은 규장각의 별칭으로 규장각에서는 실제로 학을 길렀다. 『고운당필기』 권3 「春帖對聯」에 "이문원에 학이 한 쌍 있는데, 매일의 비용을 공금에서 충당했다.[院鶴一雙, 日料公支.]"는 기록이 있다.

549 김풍고(金楓皐) : 金祖淳(1765~1832)으로 풍고는 그의 호이며 자는 士源이다. 그의 딸이 세자빈(純元王后)에 간택되고(1800) 뒤이어 정조가 세상을 떠나자 권력이 그에게 집중됨으로써 19세기 안동김씨 세도정치가 시작되었다.

550 심두실(沈斗室) : 심상규로 두실은 그의 호이며 자는 穉敎이다. 심상규에 대해서는 앞의 5-59번 시 294번 주석 참조.

551 영주(瀛州) : 신선이 산다는 전설 속의 산을 지칭한다. 그곳에서는 신선이 학이 끄는 수레를 탄다는 전설이 있다.

5-95

직학사 남사영[552]이 외직으로 나가 춘천도호부를 맡다

南思潁直學士出知春川都護府

수령의 직함으로 맑은 일조빙[553]을 꿰었으니	知州啣綴一條淸
송나라 현인들도 지난날 영예로 여긴 바이네.	有宋諸賢昔所榮.
오마에 총마를 겸하여[554] 고을의 자사로 부임하고	五馬兼驄來刺郡
두 마리 오리 신발 삼아[555] 서울에 조회하러 가네.	雙鳧爲舃去朝京.
팽오[556]가 지났던 옛길에 봄 산 겹겹이 이어지고	彭吳古道春山疊
양맥[557]의 무너진 성으로 먼 강 휘감아 도네.	梁貊荒城遠水縈.

552 남사영(南思潁) : 남공철로 사영은 그의 호이며 또 다른 호로 金陵이 널리 알려져 있다. 『승정원일기』 순조 4년(1804) 2월 20일 기사에 "남공철에게 전교하기를 춘천부사가 겸임하고 있는 규장각직은 지금 우선 체직을 허락한다.[傳于南公轍曰, 春川府使所帶閣職, 今姑許遞.]"라는 기록이 보인다.

553 일조빙(一條氷) : 송나라 陳彭年이 한림에 있으면서 10여 개의 직책을 겸했는데 모두 문한을 맡아보는 청요직이었다. 당시 사람들은 그가 문서에 서명한 긴 官銜을 일러 '한 줄기 얼음[一條氷]'이라고 했다고 한다(『淵鑑類函』 卷71). '얼음'은 '淸'과 상통하여 맑고 깨끗하다는 뜻을 가진다.

554 오마(五馬)에 총마(驄馬)를 겸하여 : 오마는 관찰사가 타고 가는 말을 나타내고, 총마는 御使가 타는 말이다.

555 두 마리……삼아 : 後漢 때 葉縣令 王喬가 도성에 올 때마다 두 마리의 오리를 타고 왔는데, 그 오리를 잡자 옛날 尙書省에 있을 때 하사받은 한 쌍의 신발로 변했다는 고사가 있다. 그가 신었던 신발을 '鳧舃'이나 '雙鳧'라고 하는데, 전하여 지방관을 의미한다(『後漢書』 卷82上 「王喬」).

556 팽오(彭吳) : 漢武帝 때 濊貊으로 가는 길을 뚫고 朝鮮番에 滄海郡을 설치했다고 하는 인물이다. 『漢書』 卷24 「食貨志」 제4에 "팽오가 예맥과 조선으로 가는 길을 뚫고 창해군을 설치하였다.[彭吳穿穢貊朝鮮, 置滄海郡.]"라는 기록이 있다. 창해군의 위치에 대해서는 논란이 많은데, 조선시대에는 춘천 지역으로 보는 견해가 널리 받아 들여졌다.

557 양맥(梁貊) : 濊貊의 일족을 일컫는 말. 『高麗史』 「地理志」에 "춘천은 본래 맥국이었다.[春州本貊國.]"라는 기록이 있다.

제일 좋기론 소양강 정자에서 바라봄이니	最好昭陽亭上望
저주를 두른 푸른 이내 취옹정[558]의 정취로다.	環滁嵐翠醉翁情.

558 저주(滁州)를……취옹정(醉翁亭) : 歐陽修는 慶曆 6년(1046) 저주로 폄직 당한 일이 있는데 이때 그는 자신의 별호를 딴 '취옹정'을 세우고 「취옹정기」도 지었다. "저주를 둘러 모두 산이니,[環滁, 皆山也.]"라는 구절로 시작하는 이 글은 산수 기문의 전범으로 여겨지며 널리 읽혔다.

5-96

춘천도호부사를 규장각에서 전별하며 여러 학사의 시에 차운하다

春川都護內閣餞席 次諸學士韻

어느 곳에서 부절을 나눔[559]이 좋은가	何處分符好
구름 낀 산 깊고도 깊은 곳이지	雲山深更深.
벼슬길에선 여러 수완을 발휘하고	吏塗兼試手
경술은 일찍이 마음에 보존했네.	經術夙存心.
봄 강의 어귀에서 돛을 내리면	帆落春江口
계수나무 숲으로 누대가 열렸으리.	樓開叢桂林.
한나라 비석을 만약 얻는다면	漢碑如可得
함께 노래하며 세상에 드문 가락 펼치리.	聯唱發希音.

【춘천부 경내에 한나라의 팽오통맥도비[560]가 있었다고 전해진다.[府境舊傳有漢彭吳通貊道碑.]】

559 부절(符節)을 나눔 : 지방관을 맡게 되었음을 나타내는 표현이다. 고대에 군왕이 신하를 먼 지역으로 파견할 때는 부절을 쪼개어 주어 훗날 임지에 하달되는 왕명의 진위를 판별하도록 했다는 데서 유래한 표현이다.

560 팽오통맥도비(彭吳通貊道碑) : 정약용은 「牛首州和成都府」에서 "牛頭山에 彭吳通道碑가 있었다는데 지금은 없다. 신라 때 基臨王이 순행차 우두주에 왔으며, 그 후로는 한나라 관리가 다시 오지 않았다.[牛頭山有彭吳通道碑, 今亡. 新羅基臨王巡幸至牛頭州, 自此以後, 漢吏不復來也.]"라고 하였다.

5-97

연암옹의 작은 집[561]에서

燕翁小齋

내 생각에 북촌이 좋은 것은	我謂北坊好
집집마다 평원산수[562] 펼쳐짐이라.	家家平遠山.
한미한 직함으로 도성을 거닐다가	散啣游日下
노쇠한 귀밑머리로 꽃 사이에서 마주하네.	衰鬢對花間.
운치 있는 술자리 무어 꺼릴 것 있나	雅酒何須諱
참된 시는 내버릴 수 없다네.	眞詩不可刪.
정겨운 백탑 길[563]	慇懃白塔路
또다시 취하여 나귀 타고 돌아오네.	又醉策驢還.

561 연암옹의 작은 집 : 연암 박지원의 북촌 거처는 齋洞과 桂洞 두 곳에 있었다. 재동 집은 현재 헌법재판소 자리였고, 계동 집은 현재 원서동 높은 언덕에 자리하고 있었다. 여기서 말하는 '연암소재'는 시의 내용으로 볼 때 계동 집을 말하는 것으로 보인다. 박지원은 이 계동 집에 중국식 벽돌집을 만들어 叢桂書塾이라 명명했다.

562 평원산수(平遠山水) : 본래 산수화를 그리는 기법 가운데 하나로, 산 위에서 먼 산을 바라보며 경물을 배치하는 것을 말하지만, 여기서는 북촌의 높은 지대에서 바라보이는 풍광이 좋음을 표현하고 있다. 참고로 李德懋는 박지원이 "때때로 평원산수 그림을 그리면 소탈하면서도 그윽하여 넉넉히 米芾의 경지에 들었다.[時作平遠山水, 疎散幽逈, 優入大米之室.]"(『淸脾錄』 卷3 「燕巖」)라고 기록하기도 하였다.

563 백탑 길 : 박제가의 「白塔淸緣集序」에 따르면 옛 원각사 터의 백탑(현재의 탑골공원)을 중심으로 박지원, 이덕무, 李書九, 徐常修, 柳琴, 유득공 등이 각별한 우정을 나누어 "한번 가면 돌아올 줄 몰라 열흘이고 한 달을 머물기도 하며, 시문과 척독이 결핏하면 한 질의 책이 되고, 술과 음식을 찾으며 밤으로 낮을 이었다.[一往忘返, 留連旬月, 詩文尺牘, 動輒成帙, 酒食徵逐, 夜以繼日.]"고 한다.

5-98

삼청동 화원[564]

三淸洞花園

이십 년 전에도 술자리 있어	二十年前酒
아련히 생각나네, 이 정자에서 마셨지.	依依飮此亭.
허리 인끈은 자줏빛이건만[565]	縱然腰綬紫
귀밑머리 푸름은 얻기 어렵네.	難得鬢絲靑.
깎아지른 절벽으론 새로운 집 더해지고	鏟壁添新屋
모래펄에는 옛 마당 펼쳐있네.[566]	舖沙展舊庭.
살구꽃 여전히 절반은 피어 있으니	杏花猶有半
술잔이 이르면 멈추라 말하지 마오.	杯到莫言停.

564 삼청동 화원 : 삼청동의 초입에 해당하는 지금의 화동(정독도서관 부근)에는 궁중에 화초와 과일 등을 공급하는 掌苑署가 자리하고 있었고, 그 부근으로는 화훼를 판매하는 사설 업자가 여럿 자리하고 있었다고 전한다.

565 허리 인끈은 자줏빛이건만 : 20년 전에 비하여 품계가 올랐음을 나타낸 표현이다. 자줏빛 인끈은 가장 높은 품급을 나타낸다.

566 깎아지른……펼쳐졌네 : 현재 삼청동을 관통하는 '삼청로' 아래로는 지금도 개천이 흐르고 있으며, 그 동편으로는 지금도 가파른 절벽을 볼 수 있다. 유득공은 20년 사이에 이 절벽 위로 새로운 집들이 들어서고, 절벽 아래 개천의 모래펄 옆으로는 옛집들이 남아 있다고 증언하는 것으로 볼 수 있다. 실제로 북촌 지역은 19세기에 들어서서 본격적인 거주지가 되었던 것으로 알려져 있다.

5-99

차운하여 박사행[567]에게 주다

次韻贈朴士行

나의 시를 그대가 지나치게 칭찬하니	吾詩君過許
이 일은 혹여 겉으로만 높임이라.	此事或陽尊.
이미 창을 들고 방에 들어옴[568]을 보았으니	已見操戈室
반문(班門)에서 도끼 휘두른다[569] 말하지 마오.	休云弄斧門.
빛나기는 꽃에 색을 입힌 듯하고	燁如華設彩
순수함은 옥이 따스함을 머금듯 하려면	粹若玉含溫.
묻노니, 어떻게 능히 그럴 수 있을까	試問胡能爾
육경에 일찍 뿌리를 내려야 하네.	六經早立根.

567 박사행(朴士行) : 박지원의 둘째 아들인 朴宗采(1780~1835)이다. 그의 자가 士行이며, 호는 蕙田 또는 研齋이다. 저술로 부친 박지원의 행적과 가르침을 기록한 『過庭錄』이 있다.

568 창을……들어옴 : 後漢 何休가 公羊學에 힘을 써서 여러 저술을 내었는데, 鄭玄이 그 내용의 오류를 번번이 지적하였다. 이에 하휴는 "정현이 내 방에 들어와서 내 창을 잡고 나를 친단 말인가.[康成入吾室, 操吾矛以伐我乎.]"라고 탄식하였다고 한다(『後漢書』「鄭玄列傳」). 여기서는 박사행이 유득공의 시에 대하여 날카롭게 비판하였다는 의미이다.

569 반문(班門)에서……휘두른다 : '반문'은 '노나라 公輸班의 문 앞'이란 말로, 공수반은 노나라의 이름난 장인이었다. 공수반 앞에서 도끼를 휘두른다는 것은 '공자 앞에서 문자 쓴다'와 유사한 뜻으로 자신의 역량을 헤아리지 않고 함부로 대가에게 덤빈다는 의미이다.

5-100

늦은 봄 소유재에서 복사꽃을 감상하며 경인의 시에 차운하다

春晩小酉齋賞桃花次景寅韻

나는 지금 무엇과 같다 할까	我今何所似
누에가 늙어 이미 세 번 잠을 잠과 같네.[570]	蠶老已三眠.
족제비 꼬리는 그래도 나누어 붓으로 쓸 수 있고	狼尾猶分筆
용수초는 다시 깔개로 펼칠 수 있네.[571]	龍鬚更設筵.
나이를 잊고서 고상한 사귐 돈독히 하며	忘年敦雅契
거처를 함께 하며 하늘의 인연 나누네.	同舍湊天緣.
즉석에서 붉은 복사꽃 터짐을 보노라니	卽看緋桃綻
봄바람은 계속해서 노래를 전해 오네.	春風續唱傳.

번역 김용태

570 누에가……같네 : 누에는 잠을 세 번 자면 고치를 다 짓는다고 한다. 여기서는 유득공이 스스로 노년에 들었다는 뜻을 표현하고 있다.

571 족제비……있네 : 족제비 꼬리로 만든 '낭미필'과 용수초(골풀)로 만든 자리는 모두 조선의 이름난 특산품이었다. 여기서는 유득공이 자신은 노년에 들었지만 나름의 쓸모가 있다는 뜻을 표현하고 있는 것으로 볼 수 있다.

5-101

다시 여러 동료들의 시에 차운하다

復次諸寮韻

옛 난대에서 『내각일력』 나누어 편찬하며572	分修日曆古蘭臺
이따금 서로 좇아 고상한 모임 열었네.	時復相追雅集開.
늙어가며 시 지으니 농담 섞인 필치 많고	老去爲詩多戲筆
꽃 앞에서 술 권하며 잔 가득 채운다네.	花前命酒可深盃.
맷돌 돌리는 나귀가 뱅뱅 도는 것 같고	似驢旋磑重重踏
둥지 찾는 제비가 해마다 오는 듯하구나.	如燕尋巢歲歲來.
푸른 대 어여쁜 복사꽃 예전처럼 좋으니	翠竹夭桃依舊好
몽롱해 10년 세월 지난 줄 알지 못하네.	瞢騰不識十年催.

572 옛……편찬하며 : 동료들과 규장각에서 보낸 일상을 회고한 구절이다. 蘭臺는 중국 한나라 때 궁중의 典籍을 보관한 곳으로 여기서는 규장각을 가리키고, 『內閣日曆』은 1779년(정조3) 1월부터 작성된 규장각 일기로 검서관이 집필을 담당했다.

5-102

서 세마의 「동교별업」 시에 차운하다 【두 수】[573]

次徐洗馬東郊別業韻 【二首】

하늘거리는 버드나무 들쭉날쭉 가지런하지 않아	嫩柳參差詎肯齊
어느 곳에서 꾀꼬리 우는 줄 알지 모르겠네.	不知何處有鶯啼.
푸른 봉우리 높아 삼 천 길 될 만하고	碧峰高可三千仞
콸콸 흐르는 물길 모두 시내로구나.	渙渙然流都是溪.

송나라 시율로 갈고 닦아 빛내야 하니	宜將宋律琢磨光
문장 기세 누가 이백·두보처럼 빼어난가.	文焰誰齊李杜長.
동국의 과거 시체 참으로 괴이하니	東體程詩殊可怪
가도 인도 아니고 또한 행도 아니라네.	也非歌引又非行.

573 서 세마(徐洗馬)의……차운하다 : 서 세마는 徐畊輔(1771~1839)를 가리킨다. 본관은 達成, 자는 任世, 호는 卯翁으로 1800년 세마를 지낸 사실이 『승정원일기』에 보인다. 세마는 世子翊衛司에 속한 종9품 관직이다. 원시는 서경보의 『卯翁集』 권1에 수록된 「嘯郊道中」이다.

5-103

북둔[574]에서 꽃구경하며 학아[575]가 지은 시가 있어 그것에 차운하다

北屯看花 學兒有作 次其韻

도성 북쪽으로 푸르름 가득하니	城北饒蒼翠
군영에서 오래 소나무 보호했네.	軍廂久護松.
마을마다 하얀 꽃 깨끗하게 피고	村村白苑潔
곳곳에 벽도화 짙은 향기 난다.[576]	處處碧桃濃.
오솔길 갈라져 분간하기 어렵건만	細路丫難辨
상춘객 만 명을 헤아릴 만하구나.	遊人萬可容.
내가 사는 이들의 마음 알겠나니	吾知居者意
과실 파는 일 공후 봉해짐과 같지.[577]	販果埒侯封.

574 북둔 : 1765년(영조41) 창설한 어영청의 북둔에 해당하는 성북둔을 가리킨다. 혜화문 밖에 위치하여 조선 후기에는 이곳을 北渚洞 또는 桃花洞이라 불렀다. 도성 인근의 꽃놀이 장소로 유명하다.

575 학아(學兒) : 유득공의 장남 柳本學(1770~1842)을 가리킨다. 앞의 5-25번 시 110번 주석 참조.

576 마을마다……난다 : 『東國輿地備攷』 「漢城府」에, "北渚洞은 혜화문 밖 북쪽에 있다. 골짜기 가운데 복사꽃을 벌여 심어, 봄철에 한창 필 때 도성 사람들이 다투어 나가 놀며 완상한다. 세속에서 일컫기를 桃花洞이라 한다. 어영청 城北屯이 있다.[北渚洞, 在惠化門外北, 洞中列植桃花, 當春盛開, 都人爭出遊玩, 俗稱桃花洞, 有御營廳城北屯.]"라고 하였다.

577 과실……같지 : 복사꽃을 심은 사람들의 모습을 千戶侯 고사에 견준 구절이다. 『史記』 卷129 「貨殖列傳」에 안읍의 천 그루 대추나무, 燕秦의 천 그루 밤나무, 촉한과 강릉의 천 그루 귤나무가 있으니,……이것을 가진 그 사람들은 천호후와 같다.[安邑千樹棗, 燕秦千樹栗, 蜀漢江陵千樹橘,……此其人皆與千戶侯等.]"라는 내용이 보인다.

5-104

경복 옛 궁궐[578]

景福故宮

매번 이 궁궐 지나며 탄식하노니	每過此宮歎
일찍이 왜놈들 멸하지 못한 것이라.	曾未滅倭奴.
교룡 기둥 삼엄하게 남아 있고	螭柱森猶在
사자 난간 벗겨져 없어지려 하네.	獅欄剝欲無.
호위병 날리는 버들개지에 잠들고	衛兵眠落絮
시인은 봄날 잡초 위에 앉았도다.	騷客坐春蕪.
옛 어진 신하들 아득히 상상하노니	緬想古賢輔
단문[579]에서 패옥 차고 분주했겠지.	端門佩玉趨.

578 경복 옛 궁궐 : 조선의 정궁이었던 경복궁을 가리킨다. 옛 궁궐이라 한 것은 당시 임진왜란으로 전소되었으나 재건되지 않고 터만 남아 있던 현실에서 비롯된 표현이다. 경복궁은 19세기 興宣大院君에 이르러 복원되었다.

579 단문(端門) : 궁궐의 정문을 뜻한다.

5-105

서 주서[580]에게 주다

贈徐注書

남쪽 산기슭 구불구불 다하는 곳	南麓迤迤盡
종을 걸었던 옛터[581]라 이야기하네.	懸鍾說舊墟.
오래 사귄 벗들 영락해진 뒤로	故交零落後
같은 마을 살며 왕래를 시작했지.	同閈往還初.
문필 이미 웅장한 변려 이루었건만	筆旣雄騈儷
관직 여전히 기거주에 머물러 있네.	官猶攝起居.
홀원[582]의 원고에 마음 아파하니	傷心笏園稿
글자마다 보배로운 구슬이로구나.	字字是瓊琚.

580 서 주서(徐注書) : 徐淇修(1771~1834)를 가리킨다. 본관은 달성, 자는 斐然, 호는 篠齋이다. 1801년(순조1) 증광문과에 급제하여 假注書에 임명되었다(『승정원일기』 순조 1년(1801) 5월 3일 10번째 기사 참조).

581 종을 걸었던 옛터 : 지금의 명동성당 일대에 있었던 鍾峴을 가리킨 것으로 보인다. 종현은 '鍾岡' 또는 '북고개'라고도 한다. 정유왜란(1597) 때 명나라 장수 楊鎬가 이곳에 진을 치고 남대문에 있던 종을 옮겨 단 일에서 비롯된 이름이라고 한다. 『國朝寶鑑』 권72 「正祖朝4 丁未十一年」 조에, "상이 명을 내려 용서하며 말씀하시길, '옛 제도에 종을 설치한 곳은 모두 세 곳이다. 첫째가 광화문이고 둘째가 樓街【바로 지금의 종각이다.】이며, 셋째가 鍾峴이다.[上命宥之曰, '故制置鐘凡三處, 一曰光化門, 二曰樓街【卽今鐘閣.】, 三曰鐘峴.]'라고 하였다."는 내용이 보인다.

582 홀원(笏園) : 서기수의 형 徐潞修(1766~1802)를 가리킨다. 笏園은 서노수의 호이다.

5-106

성 주부[583]가 네 가지 물고기를 보내오다

成主簿餉四種魚

그대 지금 맡고 있는 직분은	君今所居職
실로 주관의 어인[584]이라네.	實惟周官𢼸.
맛보라며 몇 종류 보내왔기에	爲餉數種到
감탄하며 다시 편지 받들었지.	感歎且奉書.
숭어는 길이가 한 자 남짓이라	鯔長一尺餘
물고기 가운데 가장 빼어나니.	魚中最秀雅.
『본초』에는 극히 훌륭하다 하고	本艸劇稱佳
동해에서 잡히는 어종이라 하네.	産於東海者.
일찍이 『지봉유설』을 보기를	曾看芝峰說
서대는 또한 넙치라 하였으니[585]	舌魚亦鰈魚.
낙랑에 이러한 종류가 많기에	樂浪多此類
접역의 명칭[586] 유래했구나.	域號所由歟.

583 성 주부(成主簿) : 성해응의 동생 성해운을 가리킨다. 성해운은 1803년(순조3) 司饔院主簿에 임명되었다. 사옹원주부는 음식물을 관장하는 직책이다(『승정원일기』 순조 3년(1803) 4월 12일 17번째 기사 참조).

584 주관(周官)의 어인(漁人) : 『周禮』 「天官冢宰」 제1에 "어인은 제철 물고기를 잡기 위해 둑을 쌓는 것을 관장한다.[漁人, 掌以時漁爲梁.]"라고 하였다. 周官은 『서경』의 편명으로 劉歆이 훗날 『주례』로 개명한 책이다.

585 일찍이……하였으니 : 李睟光의 『芝峯類說』 권20 「禽蟲部 鱗介」에, "지금 세속에서 가자미를 넙치로 여기는데, 광어와 서대기 또한 넙치의 종류이다.[今俗以加佐魚爲鰈, 然如廣魚舌魚皆鰈類也.]"라고 하였다.

586 접역(鰈域)의 명칭 : 우리나라 동해에서 가자미가 잡혀 우리나라를 일컫는 다른 이름으로 쓰인다. 李睟光의 『芝峯類說』 卷20 「禽蟲部 鱗介」에, "살펴보건대, 비목어가 동해

낙제[587]는 낙제할까 염려하기에	絡蹄疑落第
과거 응시하는 자 맛보지 않건만	應擧者不嘗.
제(蹄)와 제(第) 평측을 혼돈하여	蹄第混平仄
운학에선 일찍이 황당하다 했지.	音學先荒唐.
전어[588]는 작고도 작은 물고기라	箭魚小小魚
딱히 무어라고 풀이할 수 없지만	茫然不可註.
자세하게 그 생김새 들여다보면	細觀其爲形
필시 바다의 붕어가 분명하도다.	必是海之鮒.
환로에서 노닌 지 20년 동안	宦游二十年
병부 찬 곳 산고을 많았으니[589]	佩符多山郡.
해산물 어디에서 맛보았겠는가.	海錯何從沾
고사리가 분수인 듯 여겼다네.	薇蕨似本分.

에서 나와 우리나라를 접역이라 한다. 지금 세속에서 가자미를 접어라고 한다.[按比目出東海, 故謂我國爲鰈域, 今俗以加佐魚爲鰈.]"라고 하였다.

587 낙제(絡蹄) : 오늘날 낙지를 가리킨다.

588 전어 : 원문의 '箭魚'는 일반적으로 준치를 가리키지만, 錢魚로 풀이한 용례도 있다. 작은 물고기로 묘사한 대목으로 보아 오늘날의 전어를 지칭한 것으로 보인다.

589 병부……많았으니 : 유득공은 永平縣監, 楊根郡守, 加平郡守 등을 지낸 적이 있다.

5-107

소유재에서 숙직하며 경인의 거문고 소리를 듣다

小酉直廬 聞景寅彈琴

어찌 생각했으랴, 두 귀밑머리 샌 채	詎意霜雙鬢
그대 거문고 소리 내 다시 듣게 될 줄.	君琴我復聞.
숙직은 비록 뜸하고 자주함 달랐지만	直雖踈數異
직무는 간혹 실직과 겸직[590]으로 나뉘었지.	務或實兼分.
분분히 떨어지는 버들개지 눈발 같고	墜絮紛疑雪
우거져 흐드러진 가지 구름인 듯하네.	繁枝蓊若雲.
봄 보내며 취기에 기대 붓 잡으니	送春憑醉筆
엉성하여 문장 이루지 못하겠구나.	率爾不成文.

590 실직과 겸직 : 규장각검서관은 규장각 각신을 보좌하는 업무로, 여타 實職이 있으면 검서관은 兼職이 된다.

5-108

이무상[591]이 잔칫술 작은 병 하나를 구해 왔기에 앞 시에 차운해 짓다

李懋賞得讌酒一小壺而至 次前韻

안화[592]에도 어찌 그만둘 수 있으랴　　眼花惡可已
『노부도설』 곁에서 교정함을 허락했네.　　圖說許傍聞.
시는 거북이 등에서 털 깎는 것 같지만[593]　　詩似龜毛刮
술잔은 수달 쓸개로 나눌 수 있다 하지.[594]　　杯堪獺膽分.
백설의 맑은 노랫가락 뉘라서 화답하며[595]　　淸歌誰白雪
청운의 자리 졸렬한 춤으로 어찌 얻으리.[594]　　拙舞豈靑雲.
잠시 헛된 명성 지녔다고 하지만　　略有虛名在
능력 묻는다면 한 푼어치뿐이라네.　　問能直一文.

【이때 『노부도설(鹵簿圖說)』[597]을 편집하고 교정했다.[時編校鹵簿圖說.]】

---

591 이무상(李懋賞) : 이덕무의 동생 李功懋(1745~1825)로 아명은 鼎大이고 懋賞은 그의 자이다. 이덕무의 아들 李光葵와 함께 규장각검서관 등을 지냈다.

592 안화(眼花) : 사물이 흐릿하여 분명하게 보이지 않는 것을 말한다.

593 시는……같지만 : 蘇軾의 「東坡八首」에, "거북의 등에서 털을 깎아내어 어느 때에 털 방석을 만들까?[刮毛龜背上, 何時得成氈?]"라고 하였다. 실현 불가능한 일을 도모한다는 뜻으로 쓰인다.

594 술잔은……하지 : 전설상 수달 쓸개는 술잔을 가를 수 있고 눈병을 고치는 약재로 쓸 수 있다는 말이 있다. 여기서는 수달 쓸개로도 안화를 치료하지 못하고 그저 술잔을 가르는 용도로만 사용하는 자신의 상황을 유희적으로 표현한 구절로 이해된다.

595 백설(白雪)의……화답하며 : 屈原의 제자인 宋玉이 楚나라의 수도 郢에서 「백설곡」을 불렀는데, 그 곡조가 너무 고상하였기 때문에 唱和한 자가 얼마 안 되었다고 한다.

596 청운(靑雲)의……얻으리 : 한나라 황제의 앞에서 종실들이 술을 마시며 즐거이 춤을 추는데, 그중 장사정왕(長沙定王)은 소매를 조금만 돌리며 졸렬한 춤을 추었다. 황제가 묻자, 그는 땅이 좁아서 소매를 돌릴 수 없다고 하였고 이에 다시 땅을 더 봉해 주었

다는 고사가 있다.

597 『노부도설(鹵簿圖說)』 : 鹵簿는 임금의 거둥 때의 儀仗 또는 행렬 등을 뜻하는 말로 儀軌를 교정하였음을 말한다.

5-109

다시 앞 시에 차운하여 봉고[598]에게 주다

贈奉杲 又次前韻

배꽃 흩날리며 모두 지려고 하니 梨花飄欲盡
늦봄 꾀꼬리 소리 이상할 것도 없네. 無怪晚鶯聞.
술 부족하자 호리박 술병 이르렀고 飮寡葫蘆致
베끼기 침침하다 안경으로 또렷해졌네. 鈔昏靉靆分.
궁문 누대에 오시 북소리 막 울렸건만 午鼛纔象魏
서운관에서 이미 신시라 소리치는구나. 申叫已書雲.
소학의 공부 오직 그대에게 달렸나니 小學唯君在
고례로 쓴 문자 삼삼하게 펼쳐내리.[599] 森森隸古文.

【오시 정각에 돈화문 누각에서 북을 두드리고 신시 1각 전에 위졸이 내각의 문밖에서 외쳐 알리는 것으로, 공무에서 퇴근하는 시간으로 삼는다.[午正擂鼓於敦化門樓, 申前一刻, 衛卒叫報內閣門外, 以爲公退之限.]】

598 봉고(奉杲) : 이덕무의 아들 李光葵로 봉고는 그의 자이다.

599 소학(小學)의……펼쳐내리 : 중국 한나라 때 문자학을 일러 소학이라 하였으니 어린아이들이 소학에 들어가 문자를 익힌 데에서 비롯된 이름이다. 古隷는 팔분체가 나오기 이전의 예서체를 가리킨다.

5-110

욕불일[600]에 이중립[601] 군이 와서 시를 지어 그것에 차운하다

浴佛日 李君仲立來賦詩 次其韻

다시 아들 손자들과 함께 앉아서	且共兒孫坐
번간[602]이 많네적네 이야기 나누네.	幡竿話密稀.
건장하여 지팡이 쓸모없음을 알겠고	健猶知杖冗
한가하게 지내는지 나귀 살쪄 보이네.	閒稍見驢肥.
이웃집 술 빌려와 기울이기에 좋으니	隣酒賒斟可
거리 등불 완상할 약속은 어긋나겠네.	街燈約玩違.
게을러 새로이 저술한 설이 없기에	懶無新著說
『국어』의 비비[603]를 그대에게 맡기고자 하노라.	國語任非非.

600 욕불일(浴佛日) : 음력 사월초파일을 달리 부르는 말이다.

601 이중립 : 유득공과 가까이 지낸 인물인 듯하나, 누구인지는 미상이다. 이 시 외에도 『영재집 권5에 「차운하여 중립에게 주다[次贈仲立]」라는 작품이 있다.

602 번간(幡竿) : 번(幡)을 묶는 장대로 번은 부처와 보살의 공덕을 적은 깃발을 의미한다. 金邁淳의 『洌陽歲時記』 「四月八日 觀燈」 조에 "인가 및 관아와 저자에서 모두 등간을 세운다. 대나무로 나란히 묶어 높이가 10여 장으로 명주와 비단을 잘라 깃발을 만들어 장대 끝에 꽂는다. 깃발 아래는 나무를 가로 대어 갈고리로 삼고 갈고리로 끈을 넣어 그 양쪽 끝을 땅으로 드리운다. 저녁이 되면 점등하니 많은 것은 십여 개이고 적은 것은 서너 개다.[人家及官府市廛, 皆竪燈竿, 聯束竹木, 爲之高者, 十餘丈. 剪絲帛爲幟, 揷之竿杪, 幟下橫木爲鉤, 納繩鉤中垂其兩端于地至夕點燈, 多者十餘, 少者三四.]"라고 하였다.

603 국어(國語)의 비비(非非) : 춘추시대 역사서 『국어』에 기록된 사실에 대해 柳宗元이 이를 비판하여 「非國語」를 내자 송나라의 여러 학자들이 유종원의 글을 비판하여 「非非國語」를 저술했다. 유득공이 더는 저술할 글이 없기에 시시비비의 평가를 받는 일만 남았다는 뜻으로 이 고사를 인용한 것으로 보인다.

5-111

「등석」 시에 차운하다 【세 수】

次韻燈夕 【三首】

높고 낮음 등급 다르니 패왕이 황제 계승하는 듯 高卑異級霸承皇
화려하고 검소함 한 줄에 달리니 천민이 양민 충원하듯
華儉同條賤補良.
층층이 엮은 곶감에 쌍으로 쌓아올린 떡 柹顆層編雙串餠
엉겨 붙은 요화[604]에 온갖 사탕 달아놓았네. 蓼花堆糝萬枝糖.
허공에 솟구쳐 늠름해 바람 불면 불길 날리고 騰空凜凜風爭火
달과 짝하여 밝게 빛나 그림자로 달빛 가리네. 配月離離影掩光.
동쪽 이웃 누에콩을 대접한다[605] 알려오기에 報道東隣供佛豆
올해도 마지못해 다시 황혼 녘에 걸음 옮긴다. 今年强復踏昏黃.

파선은 옥황상제와 짝하는 시 지었건만[606] 詩到坡仙配玉皇
분분한 나머지 시인들 이만한 이 없구나. 紛紛餘子右無良.

---

604 요화(蓼花) : 겉에 입힌 튀밥이 연분홍빛의 여뀌꽃 모양과 같은 산자를 가리킨다. 산자는 찹쌀가루를 반죽해 납작하게 만들어 기름에 튀기고 꿀을 바른 뒤 앞뒤에 튀긴 밥풀이나 깨를 붙여 만든 유밀과의 하나이다.

605 누에콩을 대접한다 : 원문의 '佛豆'는 부처의 머리를 닮은 누에콩을 가리킨다. 『고운당필기』 권5 「세시풍속」에 "사월초파일에는 연등을 켜고 손님을 맞으며, 반드시 느릅나무 잎으로 만든 떡과 삶은 콩을 바친다고 한다. 이는 부처님 오신 날이라 채소를 먹는다는 의미인데, 다만 염불한 횟수를 세는 콩을 쓰지는 않는다.[四月八日, 燃燈邀客, 必設楡葉餠及蒸豆云. 是佛辰茹素, 但未必念佛號之豆也.]"라고 하였다.

606 파선(坡仙)은……지었건만 : 파선은 蘇軾으로 등석의 풍경을 읊으며 시를 지은 적이 있다. 소식의 「上元侍飮樓上」에 "시신들 통명전에 고니처럼 줄지어 서니, 한 떨기 붉은 구름이 옥황상제를 모시는구나.[侍臣鵠立通明殿, 一朶紅雲捧玉皇.]"라고 하였다.

백 동이의 쪽물을 치대어 물들인 옷 입고　攬藍百甕纔衣靛
천 두둑에 수숫대 졸여 만든 사당 맛본다.　煮蔗千畦始喫糖.
천구의 미묘한 소리일랑 물어보지 말게나　莫問天球要眇響
그저 보배로운 솥의 찬란한 빛을 보소서.[607]　須看寶鼎陸離光.
초파일에 험운으로 애오라지 서로 잇다가　佛辰强韻聊相屬
한 잔의 아황주에 노란빛 마주하여 웃네.[608]　一盞鵞兒笑對黃.

어린 손자 『사략』 읽으면 삼황에서 시작하지만[609]　穉孫讀史起三皇
번간 잘 만들 수 있기에 성품도 좋다네.　能造幡竿性所良.
손님 청하여 낸 밥상 콩밥임에 민망해하고　速客盤羞憐半菽
봄날 전별하는 막걸리 너무 달다 나무라네.　餞春郫醲罵如餹.[610]
별이 비처럼 떨어진 춘추시대인가 의심하다[611]　可疑星霣春秋世
등불이 일월의 광채에 짝함을 비로소 믿겠네.[612]　始信燈參日月光.
어찌하여 연대에서는 대보름 등희를 하며　焉用燕臺元夕戲

607 천구(天球)의……보소서 : 초파일 등불이 걸린 아름다운 풍경을 묘사한 구절로 보인다. 天球는 雍州에서 바친 옥으로 색깔이 하늘과 같다고 하고 寶鼎은 고대의 솥으로 천자의 상징이라 여겨 일컫는 이름이다.

608 한 잔의……웃네 : 두보의 「舟前小鵝兒」에 "오리 새끼 누른빛이 술과 같아, 술을 마주하고는 오리의 누른빛 사랑하네.[鵝兒黃似酒, 對酒愛鵝黃.]"라고 하였다. 이 고사에 기대어 鵝黃酒는 좋은 술을 뜻하는 의미로 쓰인다.

609 어린……일으키고 : 중국 원나라 때 曾先之가 지은 『十八史略』을 가리킨 것으로 보인다. 그 첫 대목이 "天皇氏, 地皇氏, 人皇氏."로 시작한다.

610 餹 : 연작시의 운자 상으로 糖에 해당하나 의미가 같아 통용한 것으로 보인다.

611 별이……의심하다 : 『歷代三寶記』 권1에 "노나라 『춘추』에, 장공 7년 여름 4월 신묘일 밤 항성이 보이지 않고 밤중에 별이 떨어져 비와 같았다. 이를 살펴보면 바로 여래가 왕궁에서 탄생한 때와 같다.[魯春秋, 莊公七年夏四月辛卯夜, 恒星不見, 夜中星隕如雨, 案此卽是如來誕生王宮時也.]"라는 말이 있다.

612 등불이……믿겠네 : 부처의 광명이 하늘에서는 해와 달 같고 땅에서는 등불과 같아 온 누리 중생을 비춘다는 뜻을 지닌 日月燈明佛이란 말이 전한다.

요란한 폭죽으로 만 곡의 유황 소비하는가.[613]　　彭轟萬斛費硫黃.

613 어찌하여……소비하는가 : 중국 정월 대보름의 요란한 풍속을 떠올린 구절이다. 燕臺는 북경 일대를 지칭한다. 李坤의 『燕行記事』 12월 29일 조에, "성안은 아무 때나 총을 쏘지 못하지만, 오직 歲時에는 금하지 않는다. 그리하여 歲前 수일부터 초3일에 이르기까지 집집마다 종이총 소리가 밤새도록 끊이지 않아 시끄럽기가 우레와 같다. 대보름날 밤 또한 그러하니 바로 이것은 시속에서 이른바 驅儺이다.[城中不得無時放砲, 唯歲時則不禁, 故自歲前數日至初三日, 家家紙銃之聲, 通宵不絶, 聒耳如雷, 上元夜亦然, 卽此俗之所謂驅儺.]"라고 하였다.

5-112

「단오」 시에 차운하다

次韻端陽

단양일의 술잔을 함께 쥐고서는	共把端陽盞
나이에 따라 먼저 돌림 양보하네.	先巡讓以毛.
이리저리 떠돌아도 여전히 뜻 원대하건만	飄飄猶志遠
하루하루 쌓여가는 고령의 나이 어이하리.	業業奈年高.
새로 검붉은 대 부채 하사받았고	髹竹新恩箑
옛 품계의 붉은 비단 도포 입었네.	緋綃舊品袍.
여러 군자 수고로이 찾아왔으니	數君勤見訪
어찌 좋은 술 따르지 않겠는가.	曷不灌醇醪.

5-113

강산 상서가 평안도 관찰사로 부임하기에 삼가 바치다[614]

奉呈薑山尙書按節關西

우리나라 들어오는 관문 바로 관서이니	吾東門戶是關西
공이 아니면 누가 저 백성들 위로할까.	不起公誰慰彼黎.
산수는 본디 항주·절강 같다 일컬어지고	山水素稱杭浙似
풍류는 흡사 백거이·소식과 나란하다네.[615]	風流洽與白蘇齊.
화재 예방하려 초가 모두 기와로 바꾸고	防燒盡變茅爲瓦
홍수 막느라 제방에 버들 많이 심으리라.[616]	禦決多將柳植堤.
백발에 대동강 가에서 노닌 일 잊지 못하니	霜鬢不忘游浿上
푸른 숲 십 리엔 꾀꼬리 울음 어지럽겠지.[617]	青林十里亂鶯啼.

614 강산 상서가……바치다 : 이서구는 비변사의 천거로 1804년(순조4) 평안도관찰사에 임명되었다(『승정원일기』 순조 4년(1804) 5월 28일 8번째 기사 참조).

615 풍류는……나란하다네 : 평양의 풍류가 白居易와 蘇軾이 즐긴 풍류에 견줄 만함을 언급한 구절이다. 백거이는 만년에 벼슬에서 물러나 香山居士라 자호하며 풍류를 즐겼고 소식은 赤壁에서 뱃놀이하며 「赤壁賦」를 읊는 등의 풍류를 누렸다.

616 화재……심으리라 : 당시 평양은 두 해에 걸쳐 화재를 겪어 큰 피해를 입었기에 이서구가 부임하여 선정을 베풀 것을 권면한 구절이다. 평양의 화재와 관련한 기사는 『승정원일기』와 이서구의 사직소 등에서 확인할 수 있다. (『승정원일기』 순조 3년(1803) 4월 9일 19번째 기사, 순조 4년(1804) 3월 15일 36번째 기사, 『惕齋集』 卷6 「辭平安道觀察使疏」 등 참조)

617 백발에……어지럽겠지 : 유득공은 젊은 시절 서경을 유람하고 「西京雜絶」 15수를 지은 적이 있다. 푸른 숲 십 리는 평양의 長林을 가리킨다. 김정호의 『大東地志』 권21 「평안도 평양」 조에 "장림은 대동강 남안에 버드나무 숲이 10리에 걸쳐 뻗어 길 좌우를 에워싸는데 봄여름이면 녹음이 뒤덮어 관에서 베는 것을 금지한다.[長林, 大同江南岸, 楡林橫亘十里, 擁路左右, 春夏綠陰掩映, 官禁樵採.]"라고 하였다.

5-114

두실 학사 · 권 승지 · 원 교리 · 이 정언과 함께 탕춘대에서 노닐다[618]

斗室學士權承旨元校理李正言 同游蕩春臺

한북문[619] 동쪽으로 옛길 길게 뻗었기에	漢北門東舊路長
평생 구학에 품은 뜻 갑자기 잊기 어렵구나.	平生邱壑遽難忘.
겹겹의 푸른 이내 어느 산의 성곽인가?	數重嵐翠何山郭
십 리에 뻗은 수초 작은 물고을 이루었네.	十里菰蒲小水鄕.
섬곡에다 관아 열었기에 옥판 재단하고[620]	剡曲開衙裁玉版
계문에서 전대에 가져온 나향 시험하네.[621]	薊門歸橐試螺香.
새로운 가을 사국의 격무에 지친 마음으로	新秋史局闌珊意
앉아서 푸른나무마다 우는 매미소리 듣네.	坐對吟蟬樹樹蒼.

618 두실 학사……노닐다 : 두실 학사는 심상규, 원 교리는 원재명(元在明, 1763~1817)을 가리킨다. 원재명의 본관은 原州, 자는 孺良으로, 우의정 元仁孫의 아들이다. 1801년(순조1) 별시문과에 급제하여 정언에 임명되고 1803년 부수찬 · 부교리 · 응교 등을 역임했다. 1804년에는 동지정사의 서장관으로서 청나라에 다녀왔다. 권 승지와 이 정언은 정확히 누구를 가리키는지 미상이다.

619 한북문(漢北門) : 숙종 때 건립된 탕춘대성의 성문으로 지금의 弘智門을 가리킨다.

620 섬곡(剡曲)에다……재단하고 : 섬곡은 剡溪와 같은 말로 중국 曹娥江 상류에 있다. 여기서 생산되는 등나무로 만든 종이가 이름을 얻어 훗날 좋은 종이를 剡藤이라 일컬었다. 玉版은 빛깔이 곱고 재질이 좋은 고급 종이인 玉版紙를 가리킨다. 탕춘대에 설치된 造紙署와 조지서에서 생산된 종이를 말한 구절이다.

621 계문(薊門)에서……시험하네 : 계문은 北京의 서북쪽 지명으로 중국을 상징하고 원문의 나향은 '螺'에 먹의 의미가 있어 墨香을 가리킨다. 여기서는 원재명이 1804년(순조4) 서장관으로 중국에서 돌아오며 가져온 먹으로 조지서의 종이에 시를 지은 사실을 묘사한 대목으로 보인다.

5-115

검서 원약허가 진도 감목관으로 가는 것을 전송하다[622] 【두 수】

送元若虛檢書監珍島牧 【二首】

술잔 쥐고 아쉬워하며 「위성곡」[623] 부르니	把盞依依唱渭城
푸른 산과 맑은 물 눈앞으로 둘러 있네.	山靑水白望中縈.
부엌에 여종[624] 없어 누구에게 음식 맡기고	廚無鴉髻云誰飪
들판에 준마[625] 있은들 이 생애 어찌할까.	野有龍鬃奈是生.
녹봉으로는 모옥의 삶 윤택하게 할 수 없고	俸不能令茅屋潤
세금 걷자니 어찌 차마 황량한 갈대밭 볼까.	賦何忍見葦田橫.
그저 응당 천사[626]의 별자리가 비추리니	秪應天駟星分照
큰 바다 평평한 곳에서 탁라[627] 바라보리라.	極目乇羅大海平.

【진도 목장에는 관비가 없고 군은 또 말이 없기에 시일을 미루면서 부임하지 못하고 있었다.[本牧無官婢, 君又無馬, 遷延未赴任.]】

622 원약허(元若虛)……전송하다 : 원약허는 元有鎭을 가리킨다. 元重擧의 아들로 본관은 原州, 자는 若虛이다. 1804년(순조4) 珍島監牧官에 임명된 사실이 『승정원일기』에 보인다.

623 「위성곡(渭城曲)」 : 이별의 노래를 상징한다. 중국 당나라 王維의 「送元二使安西」에 "위성의 아침 비 가벼운 먼지 적시니, 객사엔 푸릇푸릇 버들 빛 새롭네. 그대에게 다시 한 잔 술 권하노니, 서쪽으로 양관을 나서면 벗 없으리라.[渭城朝雨浥輕塵, 客舍靑靑柳色新. 勸君更進一杯酒, 西出陽關無故人.]"라고 하였다.

624 여종 : 원문 '鴉髻'는 여자들의 묶은 머리를 가리키는 말이다.

625 준마 : 원문은 '龍鬃'으로 용의 갈기인 龍鬐와 같으며 준마의 건장한 모습을 형용한다. 진도 목장에 있는 말들을 가리킨다.

626 천사(天駟) : 말의 수호신으로 불리는 天駟星을 가리킨다.

627 탁라(乇羅) : 제주의 옛 이름이다. 『신증동국여지승람』 권38 「全羅道 濟州牧」 建置沿革 조에, "제주는 본래 탐라국으로 혹은 탁라라고 일컫는다.[本耽羅國, 或稱乇羅.]"라고 하였다.

말 치는 것이 성 다스림보다 훌륭하다 말하니	爭云掌牧勝專城
어찌 반드시 허리에 까만 인끈[628] 둘러야 할까.	何必腰間墨綬縈.
청렴한 선비 돈 되는 물건과 소원하였기에	淸士縱踈阿堵物
미천한 관리 가련한 삶으로 끝내 살아가겠지.	卑官終涉可憐生.
각 기관의 세금 액수 항상 부족할까 염려하고	分司稅額疑恒半
여러 성에 문서 보내면 뜻밖의 견책 당하리라.	列閫文移怒輒橫.
소유각에서 거듭 작별의 인사를 건네노니	小酉閣中重叙別
내가 하는 말 그대 평범하다 비웃지 말게나.	吾言君莫笑平平.

628 까만 인끈 : 원문의 '墨綬'는 銅印墨綬의 준말로 지방의 수령을 상징한다. 지방관이 銅으로 된 印信을 검은색 인끈으로 묶어 찬 데에서 유래한다.

5-116

북둔 초당에서 두실 학사 시에 차운하다

北屯草堂 次斗室學士韻

복사꽃 숲에서 어찌 영고성쇠 물어야 할까	桃林何必問榮枯
거마 타고 가을 맞으니 대단히 아름답구나.	車馬乘秋亦甚都.
진실된 시인은 어느 곳에서 만날 수 있을까	眞箇詩人何處得
술 마시지 못하는 자는 이 가운데 없다네.	不能飮者是中無.
지당 연꽃 부스러져 쓸쓸해도 그림 그릴 만하고	池荷破碎凄堪畵
제방 버들 꺾어져 시들어도 예뻐 부지할 만하네.	堤柳摧頹婉可扶.
짐짓 성 동쪽 향하며 시냇가에서 취하니	試向城東溪上醉
이 몸 결국에는 강호에 의탁하리라.	此身終竟着江湖.

5-117

원 복정과 오원에서 함께 짓다[629]

元僕正吳園共賦

덧없는 세상에 중양절 몇 번 돌아오는가.	浮世重陽幾度迴
술병 잡고 술통 끌어다 함께 대에 올랐네.	提壺挈榼共登臺.
행인들 물 가르는 오리와 응당 이별해도	行人渡鴨從當別
태복시는 수레 타고 잠깐 올 만하겠구나.	太僕驂龍可蹔來.
단풍 모두 시들어 엄숙하게 서리 기다리고	森肅待霜楓盡老
국화 먼저 피어나 홀로 비를 견디고 있지.	伶俜耐雨菊先開.
옛날에 시 짓던 곳 아련하게 기억하노니	依依舊日題詩處
푸른 벽 그윽한 냇물 거의 이끼에 덮였네.	翠壁幽泉半沒苔.

629 원 복정(元僕正)과……짓다 : 원 복정은 1804년(순조4)에 司僕正을 지낸 원재명을 가리킨다. 吳園은 吳壽玉의 원림을 가리킨 것으로 보인다. 오수옥의 본관은 同福으로 參判 등을 지낸 吳大益의 조카이다. 원시는 『惕齋集』 권3에 수록된 「吳園看花」이다.

5-118

비로소 여강에 이르러 여주목사 박 학사[630] 시에 차운하다

始到驪江 次州牧朴學士韻

벼슬살이 지금 게을러졌기에	宦游今倦矣
구학에 깊은 정을 부쳤네.	邱壑寄深情.
단풍나무 마을마을 어울리고	紅樹邨邨合
가을 산 이곳저곳 밝구나.	秋岑處處明.
가벼운 행장에 빨리 달리는 말 꺼리고	閒裝嫌馬快
유유히 거스름은 가벼운 배에 의지하네.	幽溯恃帆輕.
전현의 시구를 낭송하니	朗誦前賢句
파사에 옛성 남아 있구나.[631]	婆娑有古城.

630 박 학사(朴學士) : 朴宗慶(1765~1817)을 가리킨다. 박종경의 본관은 潘南, 자는 汝會, 호는 敦巖이다. 1804년(순조4) 여주목사에 임명되었다(『승정원일기』 순조 4년(1804) 7월 10일, 7월 12일 기사 참조). 원시는 박종경의 『敦巖集』 권1에 수록된 「赴任黃驪路中口呼」이다.

631 파사(婆娑)에……있구나 : 여주 서북쪽 40리 강가에 자리한 파사성을 가리킨다. 임진왜란 때 승장 義嚴이 수축했다. 柳馨遠의 『東國輿地志』 권2 「京畿 驪州牧」 古蹟 조에 "婆娑城은 주 북쪽 40리에 있다. 산이 강에 임해 있고 그 성이 위에 자리했다. 어느 대에 쌓았는지는 모르고, 본조 宣祖 때 倭亂을 당하여 僧將 義嚴이 수축했다.[婆娑城, 在州北四十里. 有小山臨江, 城據其上. 未知何代所築, 本朝宣祖時, 當倭亂, 僧將義嚴繕修.]"라고 하였다.

5-119

양도에서 열병한 뒤 배를 타고 신륵사를 찾아 차운하다[632]

羊[633]島閱兵 挂席訪神勒寺次韻

동쪽 골짜기 유달리 우뚝한데	東峽殊峀崒
비스듬히 따라 이곳 아래 이르렀네.	迤迤到此低.
달빛 비춰 북쪽에 탑 그림자 지고	墖陰籠月北
바람 불어 서쪽으로 깃발 흩날리네.	旛脚擲風西.
지금 일 한가하고 바쁜 이 함께해도	卽事閒忙並
이 유람 전아하고 속됨 갖추었구나.	玆游雅俗齊.
시험 삼아 한적한 절 밖을 보니	試看蕭寺外
징과 북소리 긴 둑에 끓어오른다.	鉦鼓沸長堤.

번역 김세호

632 양도(羊島)에서……차운하다 : 『輿地圖書』「京畿道 驪州牧」牧場 조에 “양도는 고을 서쪽 2리 큰 강 가에 있다. 소와 양을 방목하는 땅으로 분양마 2필을 8월에 받아와 4월에 상납한다.[羊島, 在州西二里, 大江邊. 牛羊放牧之地, 分養馬二匹, 八月受來, 四月上納.]”라는 기록이 보인다. 원시는 박종경의 『敦巖集』 권1에 수록된「羊島閱武後 帆向東臺」이다.

633 羊 : 원문에는 ‘竿’으로 되어 있으나 의미상 ‘羊’으로 보여 바로잡았다.

5-120

활터에서 차운하여 짓다

躲場次韻

채색 누각 동쪽 연무장 너른데	演武場寬畵閣東
서리에 붉게 물든 단풍숲 에워쌌네.	楓林一帶着霜紅.
여주[634]의 군교들 함성 내지르니	黃驪列校歡聲動
박 학사 친히 작미궁[635] 시위 당기네.	學士親彎鵲尾弓.

634 여주 : 원문의 '黃驪'는 경기도 여주의 옛 이름이다.

635 작미궁(鵲尾弓) : 까치 꼬리처럼 활끝이 길게 뻗은 활을 가리키는 듯하나 자세한 것은 미상이다. 다만, '鵲畵弓'과 '鵲血弓'이라는 용례가 있어 각각 까치 모습을 그려 넣은 활과 좋은 활을 뜻하기도 한다.

5-121

청심루에서 목은의 시에 차운하다[636] 【두 수】

清心樓次牧隱韻 【二首】

기러기 날아가고 낙엽지니 온갖 근심 이는데	飛鴻落木總愁端
어이하여 다시 강가에서 주름진 얼굴 비춰보나.	那更臨流鑑皺顔.
사리비석 남아있는 곳[637] 고려 때 절이요	舍利碑殘麗代寺
분여산 열수 흘러나오는 곳[638] 한나라 때의 산이로다.	分黎水出漢時山.
문무에 종사해 무엇 이루었나 한 번 생각해보니	試思書劒成何事
어부와 초부로 여기에서 늙어감만 못하였구나.	不及漁樵老此間.
동쪽 누각 아홉 굽이 난간에 두루 기대니	倚遍東樓欄九曲
십년을 바삐 지내다 이제야 한숨 돌려보네.	十年忙始一偸閑.

636 청심루(淸心樓)에서……차운하다 : 청심루는 여주 관아 내의 누각으로 객관의 북쪽에 있었다. 남한강가의 경치 좋은 곳에 자리하고 있어 고려시대부터 많은 문인들이 시를 읊고 누각 현판으로 내걸었다. 유득공이 차운한 목은 이색의 원시는 『牧隱詩藁』 권34의 「驪興淸心樓題次韻」으로 목은이 노년에 여주에서 피서하며 청심루의 현판에 걸린 시에 차운하여 지은 작품이다.

637 사리비석……곳 : 사리비석은 여주 神勒寺에 있는 普濟尊者石鍾碑를 가리킨다. 신륵사는 애초 원효가 창건했다 전하고, 고려 말 懶翁和尙(1320~1376)이 입적한 곳이기도 하다. 1379년(우왕5) 절의 북쪽에 나옹화상의 사리를 봉안한 부도와 초상화를 모신 眞堂을 조성한 뒤에 비석을 세워 그 내력을 기록하고 보제존자석종비라 이름하였다.

638 분여산(分黎山)……곳 : 『漢書』 「地理志」의 「樂浪郡 呑列縣」 조에 "分黎山은 列水가 근원하는 곳이다. 열수는 서쪽으로 黏磾에 이르러서 바다로 들어가며 820리를 흘러간다.[分黎山, 列水所出, 西至黏磾入海, 行八百二十里.]"라고 하였다. 이에 대해 『海東繹史』 「地理考 分黎山」 조에서 "삼가 살펴보건대, 열수는 바로 한수이다. 분여산은 한수의 근원이 있는 곳이니, 금강산이 아니면 바로 오대산이다.[謹按, 列水卽漢水也. 分黎在漢水之源, 若非金剛山則乃五臺山.]"라고 하였다.

지난 왕조에서 이단 섬겼다 말하지 마오	休說前朝奉異端
온전히 남은 벽돌탑[639] 오랜 흔적 간직하고 있네.	好留甎塔記孱顔.
초수와 삽수[640]인 양 시원한 물결 눈에 들어오고	眼中苕霅淸泠水
형호와 관동[641]처럼 검푸른 산 그림속 같구나.	畵裏荊關黯淡山.
흰 돛단배 어부의 노랫소리 선대부터 이어져오고	白舫漁歌先輩事
창주[642]의 상서로운 구름 빛[643] 백년이나 서려있네.	滄洲雲物百年間.
관아 누각과 사찰을 모두 둘러보나니	官樓佛刹都經過
절로 한가한 사람인지라 가는 곳마다 여유롭다네.	自是閑人處處閑.

639 벽돌탑 : 여주 신륵사 동남편에 있는 多層塼塔을 가리킨다. 벽돌을 쌓아 만든 7층 규모의 탑으로 고려 말 나옹화상의 사리를 보관하여 나옹탑이라고도 불린다.

640 초수(苕水)와 삽수(霅水) : 원문의 '苕霅'는 중국 절강성 湖州市 경내에 있는 초수와 삽수를 합칭한 말로, 일반적으로 은거하는 곳을 가리킨다. 당나라 때 顔眞卿이 湖州刺史가 되었을 때 은사인 張志和가 타고 다니는 배가 낡은 것을 보고 새것으로 바꿔 주겠다고 하자, 사양하며 말하기를 "나는 이 배를 물 위에 뜬 집으로 삼아 초수와 삽수 사이를 오가며 지내기를 바랄 뿐이다.[願爲浮家泛宅, 往來苕霅間.]"라고 하였다 한다.(『新唐書』 卷196 「張志和列傳」)

641 형호(荊浩)와 관동(關仝) : 원문의 '荊關'은 중국 당말 오대 때 화가인 형호와 그의 제자인 관동을 가리킨다. 두 사람 모두 산수화와 樹石圖에 뛰어났으며, 당대에 '荊關'으로 병칭되었다.

642 창주(滄洲) : 주자가 武夷山에 滄洲精舍를 지어 강학하던 곳으로, 신선이 사는 곳을 비유하기도 하고 은사의 거처를 뜻하기도 한다. 여기에서는 여주를 가리킨 것으로 보인다.

643 상서로운 구름 빛 : 원문의 '雲物'은 상서로운 구름의 빛을 의미한다. 『周禮』 「春官保章氏」에 "다섯 가지 구름 빛깔로 길흉, 가뭄과 홍수, 풍년과 흉년의 조짐을 분별한다.[以五雲之物, 辨吉凶水旱降豐荒之祲象.]"고 하였다.

5-122

이천으로 가는 길에 차운하여 짓다

利川道中次韻

돌아가려니 돌아가는 길 또한 순탄해	欲歸歸亦易
오늘 저녁이나 내일 아침이면 이르겠지.	今夕且明朝.
물길로 가는 돛배 조금 빠르고	水驛帆差疾
산길에 말 타면 다소 멀다네.	山程馬較遙.
흰구름 먼 성곽에서 피어오르고	白雲生遠郭
가을나무 평다리를 둘렀네.	秋樹帶平橋.
세 번이나 나그네로 여주 찾으니	三作黃驪客
강호의 풍광이 매번 불러서라오.	湖光每見招.

5-123

남여수[644]의 강가 시골집에서

南汝修江天田舍

이러한 가을 강촌 풍경 마주하니	對此秋江色
낙방하여 돌아온들 무슨 문제 있으랴.	何妨下第歸.
작은 시골집 그대가 주인이니	薄莊君所有
초연히 은거함[645] 누가 뭐라 하겠소.	高臥孰能非.
서리 맞은 갈대꽃 한창이고	霜重蘆花老
세찬 바람에 떡갈나무잎 휘날리네.	風驚槲葉飛.
괴이하구나, 내 귀밑머리 희끗하도록	怪余雙鬢皓
여태 낚싯바위[646]에 앉아보지 못했다네.	未坐釣魚磯.

644 남여수(南汝修) : 南鴻來를 가리키니 여수는 그의 자이다. 『청장관전서』 권3의 「記遊北漢」에 이덕무와 함께 북한산을 유람하였다 기록되어 있고, 『영재집』 권5의 「남여수에 대한 만시[挽南汝修]」에 유득공과 같은 마을에 살았다는 내용이 보인다.

645 초연히 은거함 : 원문의 '高臥'는 벼슬하지 않고 시골에 물러나 편히 생활하는 것을 말한다. 東晉의 謝安이 동산에 높이 누워[高臥東山] 임금의 분부에도 응하지 않았다는 고사와 도연명이 "북창 아래에 높이 드러누워 스스로 복희씨 시대의 사람[高臥北窓之下, 淸風颯至, 自謂羲皇上人.]"이라고 한 고사가 있다(『晉書』 卷79 「謝安列傳」, 卷94 「陶潛列傳」).

646 낚싯바위 : 낚시하기 좋은 강가나 바닷가의 바위로 은거를 상징한다. 後漢의 嚴光이 어려서 光武帝와 친한 사이였는데 광무제가 즉위하자 이름을 바꾸고 富春山에 은거하여 낚시를 하면서 세상에 나오지 않았다 한다. 부춘산에 그가 낚시하던 곳인 조어대가 있다고 전한다(『後漢書』 卷83 「嚴光列傳」).

5-124

서장관으로 연경에 가는 원 교리에게 지어주다

贈元校理以書狀官赴燕

서원[647]에서 술잔 가득 채우며 함께 취하였는데	共醉西園蘸[648]甲觴
연경으로 떠나 이별하자니 마음 먹먹해지네.	燕雲一別意茫茫.
하늘의 별들 반짝이는 밤 행인으로 노숙하고	天文夜動行人宿
북방 기운 찬 가을날 어사로 서리 맞으리.	朔氣秋嚴御史霜.
만주족 한족 여러 관리 옥 같은 풍모에 놀라고	滿漢千官驚玉貌
강소 칠자[649] 같은 문인과 아름다운 시 수창하리라.	江蘇七子和瓊章.
이내 몸 노쇠해 문 닫고 지낸다고 종자들 비웃지만	摧頹閉戶從人笑
요하를 세 번이나 오가며 귀밑머리 다 세었다네.	三渡遼河鬢已蒼.

647 서원(西園) : 경복궁 서쪽 인왕산 자락에 있는 서촌 일대를 가리키는 듯하다. 인왕산 아래 옥류동 계곡이 있는 곳으로 풍광이 아름다워 예로부터 많은 사람이 찾았던 곳이다. 조선 후기 이곳에서 결성된 松石園詩社를 西園詩社라 일컫기도 한다.

648 蘸 : 저본에는 '蘸'으로 되어 있고 '蘸改醮'라는 두주가 달려 있으나 문맥상 '蘸'자가 자연스럽기에 교감을 따르지 않았다.

649 강소(江蘇) 칠자 : 청나라 때 명망이 높았던 강남 출신의 일곱 학자로, 王昶(1724~1806), 王鳴盛(1720~1797), 錢大昕(1728~1804), 吳泰來(1722~1788), 曹仁虎(1731~1787), 趙文哲(1725~1773), 黃文蓮(?~?)을 가리킨다.

5-125

연경에 가는 이계명[650]에게 지어주다

贈李季鳴游燕

그대에게 연경에서 겪은 일 말하려면 爲說燕中事
오늘밤 술 한 동이 비워야할걸세. 今宵罄一樽.
융복사[651]에 생황 소리 울리고 笙歌隆福寺
정양문에는 거마 가득하다오. 車馬正陽門.
손 모아 오땅 사람[652]에게 읍하고 手向吳儂揖
입으로 촉땅 나그네와 대화 나누었지. 口交蜀客言.
그대처럼 시서화에 뛰어난 이 如君三絶技
충분히 중원에 갈 만 하다네. 可以入中原.

650 이계명(李季鳴) : 조선 후기 화가이자 문인인 李義聲(1775~1833)으로, 본관이 전주, 자가 季鳴, 호는 淸流이다. 경기도 광주 출신으로 1807년(순조7) 사마시에 급제하여 진사가 되었고 강원도 통천 흡곡 현감을 지냈다. 1804년에는 서장관 元在明의 반당으로서 청나라에 다녀왔으며, 1806년 원재명이 성천도호부사로 있을 때 성천에 머물며 비서 역할을 하였다. 고조부인 李成輝가 서자였기에 유득공 집안과 겹사돈을 맺었으니, 이의성의 중형인 李義榮이 유득공의 仲父인 柳琴의 사위가 되고, 이의성의 아들 李同淵은 유득공의 季父 柳璉의 차남인 柳持恭의 딸과 혼인하였다(김영진, 「青流觀 李義聲의 생애와 詩文集」(『漢文學報』 19, 2008.) 논문 참조).

651 융복사(隆福寺) : 중국 북경 東城區에 있던 사찰이다. 1452년에 창건되었으며, 1744년에 티베트불교 사원으로 재건된 후 雍和宮의 하원이 되었다. 당시 우리나라 오일장과 비슷한 廟會가 열리는 곳으로 유명하여 북경을 찾은 조선 사신이 이를 기록해두기도 했다. 홍대용은 『연기』에서, 열흘마다 8・9・10일 사흘 동안 융복사에 장이 서니, 온 성안의 장사꾼과 상품들이 모여든다고 하였다.

652 오땅 사람 : 원문의 '吳儂'은 중국 남방의 오나라 사람을 가리킨다. 『廣韻』에 "오나라 사람들은 자신을 我儂이라 하고 남을 渠儂, 個儂, 他儂이라 부른다."라고 한 데서 온 말이다.

5-126

김동심의 5백근 유묵[653]에 대한 노래

金冬心五百斤油墨歌

양주의 김농은 자가 수문이고 호는 동심이다. 또 다른 호로 석야거사, 심출가암죽반승이 있다. 그림으로 온 나라에서 유명하여 『화징록』[654]과 『화방록』[655]에 모두 이름이 올라있으니, 그의 꽃과 나무 그림에서 기이하게 그린 가지와 나뭇잎의 색상은 세상에서 다시 볼 수 있는 것이 아니라고 칭송하였다. 내가 연경에 머물 때, 양봉 나빙과 더불어 서로 친하게 지냈는데, 그 또한 양주사람으로 동심에게 그림을 배웠다. 나빙은 매화 대작 그리길 좋아했고, 옛 선불화 기법을 본떠 「귀취도」를 그렸는데, 여기에 제화시를 지은 이들이 매우 많았다. 그는 매번 동심이 맑고 고고하며 속기가 없다고 나에게 말해주었다. 나는 지금 늙어서 다시 멀리 연행할 수 없는 처지인데, 동심이 손수

653 김동심의……유묵(油墨) : 김동심은 청대 문인이자 화가인 金農(1687~1764)이다. 김농은 揚州八怪의 한 사람으로 자는 壽門, 호는 冬心이다. 이밖에 稽留山民, 曲江外史, 心出家盦粥飯僧 등이 있다. 何焯에게 사사하여 일찍부터 필명이 높았고 금석을 애완했다. 여러 지방을 편력하다가 만년에 양주에서 사망했다. 그곳에서 사망했다. 八分과 漢隸를 바탕으로 특이한 방형의 서체를 이루었다. 유묵은 油煤墨의 준말로 기름을 태운 그을음으로 만든 먹을 가리킨다. 피마자, 오동나무 열매, 고래기름 등 기름기가 있는 식물이나 동물을 태워 그 그을음과 아교를 섞어서 만든 참먹이다. 번짐 효과가 좋아 산수화 및 사군자를 그릴 때 애용되었다.

654 『화징록(畵徵錄)』 : 청나라 張庚(1685~1760)이 펴낸 화가 전기집인 『國朝畵徵錄』으로 건륭 시기까지 활동했던 화가들에 대한 소개와 평론을 담고 있다. 총 3권으로 상권 117인, 중권 104인을 수록하고 있으며 하권에는 방외, 규수 등 76인, 부록에 明人 2인을 수록하고 있다.

655 『화방록(畵舫錄)』 : 청나라 李斗(1749~1817)가 지은 『揚州畵舫錄』이다. 건륭・가경 연간에 번성했던 양주의 지리적 환경을 비롯해 각종 역사적 사건과 명승지, 문화, 풍속, 종교, 오락 등을 총망라한 저술이다.

만든 먹을 풍고대원군과 두실 학사가 각각 1환씩 가지고 있다가 나에게 꺼내어 보여주었다. 이에 느낌이 있어 읊는다.

維揚金農, 字壽門, 號冬心, 或稱昔邪居士心出家菴粥飯僧. 以畵名海內, 畵徵錄畵舫錄中俱載姓名, 稱其寫花木, 奇柯異葉設色, 非復塵世間所覩. 余游燕中, 與羅兩峯聘相好, 羅亦維揚人, 學畵於冬心. 喜作梅花長幅, 倣古仙佛畵法爲鬼趣圖, 題詩者甚衆. 每爲余道冬心淸孤絶俗. 余今老矣, 不復遠游, 而冬心手製墨, 楓皐院閣斗室學士各藏一丸, 出示余, 感而賦.

지금 먹에 대한 노래 어찌 이리도 적막한지	今之墨歌何寥寥
어이하면 소황조[656] 같은 이들 다시 나올까.	安得復起蘇黃晁.
이 먹을 어느 누가 삼한 손님에게 주었던가	此墨誰人贈韓客
작은 상자 속 두 교룡 날아서 요동을 건넜구나.	小函雙螭飛度遼.
동심거사는 초땅에서 늙어간 유민으로	冬心居士楚遺老
오백 근 숯에 만 번의 절구질했다네.	五百斤煤萬杵擣.
새까만빛 무성한 가운데 검붉은색 감돌고	至玄萋萋揚紺朱
진한 향기 물씬 풍기나 사향 용뇌[657]는 아니라네.	眞香漠漠非臍腦.
매화 그리기 좋아하는 나양봉	愛畵梅花羅兩峰

656 소황조(蘇黃晁) : 중국 송나라 때 먹에 대해 조예가 깊고 관련 기록을 남겼던 蘇軾과 黃庭堅, 晁說之를 아울러 이른 말이다. 소식은 「書所造油烟墨」, 「記海南作墨」 등에서 먹 만드는 방법을 설명하였고, 「記奪魯直墨」에서는 황정견이 가진 귀한 먹을 빼앗은 일화를 기록하기도 하였다. 원나라 陸友가 지은 『墨史』에는 閬中의 蒲大韶라는 사람이 황정견으로부터 정교한 먹 제조법을 익혔다는 내용이 보인다. 조열지는 먹의 종류와 역사, 제조법, 특성 등을 정리한 『墨經』을 저술하였다.

657 사향(麝香) 용뇌(龍腦) : 원문의 '臍腦'는 사향과 용뇌향을 아울러 이른 것이다. 사향은 사향노루 수컷의 배꼽에서 추출한 향료로 '臍香'라고도 하며, 용뇌는 용뇌향목에서 추출한 향이다. 두 향을 넣어 제조한 먹을 龍香劑라 하며 대체로 향기로운 묵향을 가리킨다.

지난날 황금대 아래서 만났지.　　憶曾黃金臺下逢.
내게 한 폭 그림 정중히 선물하며[658]　　貽我一幅意鄭重
소싯적 김농에게 배웠다 말하였지.　　自言少日師金農.
김농의 필체와 솜씨 마원[659]을 넘어섰으니　　金農筆態過馬遠
설죽과 풍란 그림 백 점이나 전한다네.　　雪竹風蘭散百本.
항주 절강 유서 깊은 가문에서 다투어 수장하니　　杭浙古家爭收藏
동심의 인장과 낙관 완연하구나.　　冬心小印鈐識宛.
만주족 복식에 한족 마음 지닌 채　　滿洲衣帽漢心腸
화가로 유희하며 귀밑머리 세었다네.　　游戲丹青鬢如霜.
내가 두 번째 연경에서 노닐었을 때　　我是再游燕中者
자못 나빙과 벗하며 술잔 나누었거늘.　　頗友其人與把觴.
아! 동심은 한강[660] 굽이에서 늙어 죽고　　嗟乎冬心老死邗江曲
이름만 부질없이『화방록』에 전하는구나.　　姓名空留『畵舫錄』.
고상한 이의 한창 때 모습 보지 못하고　　未見高人盤薄時
한 치 두께 경경옥[661]만 어루만지네.　　摩挲一寸庚庚玉.

658 내게……선물하며 : 유득공은 1778년(정조2) 심양문안사 수행원으로서 심양까지 연행을 다녀왔다. 이후 북경과 열하를 다녀온 1790년 두 번째 연행에서는 북경에서 나빙과 만나 교유하면서 折枝梅가 함께 그려진 초상화 한 점과 난초 그림 한 점 및 난초가 그려진 부채 등을 선물받았다.『병세집』에 나빙이 유득공의 소상을 그리며 함께 지은「又題折枝梅贈泠齋檢書」와 난초 그림을 선물하며 지은「寫蘭爲柳惠風檢書」,「又題蘭扇贈惠風」등이 수록되어 있다.

659 마원(馬遠) : 1140~1225. 중국 남송의 화가이다. 광종(재위 1189~1194)과 영종(재위 1194~1224) 대 산수, 인물, 화조 등에 모두 뛰어났으며 李唐, 劉松年, 夏珪 등과 남송 사대가로 꼽힌다. 이당 화풍을 배워 장식적 효과와 시정의 표출을 겨냥한 남송 院體山水畵를 완성했다고 평가받는다.

660 한강(邗江) : 중국 강소성 양주시에 있는 운하 형태의 강으로 남쪽의 장강과 북쪽의 회수를 잇는다.

661 경경옥(庚庚玉) : '庚庚'은 무늬가 가로로 빗겨있는 모양을 형용한 말이므로 경경옥은 몸통에 빗살무늬가 새겨진 먹을 가리키는 것으로 보인다.

5-127

두실 학사의 입춘시에 차운하여 드리다

次呈斗室學士立春韻

세상살이 맛 매운 것 절구에 찧음[662]과 같은데	世味應同一臼辛
귓가의 검은머리도 조금씩 세어가네.	些些凋盡鬢邊春.
일찍이 벗들과 어울리며 시사 열었고	曾追季輩開詩社
여전히 풍정 남아 술친구를 찾네.	尙有風情趁酒人.
맑고 그윽한 대나무색 벽옥보다 진하고	竹色淨沈深碧玉
가벼이 휘날리는 버들가지 노란빛으로 곱구나.	柳條輕糝嫩黃塵.
일찌감치 근심됨은 봄바람 속 꽃바다에	早愁花海東風裏
볼품없는 이내 몸 늙어감이라.	可着龍鍾已老身.

662 매운……찧음 : 원문의 '臼辛'는 절구에 매운 것을 놓고 찧는 것을 말한다. 東漢의 蔡邕이 당시 유명했던 曹娥碑에 '黃絹幼婦外孫虀臼'라 써 두었는데, 삼국시대 曹操의 主簿였던 楊脩가 이를 보고 破字하여 "황견은 '색이 있는 실[色絲]'이므로 '絶'자가 되고 유부는 '少女'이므로 '妙'자가 되고 외손은 '딸의 아들[女子]'이므로 '好'자가 되고 절구[虀臼]는 '매운 것을 받아들이는 것[受辛]이므로 '辭'가 됩니다. 따라서 '絶妙好辭' 즉 절묘한 좋은 글이란 뜻입니다."라고 풀이하였다(『世說新語』「捷悟」).

5-128

이인도 찰방으로 부임하는 정제덕[663]을 전송하며

送鄭濟德赴任利仁道察訪

『내각일력』 나누어 쓰다가 고개 숙여 생각하니	分修日曆且低頭
오륙년 애쓴 끝에 전례대로 찰방 되었구려.	五六年勞例得郵.
정녕 고향집과 가까움이 기쁜 일이고	定有家鄉差近喜
원래 지방관의 번다한 일 없는 자리라네.[664]	元無民社許多憂.
한가한 밤이면 고운 기생 데리고 술 마시고	閒時夜引紅娥飮
풍경 좋은 곳 봄이 오면 흰 말 타고 노니리라.	勝處春鞭白馬游.
이문원 동원 숙직할 때와 견주어 어떠하리	何似摛文東院直
금강의 물결 취병루[665]에 비치리라.	錦江波映翠屛樓.

663 정제덕(鄭濟德) : 규장각 검서관을 지낸 정설(鄭楔, 1760~?)로 자가 濟德이다. 본관은 영일이며, 1795년(정조19) 식년시에서 생원이 되고, 이후 예빈시참봉을 지내다 1796년 7월 규장각 검서관이 되었다. 『승정원일기』에 따르면 1804년(순조4)에 이인 찰방에 제수되었다.

664 원래……자리라네 : 원문의 '民社'는 백성과 사직, 지방의 장관 등의 의미를 지니고 있다. 당시 찰방의 책무와 관련해서는 尹愭의 『無名子集』「中考後記與客問答」에, "찰방의 임무는 말을 다스림에 힘쓰고 역졸을 돌보는 것뿐이니, 백성을 다스리는 책임은 없다.[夫郵官之任, 不過勤馬政恤郵卒而已, 無民社之責.]"는 내용이 보인다.

665 취병루(翠屛樓) : 이인역의 驛樓로 1859년에 간행된 『公山誌』에 따르면 당시 6칸 규모의 누각이었다고 한다.

5-129

이중립에게 차운하여 주다

次贈仲立

내 머리카락 해마다 희어지거늘	我髮季季白
그대 시문은 나날이 새로워지네.	君篇日日新.
이웃 맺어 나의 만년 기약하고	結隣期晩歲
수계[666]하며 깊은 봄날 어울리네.	修稧屬深春.
향 피운 화로 탁자 위 놓여 있고	香鼎趺於几
막걸리 술통 두건으로 덮었다네.[667]	醪樽羃以巾.
서로 따르며 옛 학문 논하는데	相從談古學
세상사람들 모르고서 시인이라 하네.	世誤目詩人.

666 수계(修稧) : 좋은 시절을 맞아 계를 맺고 모임을 즐기는 일을 말한다. 晉나라 때 왕희지가 3월 삼짇날[上巳日]에 謝安, 孫綽 등 당대의 명사 40여 인과 함께 會稽 山陰의 蘭亭에 모여 수계하고, 曲水에 술잔을 띄우고 시를 읊으면서 풍류를 즐겼다는 고사가 유명하다(『古文眞寶』 後集 卷1 「蘭亭記」).

667 막걸리……덮었다네 : 도연명이 평소 술을 매우 즐겨 갈건을 쓰고 다니다가 집에 빚은 술이 익으면 그 즉시 갈건을 벗어서 술을 걸러 마시곤 하였다는 고사가 있다(『宋書』 「陶潛列傳」).

5-130

흥양 감목관으로 가는 검서 이성신을 전송하며[668]

送李聖臣撿書監興陽牧

석거각[669]에 처음 뽑힌 이들 태반 볼 수 없는데	石渠初選半看無
나와 그대 이제 백발로 늙어가는구려.	我與君今雪白鬚.
검서관 겸하라는 교지[670] 아름답고	兼帶祕書官誥雅
여러 목장 맡아 다스리매 녹봉도 넉넉하겠네.	分司羣牧俸錢腴.
오추마 토황마 연전총 가리온[671] 우리 안 뛰어 날고	騅駓驒駱飛騰圈
참조기 농어 새우 상어 주방에 가득 넘치리.	鮸鱸魵魦塞破廚.
유자나무숲 가운데 소탈하게 지낼 터이니	朱橘林中瀟灑臥
호남의 여인 곱다한들 내 무슨 상관이랴.	湖娥雖艷奈何吾.

668 흥양(興陽)……전송하며 : 흥양은 전라남도 고흥군의 옛 이름이다. 1436년(세종 18) 이곳에 목장을 설치하여 1천 필이 넘는 말을 관리하게 하였다. 이성신은 규장각 검서관을 지낸 李藎模이다. 성신은 그의 자로 보인다. 이덕무의 『청장관전서』 「先考積城縣監府君年譜下」(권71 부록)에는 이신모가 규장각직제학을 지낸 李秉模(1742~1806)의 아우이며 유득공의 추천으로 검서관에 올랐다고 나와 있다. 『일성록』 순조 5년(1805) 12월 19일 「사복시가 각 도 목장에서 기르는 말의 수효를 아뢰었다」는 기사에 홍양의 감목관 이신모가 9개의 목장을 관할했다는 내용이 보인다.

669 석거각(石渠閣) : 한나라 때 황실의 장서를 보관하고 군신이 강론하던 곳이다. 여기에서는 규장각을 가리킨다.

670 교지(敎旨) : 원문의 '官誥'는 임금이 내리는 교지 및 사령서를 일컫는다.

671 오추마……가리온 : 원문의 '騅駓驒駱'를 풀이한 것으로, 오추마[騅]는 검푸른 털에 흰 털이 섞인 말이고, 토황마[駓]는 누런 바탕에 흰빛이 섞인 말이며, 연전총[驒]은 엽전을 늘어놓은 것 같이 둥글고 어룽어룽한 무늬가 있는 말, 가리온[駱]은 몸은 희고 갈기는 검은 말을 가리킨다.

5-131

서 죽석학사가 소동파의 「독락원」 운으로 지은 시[672]에 차운하여 드리다

次呈徐竹石學士坡韻獨樂園

공이 근래에 지은 시 보니	觀公近日作
고인의 아래 놓임이 부끄럽다오.	恥居古人下.
위좌사[673]에 견줌 원치 않거니와	不願韋左司
어찌 맹동야[674]를 논하리.	何有孟東野.
가짜의 동과 몹쓸 옥을 가지고	僞銅與贗玉
어지러이 술잔만 늘어놓는 세상이건만	紛紛列罍斝.
공에게는 커다란 솥이 있어서	公則有巨鼎
멀리서 보아도 그 웅대함 알 수 있다네.	望而知其夏.
흐름을 따라가 『초사』[675]를 아우르고	沿流涉騷些

672 서 죽석학사(竹石學士)가……시 : 서 죽석학사는 竹石館 徐榮輔를 가리킨다. 『죽석관유집』 1책에 「금호 상공의 별장에서 동파의 「독락원」 운으로 시를 지어 증정하다[琴湖相公別墅 用東坡獨樂園韻以呈]」는 시가 실려 있다. 소동파의 「독락원」 시는 송나라 司馬光의 「獨樂園記」를 보고 그의 인품을 찬미하여 지은 「司馬君實獨樂園」(『蘇東坡集』 卷8)을 말한다.

673 위좌사(韋左司) : 당나라 때 시인 韋應物(737~792)로, 左司郎中을 지냈기에 위좌사로도 불렸다. 王維, 孟浩然, 柳宗元과 함께 전원산림의 고요한 정취를 소재로 한 작품을 많이 지어서 '王孟韋柳'로 병칭되었다.

674 맹동야(孟東野) : 당나라 시인 孟郊(751~814)로 동야는 그의 자이다. 韓愈(768~824)가 그의 시에 대해, "맹교 동야가 비로소 시로 명성을 알렸다.[孟郊東野, 始以其詩鳴.]"라고 칭송한 바 있다(『韓昌黎文集』 卷19 「送孟東野序」).

675 『초사(楚辭)』 : 원문의 '騷些'는 『초사』를 가리킨다. '騷'는 굴원이 지은 『초사』의 「離騷」를 가리키며, '些'는 「招魂」의 글귀 끝마다 '些'자가 나온 것을 이른 것이다.

근원을 궁구하여 『시경』에 이르렀네. 窮源到風雅.
이러한 법도 절로 외롭지 않아 此道自不孤
이 시대 현자와 함께 시사를 맺었네. 時賢共結社.
미천한 이내 몸 머리 이미 백발 되었건만 賤子髮已皓
문장에 능한 이라 부르기 당치 않다네. 未足謂能者.
공이 때때로 아름다운 작품 보여주며 公時枉佳藻
과문한 이에게 묻길 좋아함[676] 깊이 알겠네. 深知喜問寡.
하물며 공은 집안 대대로 학풍 드높아 況公尊世學
가문의 법도 엄숙히 이어받았지.[677] 規度森弓冶.
활짝 트인 앞날 의심할 것 없거늘 坦途無可疑
어찌 늙은 말 부릴 것 있으랴?[678] 焉用策老馬.
오직 두보 한유 소식이 아니고서는 除非杜韓蘇
누가 걸맞냐 물어도 번번이 견줄 데 없다하네.[679] 所安多姑舍.

---

676 과문한……좋아함 : 원문의 '問寡'는 『논어』 「泰伯」에 증자가 안연을 평하기를, "능하면서도 능하지 못한 이에게 물으며, 학식이 많으면서도 적은 이에게 물으며, 있어도 없는 것처럼 여기고, 가득해도 빈 것처럼 여기며, 자신에게 잘못을 범하여도 따지지 않았다.[以能問於不能, 以多問於寡, 有若無, 實若虛, 犯而不校.]"라고 하며 겸양의 덕을 칭송한 것에서 가져온 말이다.

677 이어받았지 : 원문의 '弓冶'는 대를 이어 가업을 잇는 것을 의미한다. 『예기』 「學記」에 "훌륭한 대장장이의 아들은 반드시 갖옷을 만드는 것을 배우고, 훌륭한 궁인의 아들은 반드시 키를 만드는 것을 배운다.[良冶之子, 必學爲裘, 良弓之子, 必學爲箕.]"라고 한 데서 유래하였다.

678 늙은……있으랴 : 춘추시대 齊桓公이 孤竹國을 정벌하고 돌아오다가 길을 잃었는데, 管仲이 "늙은 말의 지혜를 쓸만하다.[老馬之智可用也.]" 말하고는 늙은 말을 앞장 세워 길을 찾았다는 고사가 있다(『韓非子』 「說林 上」).

679 누가……없다하네 : 『맹자』 「公孫丑 上」에서 공손추가 "옛적에 들으니, 자하, 자유, 자장은 모두 성인의 일부분을 가지고 있었고, 염우, 민자, 안연은 전체를 갖추고 있었으나 미약하다고 하였으니, 선생님께서 자처하시는 바를 감히 묻겠습니다.[昔者竊聞之, 子夏子游子張皆有聖人之一體, 冉牛閔子顔淵則具體而微, 敢問所安.]"라고 하자, 맹자가 "우선 이들은 잠시 내버려두라.[姑舍是.]"고 한 데서 가져온 말이다.

사림에서 뛰어난 도끼 솜씨 얻어	詞林得慧斤
덤불숲 베어 민둥산처럼 만들었지.680	榛莽行可赭.
한 번 봉황새 울음소리 들어보니	試聽鳳鳥音
까악까악 우는 갈까마귀와는 다르구나.	異乎鴉啞啞.

680 사림에서……만들었지 : 원문의 '慧斤'은 시문을 지음에 솜씨가 뛰어나거나 애써 첨삭한 흔적이 없이 자연스럽게 잘된 것을 가리키는 말이다. 옛날 초나라 郢땅 사람이 자기 코 끝에 흰 흙을 얇게 발라 놓고, 匠石을 불러 그 흙을 닦아 내게 했더니, 장석이 바람이 휙휙 나도록 도끼를 휘둘러 코를 다치게 하지 않고 흙을 완전히 닦아냈다는 고사에서 비롯된 말이다(『莊子』「徐無鬼」). 다음 구절의 '可赭'는 산의 흙이 발갛게 드러나도록 도끼로 나무를 다 베어 민둥산을 만드는 일을 가리킨다. 赭斫이라고도 한다. 『사기』「秦始皇本紀」에 "시황이 크게 노하여 죄수 3천명으로 하여금 상산의 나무를 모두 베게 하여 그 산을 민둥산으로 만들었다.[始皇大怒, 使刑徒三千人皆伐湘山樹, 赭其山.]"는 기록이 있다.

5-132

이무상과 아들 본예가 숙직하면서 벌에 대해 읊었는데 흥취를 기탁함이 빼어나 즐길만하기에 그 시에 차운하다 【네 수】

李懋賞與藝兒 直中詠蜂 興托超悟可喜 次其韻【四首】

꽃은 무정한데 벌은 유정하니　無情花也有情蜂
천성 타고남이 한 겹 다르구나.　天性由來隔一重.
꽃 절로 아리따워 붉게 홀로 피었거늘　花自嫣然紅獨立
벌 윙윙 날아와 기이한 만남이라 떠벌리네.　蜂來沸沸說奇逢.

꽃 떨어지고 휘날려도 벌은 개의치 않아　花碎花飄不係蜂
그 튼튼한 침 믿고 겹겹의 꽃받침 파고드네.　任他剛嘴透臺重.
그렇지만 꽃의 처지에서 말해본다면　雖然若自花邊說
결국 거센 바람처럼 못된 손님 만났다하겠지.　終似風狂惡客逢.

벌이 꽃을 보면 일시에 에워싸니　蜂見花時一擁圍
가련하구나, 꿀 얻을 때 놓칠까 두려워서라.　憐渠應怕餉期違.
어찌하여 흰 바탕 연노랑 나비는　何如嫩白輕黃蝶
나아가 향기만 맡고선 하늘하늘 날아가버리나.　就嗅生香漫浪飛.

매미 배와 벌 허리 중 누구 둘레가 큰가　蟬腹蜂腰孰大圍
매미 굶주렸고 벌 배부르니 생리 전혀 다르다네.　蟬飢蜂飽理殊違.
모든 벌레 하나같이 거미그물에 걸려들거늘　百蟲皆罥蜘蛛網
벌만 태연히 그물 헤치고 날아간다네.　蜂子居然抉網飛.

5-133

차운하여 정생의 양근 용진정사에 제한 시를 지어 보내다

次韻寄題鄭生楊根之龍津精舍

취로의 시 가운데 아득히 산 펼쳐져 있어	翠老詩中縹緲山
청산에 한가한 이 몇인지 물어보네.	山青問有幾人閒.
그대 지금 작은 집에 길이 깃들어 사는데	君今一屋長棲息
내 예전에 조각배로 자주 왕래했지.	我昔扁舟數往還.
봄나무 너머로 화려한 빛[681] 산기슭 이어지고	罨畫岸縈春樹外
푸른 봉우리 사이로 유리알 같은 물 쏟아지네.	玻璃水瀉碧峰間.
백발도 채 안되어 강호로 떠나감은	未全髮白江湖去
떠도는 우리 인생 하나의 큰 관건이라.	似是浮生一大關.

681 화려한 빛 : 원문의 '罨畫'는 본래 화려한 채색 그림을 가리키는데, 전하여 산수의 뛰어난 경치를 비유하는 말로 쓰인다.

5-134

삼가 사국의 여러 공들이 수창한 율시[682]를 읽었는데 내가 『일성록』 초안을 쓰는 것이 또한 책무였기에[683] 슬픔을 가누지 못하고 공경히 차운하여 짓다

奉讀史局諸公唱酬長句 日省錄起艸亦職也 不勝愴裏敬次

검은 머리에 화려한 장식[684] 꽂던 옛 시절 떠올리니	憶曾靑鬢耀華簪
보잘것없는 재주로 힘들게 읊조린 시 묻곤 하셨지.	爲問微才解苦吟.
산기 반열에 올라 의란위 가까이 모셨으며[685]	散騎綴班鑾衛近
비서각에 적을 두고 깊숙한 궁궐에서 밤새 일했지.	秘書通籍瑣闈深.
엮은 초고 원본으로 쌓인들 말해 무엇하랴	何論屬艸儲藍本
해바라기처럼 바라보며 충심으로 섬길 따름이라.	自有傾葵捧赤心.

682 사국(史局)의……율시 : 사국은 사관이 사초를 작성하는 기관의 통칭이다. 원문의 '長句'는 短句(절구)의 대비되는 말로 율시를 가리킨다. 유득공이 차운한 원시는 김조순의 『풍고집』 권2에 수록된 「史局書感」으로 보이며, 이 시를 두고 서영보가 차운한 「풍옹이 사국에서 감회를 적은 시에 수답하다[酬楓翁史局書感]」(『竹石館遺集』 冊1)이 있다. 김조순과 서영보는 1800년(순조1) 12월부터 1805년(순조5) 8월까지 『정조실록』을 편찬했을 때 함께 참여하였다.

683 내가……책무였기에 : 『고운당필기』 권3 「內閣代撰日省錄」에 "성상이 즉위한 이후 내각이 『일성록』을 대신 엮었는데, 매일 입직 검서관이 승정원의 문서를 가져다가 綱目으로 정리하여 문장은 간결히 하되 사건은 빠짐없이 서술한다. 그러면 각신이 다듬고 5일치 기록을 한 권씩으로 묶어 정리하고 필사하여 올렸다.[聖上卽阼以後, 內閣代撰日省錄, 每日入直檢書官取堂后文書, 立綱分目, 文删而事該. 閣臣釐正, 五日一卷, 繕寫進呈.]"라는 내용이 보인다.

684 화려한 장식 : 원문의 '華簪'은 현달한 고관이 쓰는 화려한 머리 장식이다.

685 산기(散騎)……모셨으며 : 원문 '散騎'는 散騎常侍의 준말로 왕을 측근에서 보좌하는 직책이며, 원문 '鑾衛'는 儀鑾衛의 준말로 대궐의 의장을 관리하는 곳이다. 여기서는 유득공이 궁궐 안에서 정조의 측근으로 시종했음을 표현한 것이다.

요순시절 이미 끝났다고 한만히 말들 하는데	閒說堯年嗟已矣
명산에 사서 부본은 여전히 간직되어 있다네.[686]	名山副史閟如今.

번역 박진성

686 명산에……있다네 : 『고운당필기』 권3 「內閣代撰日省錄」에 "한림이 서술하는 時政記는 기밀로 감히 누설할 수가 없고 서울의 史庫 및 정족산, 태백산, 오대산, 적상산 네 산성의 사고에 간직된다.[翰林所述時政記, 秘不敢宣洩, 藏于京史庫及鼎足太白五臺赤裳四山城.]"라는 기록이 있다.

5-135

순천 감목관 서경재[687]에게 지어 주다

贈順天監牧徐敬哉

소중화 안의 소강남[688]이라	小中華裏小江南
서릿가을에도 귤, 유자, 감이 있다 하네.	謂有霜秋橘柚柑.
이 세 가지 해마다 삼백 개 마련하여	三種季季三百顆
상자에 봉하고 유영암이라 써서 보내주시게.	箱封題贈柳泠菴.

687 서경재(徐敬哉) : 徐有殷으로, 敬哉는 그의 자인 듯하며, 徐理修의 조카이다. 순조 대 검서관을 역임하였으며, 『승정원일기』 순조 5년(1805) 5월 7일 기사를 통해 순천 감목관에 제수된 사실을 확인할 수 있다.

688 소강남(小江南) : 順天의 별칭으로, 순천의 산수가 기이하고 아름답다고 해서 세상 사람들이 소강남으로 불렀다고 한다(『新增東國輿地勝覽』 卷40 「順天都護府」).

5-136

배봉 감목관 이경인에게 부치다[689]

寄李景寅拜峯監牧

견위 사이라 방목에 좋으니[690] 汧渭之間放牧宜
준마 사천 필 서울을 호위하네. 飛龍千駟衛京師.
지관에서 세금 면제하는 새 터전 만들어 주고[691] 地官稅外新郊遂
천책은 영중의 옛 부서가 담당하네.[692] 天策營中舊部司.
마조인 듯하다는 말[690] 우스운 듯 하지만 似是馬曹雖可笑
그 살진 말들 들어보자[691] 했으니 시가 어찌 없으리오. 薄言駉者豈無詩.

---

689 배봉 감목관(拜峯監牧官)……부치다 : 이경인은 정조대 검서관과 사옹원주부 등을 역임한 李旭秀로, 경인은 그의 자이다. 앞의 5-63번 시 333번 주석 참조. 拜峯은 경기도 양주 남쪽에 소재한 산으로, 현재 동대문구 전농동에 위치하고 있다. 조선시대 영우원과 휘경원 등 왕실 묘원이 마련되어 있었으며, 목마장이 있던 곳이다. 『일성록』 순조 4년(1804) 4월 9일 기사에 이욱수가 楊州監牧官에 제수된 기록이 보인다.

690 견위(汧渭)……좋으니 : 견위는 중국 陝西省에 있는 汧水와 渭水로, 이 일대가 목축하기에 알맞은 곳이라 전한다(『史記』 卷5 「秦本紀」). 청계천이 중랑천에 합류하는 지점에 목장이 있어 견위에 비유한 것이다.

691 지관(地官)에서……주고 : 지관은 주나라의 6官 중 재정과 호구를 담당한 부서이다. 원문의 '郊遂'는 도성 주변의 교외 지역을 가리키는 말이다.

692 천책(天策)은……담당하네 : 천책은 당나라 太宗이 秦王으로 있을 때 설치한 군부의 이름으로, 여기에서는 정조가 왕권 강화를 위해 설치한 친위 군영인 壯勇營을 빗대어 말한 것이다. 장용영은 정조 사후 1802년에 혁파되었는데 재정과 군사력은 모두 기존의 군문으로 환원되었다(『순조실록』 2년(1802) 2월 7일 조).

693 마조(馬曹)인 듯하다는 말 : 마조는 말을 관장하는 관청으로, 미관말직을 뜻한다. 晉나라 王徽之가 車騎都尉 桓沖의 騎兵參軍으로 있을 때, 환충이 "경은 무슨 曹에 소속되어 있소?[卿署何曹?]"라고 묻자, "아마도 마조인 듯합니다.[似是馬曹.]"라고 대답한 데서 나온 말이다(『晉書』 卷80 「王徽之傳」). 한편 蘇軾의 「次韻張安道讀杜集詩」에 "큰 문장은 용 잡는 솜씨이지만 미관말직은 아마도 마조인 듯해.[巨筆屠龍手, 微官似馬曹.]"

듣자니 그대 영졸[695] 중에 용맹한 이 많은데 聞君鈴卒多驍健
또 뚜우우 소리나는 화각[696]도 잘 분다 하네. 又善嗚嗚畵角吹.

라는 구절이 있어 참고할 만하다(『分類東坡詩』 卷17).

694 그……들어보자 : 원문의 '薄言駉者'는 『시경』 「魯頌 駉」에 "크고 살진 수말이 먼 들에 있으니 그 살진 말들 들어보자면 율마 · 황마 · 여마 · 황마 있어 성대하게 수레를 끄네. [駉駉牡馬, 在坰之野. 薄言駉者, 有驈有皇, 有驪有黃, 以車彭彭.]"라고 한 데서 온 말이다.

695 영졸(鈴卒) : 지방 태수가 방울을 흔들면 바로 대령하는 친위 무사를 말한다. 『정조실록』 23년(1799) 8월 18일 조에 "지난밤에 金虎門의 搖鈴卒 1명이 술을 먹고 곤드레만드레 취하였기에 衛所에서 다른 군졸로 바꿔 세웠고."라는 기사가 있으니, 이 요령졸이 영졸인 것으로 보인다.

696 화각(畵角) : 옛날 군중에서 사용하던 뿔피리를 말하는데, 거기에 그림을 그렸기 때문에 칭한 것이다.

5-137

호남을 안찰하는 두실 학사에게 받들어 올리다

奉呈斗室學士按節湖南

백제 강역 호남 호서에 걸쳐 있고	百濟全疆跨兩湖
호남의 풍기 강소에 가깝다네.	湖南風氣近江蘓.
가지런하고 깔끔한 의관에 기품 다투고[697]	衣冠濟楚爭棊品
소쇄한 정취의 마을 감귤나무 에워쌓네.	閭井瀟閒擁橘奴.
유대도는 크게 막부를 열고[698]	劉大刀雄開幕府
견신검은 거짓으로 경도라 칭했네.[699]	甄神劒僞號京都.
깨끗한 마음 옥 같은 용모로 웅식[700]에 기대니	氷心玉貌憑熊軾
오십 여 고을 두려울 것 없다네.	五十餘州悚也無.

697 기품(棊品) 다투고 : 바둑 실력을 겨루는 것을 말한다. 棊品은 바둑 두기의 아홉 가지 경지로, 守拙・若愚・闘力・小巧・用智・通幽・具體・坐照・入神이다. 호남에는 예부터 바둑의 國手가 많다고 알려져 있다(『古芸堂筆記』 卷3).

698 유대도(劉大刀)는……열고 : 유대도는 명나라 장수 劉綎(?~1619)으로, 120근이나 되는 큰 칼을 잘 써서 유대도라 불리웠다. 임진왜란 때 군대를 이끌고 조선에 파견되어 전라도 순천의 曳橋에서 小西行長이 이끄는 왜군에게 패전하자 귀국하고, 정유재란 때 南原에서 졌다는 소식이 전해지자 이듬해 대군을 이끌고 와서 조선을 도와주었다. 1595년(선조27) 3월 星州에서 남원으로 둔진을 옮겼다고 한다(『國朝寶鑑』 卷32).

699 견신검(甄神劒)은……칭했네 : 견신검은 甄萱의 아들로, 고려 태조 18년(935) 3월에 아버지를 金山寺(과거 완주, 현 전라북도 김제시 금산면 위치)에 유폐하고, 아우 金剛을 죽인 뒤 스스로 즉위한 바 있다(『東史綱目』 第5下).

700 웅식(熊軾) : 고을 수령을 뜻한다. 엎드려 있는 곰 모양으로 수레 앞의 가로 대를 장식한 수레인데, 지방관이 타고 다녀 유래한 말이다.

5-138

가을날 한가로이 지내면서 백거이의 시체[701]를 본받아 본학과 본예에게 보여주다 【열두 수】

秋日閒居 效白體示學藝 【十二首】

좁고 누추한 내 집, 안자의 거처[702]와 어떠한가　　湫隘何如晏子居
저자와 누각 빽빽한 곳에 한 초가집이라네.　　市樓稠處一茅廬.
문 닫아걸고도 또한 계절의 변화 알 수 있으니　　關門亦自知時序
웅어 사라 외치더니 민어에 이르렀구나.　　叫賣鱭魚到鮸魚.

【조(鱭)는 세속에서 웅어라 부르고, 면은 세속에서 민어라 부른다.[鱭俗稱葦魚, 鮸俗稱民魚.]】

무슨 일로 바삐 채찍 휘둘러 날랜 말 모는가　　緣底忙鞭快馬馳
어떤 일로 근심 사라져 걸음걸이 의기양양한지.　　有何憂去步施施.
이 늙은이는 지금 갈대발 안에 앉아서　　翁今坐在蘆簾裏
안경 걸치고 한가로이 백부의 시를 본다네.[703]　　罨鏡閒看白傅詩.

---

701 백거이(白居易)의 시체 : 백거이는 당나라 太原 사람으로 자는 樂天, 호는 香山居士이다. 蘇州・杭州 刺史를 거쳐 刑部尙書 등을 역임하였다. 백성의 삶과 민간 정서에 깊은 관심을 가져 지방관 재직 시 백성들로부터 추앙을 받았을 뿐 아니라, 문학에도 이러한 내용을 담아 신악부 운동을 전개하였다. 시풍은 평이하고 통속적이며 음절이 유창하고 색채가 풍부하여 사대부와 하층민에게 두루 사랑을 받았다.

702 안자(晏子)의 거처 : 안자는 춘추시대 齊나라의 대부 晏嬰이다. 검소한 생활의 본보기로, 한 벌의 갖옷을 30년 동안 입었다고 전한다. 『左傳』 昭公 3년 조에 "처음에 경공이 안자의 집을 바꾸어 주고자 하여 '그대의 집이 저자와 가까워 낮고 좁으며 시끄럽고 먼지가 많아 거처할 수 없으니 시원하고 높은 곳으로 옮기기를 청합니다.'라고 하니, 사양하면서 '임금님의 선신도 이 집에서 살았습니다.'라고 하였다.[初, 景公欲更晏子之宅曰: '子之宅近市, 湫隘囂塵, 不可以居, 請更諸爽塏者.' 辭曰: '君之先臣容焉.]"는 내용이 보인다.

이리저리 얽힌 거미줄에 이슬방울 맺혀있고 蛛網迷離露顆垂
붉은 여귀꽃 두세 가지 드리웠네. 蓼花紅亞兩三枝.
깨진 벽돌 담장 틈으로 맑은 소리 울려 퍼지니 敗甎牆隙瑤環響
가을 정취 넘쳐나는 것 귀뚜라미[704]로구나. 輸瀉秋情竈馬兒.

시냇물은 빨래하는 아낙이 물 흐림을 탄식하더니 溪水嗟爲浣女渾
자갈에 시달리다 다리 지나며 울어대는구나. 困於沙礫咽橋門.
어여뻐라. 이슬 맑고 바람 서늘한 밤 可憐露白風淸夜
베개 아래 졸졸 물소리를 만들어내누나.[705] 解作淙潺枕下喧.

부드러운 호박국 아침저녁 배불리 먹어 倭瓜湯軟飽朝曛
장재[706]를 기필하지 않아도 훈채 끊었다네. 未必長齋也斷葷.
홍로주 석 잔을 옥유[707]에 부으니 紅露三鍾衝玉乳
이 술 없이는 흠뻑 취할 수 없다네. 不能無此一醺醺.
【세속에서는 혼돈주라고 이름한다.[俗名渾沌酒.]】

---

703 이 늙은이는……본다네 : 백거이가 江州司馬로 좌천된 후에 지은 「향로봉 아래에 새로 산속 거처를 정하고 초당을 지은 뒤에 우연히 동쪽 벽에 쓰다.[香爐峯下 新卜山居 草堂初成 偶題東壁]」라는 시 중 '장지문에 갈대발 걸고 맹광을 들여야지.[紙閣蘆簾着孟光.]' 구절을 염두에 둔 말이다(『白氏長慶集』 卷16).

704 귀뚜라미 : 원문의 '竈馬'는 부엌에 사는 귀뚜라미 비슷한 곤충이다. 혹은 곱등이라고도 한다.

705 만들어내누나 : 원문의 '解作'은 만들어낼 줄 안다는 뜻이다. 황정견의 「次韻中玉水仙花」 시에 "진흙 속에서도 흰 연꽃을 피울 줄 알고, 더러운 땅에서도 황옥화를 피우는구려.[淤泥解作白蓮藕, 糞壤能開黃玉花.]"라는 구절이 있다.

706 장재(長齋) : 불가에서 평생토록 계율을 지키며 정진하여 낮에만 식사하고 오후에는 음식을 취하지 않는 것을 말한다.

707 옥유(玉乳) : 막걸리를 말한다. 1837년에 편찬된 『釀酒方』에 의하면, 따듯한 막걸리 한 사발에 증류식 소주 한 잔을 부은 다음 소주가 맑게 떠오르면 마셨는데 이를 혼돈주라 했다. 이때 넣은 소주가 붉은 색이면 自中紅이라 하기도 했다.

서글퍼라 남쪽 동산과 북쪽 시내에[708] 惆悵南園與北溪
가을이 와도 게을러 지팡이를 잡지 못하는구나. 秋來嬾不曳青藜.
훗날 어찌하면 혼자 수레 탄 나그네 되어 異時那作單車客
노룡 고새[709] 서쪽에 곧장 이를 수 있으려나. 直到盧龍古塞西.

낭관으로 잠시 전대관되었으니[710] 郎署暫爲轉對官
친척과 벗들에게 자랑할 만하네. 堪誇親戚友朋間.
나의 타고난 운수 무엇과 같다 하겠는가? 我生星命知何似
이십 여 년 공봉의 반열[711]이었지. 二十餘季供奉班.

지금 세상에 뉘라서 만석군[712]이라 하겠으며 今世誰能萬石君
또한 삼소[713]라 하여 감히 웅문에 견주리오. 三蘇又敢擬雄文.
두 아들 봉급으로 그 달을 견뎌내지만 兒曹俸粟支當朔
시는 대략 읊을 줄 안다고 말할 수 있겠지. 略解吟詩可謂云.

708 남쪽……시내에 : 도성 남쪽에 있는 화원과 북쪽에 있는 계곡으로 경치가 좋은 곳을 가리키는 듯한데, 자세한 것은 알 수 없다.

709 노룡 고새(盧龍古塞) : 중국 河北省 平州 盧龍縣에 있는 지명으로, 흔히 十八里堡라고 부른다. 현재 하북성 秦皇島市에 위치한 곳으로, 우리나라 사신이 요동을 통해서 북경으로 들어갈 때 이 곳을 경유하였다.

710 낭관으로……전대관되었으니 : 轉對는 송대에 신하들이 돌아가며 大殿에 나와 時政의 득실을 陳奏하던 제도이다. 전대관은 이를 담당한 관리로, 輪對官이라고도 한다. 여기서 낭관으로 전대관이 되었다고 하는 것은 아마도 당하관으로서 잠시 임금을 직대하는 자리에 있었던 사실을 말하는 것으로 보인다.

711 공봉(供奉)의 반열 : 공봉은 당 현종 때의 관직인 翰林供奉을 말하는데, 응제를 담당하는 직임이다. 여기서는 유득공이 20여 년간 검서관을 역임한 사실을 말한 것이다.

712 만석군(萬石君) : 漢 나라 石奮과 그의 네 아들이 모두 2천 石의 관직에 이르렀으므로, 景帝가 석분에게 내린 호이다(『漢書』 卷46 「石奮傳」).

713 삼소(三蘇) : 北宋의 문장가인 蘇洵과 그의 아들 蘇軾·蘇轍 형제를 말한다. 여기에서는 유득공과 두 아들 유본학, 유본예를 염두에 두고 말한 것으로 보인다.

빗겨 부는 봉관[714]소리 차마 듣지 못하겠으니	橫吹鳳琯不堪聽
이 몸은 용 수염 끊어진 후 외로운 처지라네.[715]	身是龍髥斷後伶.
군옥부[716] 안에 앉을 곳 없나니	羣玉府中無坐處
낭관들 모두 귀밑머리 검은 젊은이라오.	仙郞箇箇鬢絲靑.
청장관 옹은 어찌하여 지금 살아있지 않고	靑翁胡不至今存
연암 어른은 중풍으로 갑자기 말도 못한다네.	燕叟風痾忽廢言.
한 필 나귀 있어도 갈 곳 없으니	縱有匹驢無可往
가을꽃 마주하고 또 술잔 들려 하네.	秋花相對且開樽.
위위가 문관 아님을 논할 것 뭐 있으랴[717]	衛尉何論不直文
붉은 비단 도포에 옥관자[718]니 청운이라네.	緋袍玉圈是靑雲.
도장에 새겨진 글씨 자못 순박하니	圖章刻出頗淳古
용양부호군 다섯 글자라네.	五字龍驤副護軍.
흰 벽 여기저기 옛날 지어 준 연구러니	素壁重重舊贈聯

714 봉관(鳳琯) : 봉황이 우는 듯한 상서로운 소리가 나는 옥피리인 것으로 보인다.

715 이 몸은……처지라네 : 정조가 죽은 후 낙척한 처지임을 말한 것이다. 黃帝가 荊山 아래에서 솥을 주조한 뒤 용을 타고 승천할 때 신하와 후궁 70여 인을 함께 데리고 갔는데, 여기에 참여하지 못한 小臣들이 모두 용의 수염을 붙잡고서 함께 올라가려 했다는 전설이 있다(『史記』 卷28 「封禪書」).

716 군옥부(群玉府) : 群玉山은 西王母가 살았다는 전설상의 산 이름으로, 뒤에 제왕의 장서각을 뜻하는 말로 쓰이게 되었다(『穆天子傳』 卷2).

717 위위(衛尉)가……있으랴 : 衛尉는 궁궐 문을 지키는 군인들을 관할하는 관직명이다. 유득공이 검서관을 역임하다가 무관직인 용양위부호군에 제수된 심경을 표현한 것으로 보인다.

718 붉은……옥권자 : 원문의 '緋袍'는 붉은색의 얇은 비단으로 만든 朝服을 말하고, '玉圈'은 玉貫子라고도 하는데 옥으로 만든 망건 관자이다. 모두 당상관이 착용하는 복식이다.

벗과 사귐은 십 년 전이 훨씬 호사스러웠네.	論交侈甚十季前.
옛날 항주와 천촉의 시사[719]에	古杭川蜀諸詩社
우습게도 일찍이 내 이름자 전해졌다네.	可笑曾將姓字傳.

719 항주와 천촉의 시사 : 유득공은 1790년(정조14) 연행 시에 浙江省 錢塘 출신인 潘庭筠을 만나 교유하고, 泗川省 羅江 출신인 李鼎元과 李驥元을 만나 시문을 주고받은 바 있다.

5-139

대나무 새장 속의 앵무새

竹間舍鸚鵡

푸른 창 구리줄 시렁 깊숙한 곳에 갇혔으니	綠牕銅架鎖深深
초가을 돌아가고픈 꿈 농잠[720]을 맴도네.	歸夢新秋繞隴岑.
벙어리처럼 말 못한다 그대 괴이히 여기지 말라	啞咤不言君莫怪
저가 배운 것은 응당 중국말일지니.	渠應所學是華音.

720 농잠(隴岑) : 『禽經』에 의하면 "앵무새는 농서 지방에서 나오는데, 능히 말을 하는 새이다.[鸚鵡出隴西, 能言鳥也.]"라고 하였다.

5-140

검서 경리의 면신회[721]에서 유유옹[722]의 시에 차운하여 드리다

【두 수】

景李檢書免新會 次呈酉酉翁【二首】

옹이 이 집을 사랑함 괴이할 것 없으니	無怪斯翁愛是廬
비자나무 숲 깊숙한 곳 돌단 터라네.	榧林深處石壇墟.
집이 가난해 아이들은 벼슬 구하는데	家貧兒輩從干祿
나이 든 우리들은 저술 남김에 급하다네.	季邁吾曹急著書.
오래된 벼루 움푹 패이도록 갈기를 멈추지 않고	舊硯穿窪磨不已
커다란 잔에 넘쳐흐르는 술 남김없이 다 마신다네.	深杯泛凸釂無餘.
봉호알말[723]을 어찌 꼽을 것 있으랴	封胡遏末何曾數
뜰에 핀 사색 난초 아름답고 빼어나다오.	四色庭蘭秀燁如.

【옹이 네 아들의 이름을 현(玄)・호(皓)・청(青)・황(黃)이라 했기에 이렇게 말한 것이다.[翁名四子玄皓青黃故云.]】

---

721 경리(景李) 검서의 면신회(免新會) : 경리는 당시 검서관을 지낸 金思玄이다. 경리는 그의 자로, 현감을 역임한 金洪運의 아들이다. 朴宗善의 『菱洋詩集』 卷6 「直中雜詠」 제8수에 "此屬金思玄, 字景李, 寮叏, 兼寓嘲語."라는 주석이 붙어있어 참고할 만하다. 면신은 새로 출사한 관원이 재직 관원을 집으로 초청하여 음식을 대접하는 것으로, 免新禮 또는 免新罰禮라고도 한다.

722 유유옹(酉酉翁) : 金洪運(1738~?)으로, 자는 錫汝, 호는 東方子이다. 아들로 金思玄・金思皓・金思青・金思黃 등이 있다.

723 봉호알말(封胡遏末) : 우수한 자제를 말한다. 『世說新語』 「賢媛」에 "謝道韞이 말하기를, 한 집안의 숙부로는 阿大와 中郎이 있고, 여러 종형제로는 封・胡・遏・末이 있다."라고 한 데서 유래한 것이다. 封・胡・遏・末은 사도온의 동생 謝韶・謝朗・謝玄・謝淵의 어릴 적 이름이다.

생각건대 지난날 서위로 함께 숙직했는데[724]	憶曾西尉伴周廬
국화 심는 법 배우려[725] 고향으로 돌아갔네.	學種秋花返故墟.
다만 주천 태수[726] 되기를 원했을 뿐	但願酒泉爲太守
이미 모영으로 글씨 쓰기에 어울리지 않음[727] 안다네.	已知毛穎不中書.
벗들은 영락하여 남은 이 얼마 안 되고	朋交零落應無幾
세월은 쏜살같이 빨라 여생이 조금 남았네.	歲月飛騰略有餘.
들쭉날쭉한 연배에도 오랜 우의 돈독했는데	年輩參差敦宿好
그대 아들 함께 근무하게 되었으니 또한 어떠한가.	兒郎同舍又何如.

724 숙직했는데 : 원문은 '周廬'인데, 궁궐을 지키는 군사가 番을 들어서 숙직하는 곳을 이른다.

725 국화……배우려 : 원문의 '秋花'는 국화로 여겨지니, 자연으로 돌아가 은거함을 뜻하는 것으로 보인다.

726 주천(酒泉) 태수 : 주천은 술 샘이 있다고 하는 중국의 고을 이름이다. 두보의 「飮中八仙歌」에 "길에서 누룩 수레만 만나도 침을 흘리고, 주천군에 옮겨 봉해지지 못함을 한한다네.[道逢麴車口流涎, 恨不移封向酒泉.]"라고 한 데서 온 말로, 주천에 봉해진다는 것은 술을 워낙 좋아함을 뜻한다.

727 모영(毛穎)으로……않음 : 모영은 붓을 은유한다. 韓愈의 「毛穎傳」에 "상이 일찍이 붓을 쓸 일이 있어 붓의 먼지를 털자 인하여 관을 벗고 사양하는데, 상이 보니 그의 머리가 다 벗어지고 또 글씨 쓰는 것도 상의 뜻에 맞지 않았다. 상이 웃으면서 이르기를 '중서군이 늙어 머리털이 모자라졌으니 나의 심부름을 감당치 못하겠구나. 내가 일찍이 군을 중서라 불렀는데, 군이 이제는 글씨를 쓰기에 적합지 못하단 말인가.[上將有任使, 拂拭之, 因免冠謝, 上見其髮禿, 又所摹畫, 不能稱上意. 上嘻笑曰: '中書君老而禿, 不任吾用. 吾嘗謂君中書, 君今不中書邪.]'라고 했다."는 데서 나온 말이다.

5-141

대유재[728]에서 교서하며 동료들에게 장난삼아 받들어 올리다

大酉齋校書 戲奉寮席

책을 마주하자 한겹 깁이 낀 양 흐릿해 시름겨운데	對書愁纈一重紗
다행히 유리안경 있어 이를 막아주네.	賴有玻瓈靉靆遮.
오래 보았던 오죽엔 이슬 맺힌 잎 무성하고	烏竹舊看萋露葉
누군가 심은 황규[729]엔 가을꽃 흐드러지게 피었네.	黃葵誰種爛秋花.
시 이어 적을 옥판은 조지서에서 구해 오고[730]	聯詩玉版徵溪署
술값 지불할 청동전은 섬 관아에서 내라 명하리.[731]	支酒靑銅檄島衙.
포박선옹[732]이 함께 근무해 좋은데	抱朴仙翁同舍好
군에게 묻노니, 어느 날 단사 찾아갈 것인가.	問君何日訪丹砂.

728 대유재(大酉齋) : 검서관의 직소로 사용된 건물로, 대유재와 소유재가 있다. 앞의 5-36번 시 169번 주석 참조. 국왕이 선왕의 御眞을 봉안한 璿源殿과 大報壇에 展拜할 때에 전날 밤을 규장각에서 재숙하였는데, 대유재는 이때 국왕이 머무는 御齋室로 사용되었다. 순종 이후 규장각의 기능이 약화되면서, 대유재는 檢書廳으로 바뀌었다.

729 황규(黃葵) : 葵花는 오늘날 흔히 보는 해바라기가 아니라 여름철에 피는 蜀葵, 즉 접시꽃과 가을에 피는 黃葵 즉 닥풀을 말한다. 이 중에 황규가 특히 '忠'의 상징으로 시문과 그림에 널리 사용되었다.

730 시……오고 : 玉版은 빛깔이 곱고 재질이 좋은 고급 종이인 玉版紙이다. 원문의 '溪署'는 북한산 계곡가 탕춘대 부근에 있던 조지서를 가리킨다.

731 술값……명하리 : 원문의 '靑銅'은 '靑銅錢'으로 酒錢의 뜻으로 쓰였다. 두보의 「偪側行贈畢四曜」에 "얼른 만나서 한 말 술 마셔야지, 나에게 마침 삼백 술값이 있으니.[速宜相就飮一斗, 恰有三百靑銅錢.]"라는 말이 나온다(『杜少陵詩集』 卷6). 섬 관아는 정조 때 통영에 鑄造所를 재건하여 동전을 만든 사실을 가리키는 듯하다.

732 포박선옹(抱朴仙翁) : 葛洪(283~343)으로, 자는 稚川이고 호는 抱朴子이며 東晉 사람이다. 도적을 평정한 공으로 關內侯에 봉해졌으나 신선의 導養術을 좋아하여 交趾에 丹沙가 난다는 말을 듣고, 令이 되기를 자원하여 羅浮山에 들어가 煉丹하였다고 한다. 여기서는 같이 검서관으로 근무했던 稚川 朴宗山을 가리킨다.

5-142

교정하고 인쇄하는 여가에 함께 본 것을 짓다 【다섯 수】

校印之暇 共賦所見 【五首】

작은 품종 집집마다 화분에 옮겨 심고 보는데 小品家家盆種看
호리병 꼭대기 무성한 잎 일산 펼친 양 둥그렇구나. 葫蘆頂傘綰成團.
어리석은 사람 이 곳에 이르면 깜짝 놀랄 테니 癡人到此應驚倒
호랑이 움키고 용이 잡아당기는 기세로 땅 가득 서려 있네. 虎攫龍拏滿地蟠.

【전나무[樅]】

늙어 시들어가는 듯 난간 앞 한 그루 나무 婆娑欲老檻前株
덩굴 칭칭 휘감고 있어 곧 마를 것도 같구나. 藤蔓來纏略就枯.
푸른 잎에 노란 꽃 구슬방울인 양 맺혔으니 翠葉黃花瓔珞子
몇 가지엔 풍치가 전혀 없진 않구나. 數枝風韻未全無.

【회화나무[槐]】

바람 불고 비 뿌려 처마에 떨어진 것 風投雨撒汰于簷
아이들 줍고 남은 것 다람쥐 또한 엿보네. 童拾餘殘鼠亦沾.
조물주가 만물 낳은 뜻 자못 괴이하니 頗怪化工生物意
고슴도치 가죽으로 보호함 애당초 얼마나 엄중했으랴. 蝟皮封護始何嚴.

【밤나무[栗]】

대 중의 검은 것 순수하고 강직함 타고 나　　竹之烏者禀純剛
가는 잎 성글지만 서리 가장 잘 견딘다네.　　細葉蕭踈最耐霜.
남도의 푸른 대나무와는 다르니　　不似南中蒼玉質
한강 북쪽에 옮겨 심으니, 가을이 되면 누렇게 변하네.　　移栽漢北望秋黃.

【대나무[竹]】

누라서 해를 향해 기우는 모습 보지 못하랴만　　何人不覩向陽傾
뿌리를 보호한단 말[733] 어찌 그 본성에 맞으랴.　　謂衛渠根豈本情.
초가을 밝게 빛나는 자태 정원에 잘 어울리니　　照耀新秋庭院好
청동 갈고리에 금빛 징이 걸려 있는 듯하네.　　青銅鉤子掛金鉦.

【황규[黃葵]】

733 뿌리를 보호한단 말 : 『韻府』에 "해바라기 잎은 해를 향하여 뿌리를 비추지 못하게 하니, 이른바 해바라기가 뿌리를 보호한다는 것이 이것이다.[韻府云葵葉向日, 不令照根, 所謂葵衛足, 是也.]"라는 구절이 보인다.

5-143

박연암을 애도하는 만사 【네 수】

輓朴燕岩 【四首】

술 마시며 문장 논함에 인물이라 할 만하니	尊酒論文盖有人
조계 백탑 아직도 우뚝 솟아있다네.	曺溪白墖尙嶙峋.
지금 한 번 묻노니, 아득한 이 세상에	如今試問悠悠世
오십 년의 참된 사귐 몇이나 될런가.	五十年交幾箇眞.
우연한 유람으로 기이한 문장에 이르렀으니	偶然游戲至奇文
난수와 금대에서 이문 갈무리하였지.[734]	灤水金臺拾異聞.
묻노니 그 당시 누가 양구감이었던가[735]	當日問誰揚狗監
대인의 사부는 참으로 구름을 능멸한다네.[736]	大人詞賦竟凌雲.
영남 구름 호서 달 보던 벼슬살이에서 돌아오니	嶺雲湖月宦游還
한 부 농서가 상자 속에 남아 있다네.[737]	一部農書篋裏殘.

734 우연한……갈무리하였지 : 灤水는 열하 일대를 흐르는 강이고, 金臺는 연나라 昭王이 북경 근처에 세웠던 黃金臺이다. 여기서 기이한 글은 열하일기이고, 난수와 금대는 각각 열하와 북경을 가리킨다.

735 양구감(揚狗監)이었던가 : 구감은 漢나라의 近侍職이다. 漢나라 司馬相如가 지은 「子虛賦」를 읽고 임금이 찬탄하자, 구감으로 있던 蜀 땅 사람 楊得意가 자기 고향 사람이라며 사마상여를 추천한 고사가 있다(『史記』 卷117 「司馬相如列傳」).

736 대인의……능멸한다네 : 司馬相如가 지은 「大人賦」를 말한다. 그는 일찍이 武帝를 위해 「대인부」를 지었는데, 이 글이 '하늘 높이 올라 구름을 능멸하는 기상이 있고, 천지 사이에서 노니는 듯한 의취가 있다.[飄飄有凌雲之氣, 似游天地之閒意.]'라고 하여 「凌雲賦」라 부르기도 한다. 후에 문장을 자유로이 구사하고 재기가 비범한 것을 비유하는 말로 쓰였다(『史記』 卷117 「司馬相如列傳」).

잠시 평소 세상 경륜하던 솜씨 시험하니	畧試平生經濟手
명성이 순리전[738]에 전해짐 보겠네.	名留循吏傳中看.

예전처럼 진달래[739] 서당에 무성한데	山榴依舊蓊書堂
내년에 꽃 피면 차마 술잔 들 수 있을런지.	花發明年忍擧觴.
눈물 흰 수염에 떨구며 멍하니 홀로 앉았는데	淚落白髭癡獨坐
주위 사람들 부질없이 노영광[740]을 말하는구나.	傍人謾說魯靈光.

---

737 영남……있다네 : 박지원은 1791년(정조15)부터 1796년까지 안의 현감을 지냈고, 1797년부터 1800년 8월까지 면천 군수로 재임하였는데, 면천 군수 시절 정조의 명에 따라 『課農小抄』를 지어 올린 바 있다.

738 순리전(循吏傳) : 순리는 법을 지키면서 백성을 잘 다스린 지방관을 말하며, 『漢書』에 朱邑 등 순리들의 列傳이 수록되어 있다.

739 진달래 : 원문의 '山榴'는 山石榴의 준말로, 두견화 즉 진달래꽃을 말한다.

740 노영광(魯靈光) : 漢나라 魯恭王이 산동성 曲阜에 건립한 靈光殿을 말한다. 後漢의 王延壽가 지은 「魯靈光殿賦」의 서문에 "서경의 미앙과 건장 등의 궁전이 모두 파괴되어 허물어진 이후로도 영광전은 홀로 우뚝하게 서 있다.[自西京未央建章之殿, 皆見隳壞, 而靈光巋然獨存.]"라는 구절이 있다(『文選』 卷11). 여기서는 아마도 이덕무, 박제가에 이어 박지원도 죽고 영재 자신만 남은 것을 비유한 듯하다.

5-144

용강 현령으로 부임하는 자하 학사[741]에게 지어 주다

贈紫霞學士出宰龍岡

패수가 바다로 흘러드는 곳	浿水入海處
낙랑의 증지현이라네.[742]	樂浪增地縣.

【『한서예문지』「낙랑군 증지현」 조를 살펴보면, 지금의 용강현이다.[考漢志樂浪郡之增地, 爲今龍岡縣.]】

한나라 이후 천여 년이 흘렀는데	漢後千餘載
산하는 일찍이 변한 적 없다네.	山河未嘗變.
만약 명환지를 편찬한다면	若述名宦志
응당 수십 권은 될 터인데.	應爲數十卷.
너그러운 자 손으로 백성 어루만지고	寬者手撫甿
가혹한 자 몽둥이로 아전 때렸겠지.	酷者棓撾椽.
농부 아닌데도 부지런히 세곡 부과하고	非農善課粟
잠녀 없는데도 견세 잘 독촉하며	無蠶善調絹.
회칠한 벽돌로 성갈퀴 수선하고	灰甓繕雉堞
소나무 푯대로 역마길 알려주네.	松堠暵馹傳.
기와 치 해진 곳 기우고	補綻旗與幟
활과 화살의 쌓인 먼지 털어내어	拂塵弓若箭.

741 용강 현령으로……자하 학사(紫霞學士) : 자하 학사는 申緯(1769~1845)로, 1806년(순조6) 정월에 평안도 용강 현령으로 부임하였다(申義澈 編著, 『外案考』(保景文化社, 2002.) 참조).

742 패수가……증지현(增地縣)이라네 : 『漢書』「地理志」의 「樂浪郡 浿水縣」에 "물이 서쪽으로 증지현에 이르러 바다로 들어간다.[浿水西至增地縣, 入海.]"라는 구절이 보인다.

이러한 일로 업적을 쌓아	以玆爲茂績
전[743] 면하느라 전전긍긍한다네.	兢兢免于殿.
그대 어찌 홀로 그리하지 않는가	君何獨不然
붓 휘두르며 별원에 앉아 있으리	揮翰坐別院.
그 온화하고 풍류스런 원님 모습	醞藉風流守
부로들 처음 보고 놀라리.	父老驚初見.

번역 손혜리

743 전(殿) : 考課 중 가장 마지막 등급이나 과거 시험 중 후순위에 놓이는 것을 말한다. 漢나라 董仲舒의 『春秋繁露』 「考功名」에 "고시하는 법은……구분의 삼으로 나열하고 또 상중하가 있는데, 일은 최가 되고 오는 중이 되고 구는 전이 된다.[考試之法, ……九分三三列之, 亦有上中下. 以一爲最, 五爲中, 九爲殿.]"라는 구절이 있다. 조선시대 인사고과에서 상은 최, 오는 중, 구는 전이 된다.

5-145

정군복[744]에게 주다

贈鄭君復

그대 농장으로 호를 삼은 지	子號曰農丈
이제 어느덧 십 년 세월이 지났구려.	于今已十秊.
당초의 뜻 호미 쥐는 데 있었건만	初意在把鋤
본디 한 뙈기 밭도 없었다네.	元無一區田.
호령[745] 간을 분주히 다니며	栖栖湖嶺間
어진 태수에게 달려가 의탁해	投奔太守賢.
어울리지 않는 말 타고 앉아	騎坐非其馬
호탕하게 산천을 유람하였지.	浩蕩覽山川.
분에 넘치는 술에 취해 누워	醉臥非其酒
아스라한 풍악 소리 들으며,	縹緲聽管絃.
어린 기생으로 슬기로운 아이 가려내	雛妓揀慧者
시 가르쳐 어여삐 여기며 귀여워했다네.	教詩憐更憐.
아! 서생으로 늙어가며	嗟哉老書生
이 한 길로 지내왔구려.	有玆一塗焉.

744 정군복(鄭君復) : 鄭彦仁(1753~1820)으로 君復은 자이며, 본관은 東萊이다. 1789년(정조13) 문과에 급제하여 고산 찰방, 사헌부 지평 등의 벼슬을 지냈다. 『승정원일기』 순조 4년(1804) 5월 20일 기사에 興陽縣에 유배되었다가 이듬해 7월에 해배되었다는 내용이 보인다.

745 호령(湖嶺) : 호남(湖南)인 전라도와 영남(嶺南)인 경상도를 지칭하기도 하고, 호서(湖西)인 충청도와 경상도를 지칭하기도 한다. 때에 따라서는 충청도, 전라도, 경상도의 합칭으로 쓰이기도 한다.

홀연히 다시 고향 집 생각하니	忽復念鄕里
누더기옷 걸친 아내 있어,	妻衣百鶉懸.
천 리를 비추는 둥근 달 바라보며	千里一輪月
서로 헤어져 눈물만 줄줄 흘렸다네.	兩地雙淚漣.
지난번에 그대 내게 편지 부쳐와	曩子寄我書
괴로운 말 자못 이어졌지.	苦語頗纒綿.
바라건대 그대 이제 눈물일랑 닦아내고	願君且拭淚
내가 부르는 이 시편 들어보소.	聽我歌此篇.
고향에 돌아가 농사짓지 못함은	不能歸而耕
그대와 함께 나 또한 그러하다오.	君爾我亦然.
지금 비록 돌아가고자 해도	今雖欲歸去
백발이 이미 머리에 가득하니,	華髮已盈顚.
어찌 머리 하얗게 센 늙은이가	焉有華髮翁
그 힘으로 밭두둑 일굴 수 있으랴.	其力能開阡.
호남 사람들 왕대를 불태워서	湖人燒巨竹
똑똑 떨어지는 푸른 죽력(竹瀝) 받아낸다네.	逼取靑涓涓.
한 말 걸러내 잔 가득 채우면	斗醞衝一勺
향긋한 맛 사람을 신선으로 만들 터.	美味令人仙.
그대 북쪽으로 돌아올 날짜 들으니	聞君北歸期
붉은 복사꽃 막 흐드러질 때라.	桃花紅始燃.
술병에 하나 가득 받아 와서	試沽一壜來
복사꽃 아래 취해 거꾸러져 보세나.	醉倒桃花前.

5-146

남여수[746]에 대한 만시

挽南汝修

시사 함께하고 인척 맺어 인연이 오래라	同社通家宿結緣
한강 상류 찾아 노닐며 고깃배도 몰았지.	上游相訪駕漁船.
시에 능했으나 낙방한 나소간[747]이요	能詩下第羅昭諫
벼슬하지 않고 고향 돌아간 맹호연[748]이라.	未仕還山孟浩然.
병사[749]엔 이름난 꽃 3백 본을 심었고	丙舍名花三百本
주막집에선 한 말 술 마시며 만 전 치루었지.[750]	旗亭斗酒十千錢.
덧없는 인생에 통쾌히 즐기길 이같이 했나니	浮生快足如斯已
어찌 눈물 흘려 황천길에 뿌릴 것 있으랴.	有淚何須灑九泉.

746 남여수(南汝修) : 南鴻來를 말하니, 汝修는 그의 자이며 본관은 의령이다. 『영재집』 권5에 「남여수의 강가 시골집에서[南汝修江天田舍]」라는 시가 실려 있어 그의 거처가 북한강 가에 있었음을 알 수 있다. 숙부 柳璉이 18세에 의령 남씨와 결혼하였고, 유득공의 딸 또한 의령 남씨 南駿圖에게 시집을 갔기에 두 사람은 인척지간이 된다.

747 나소간(羅昭諫) : 833~909. 만당의 시인 羅隱으로 昭諫은 그의 자이다. 본명은 橫인데 열 번이나 과거 시험에 낙제하자 隱으로 개명했다고 한다. 어려서부터 문재가 있었으며, 특히 시에 뛰어나 이름이 높았다. 도가 사상에 정통하여 스스로 『讒書』를 편집한 바 있으며, 약 5백여 수의 시가 『甲乙集』에 전한다.

748 맹호연(孟浩然) : 689~740. 성당의 시인으로 본래의 이름은 浩이고, 浩然은 자이다. 진사 시험에 거듭 낙방하고 장안에 머물 때 당 玄宗이 그를 불러 한번 시를 읊으라고 했다. 그가 "재주가 없어 영명한 군주에게 버림을 받았다"라고 읊자, 현종이 화가 나서 "그대는 스스로 관직을 구하지도 않았고, 나는 그대를 버리고 남산으로 돌아간 적이 없소"라고 하였다는 일화가 전한다. 그후에 녹문산에 은거하면서 시 2백여 수를 지었는데, 산수전원시에 뛰어나 王維와 더불어 '王孟'으로 나란히 일컬어진다.

749 병사(丙舍) : 선영 근처에 지은 여막을 말하는데, 전하여 시골에 있는 집을 뜻하는 말로도 쓰인다.

750 한 말……치루었지 : 왕유(王維)의 시에 "신풍 땅 맛 좋은 술 한 말에 만 전이라네(新豐美酒斗十千)"이라는 표현을 가져다 쓴 것이다(『王右丞集』 卷14 「少年行」).

5-147

친척형 홍 동추[751]의 회갑을 맞이해

戚兄洪同樞回甲

사람이 회갑 맞이함 아득하여 기약하기 어려운지라 人坐周甲杳難期
어느새 세월 흘러 때 이르길 묵묵히 기다린다네. 默待駸駸自到時.
침침해 흐릿해진 두 눈으로 책 보기 힘들고 書不足看花兩眼
하얗게 센 두 눈썹 어찌 시름으로 찌푸리랴. 愁何必皺雪雙眉.
긴 지팡이에 학창의 차림으로 비로소 편안해짐 자랑하고 脩笻鶴氅誇新穩
날랜 말에 융복 걸친 지난날의 어리석음 비웃노라. 快馬戎裝笑昔癡.
묻노니 당성[752]에서 노닐며 낚시하던 곳에 試問唐城游釣處
지금 여러 종형제 중에 옹처럼 건장한 이 뉘 있으랴. 如今羣從健翁誰.

751 홍 동추(洪同樞) : 유득공의 모친이 남양 홍씨이기에 외가 쪽 인사로 동지중추부사를 지낸 사람으로 여겨지는데, 누구인지는 미상이다.

752 당성(唐城) : 현재의 경기도 화성시 남양면 일대의 옛 지명으로, 남양 홍씨의 시조인 洪天河가 신라 선덕여왕 때에 太子太師가 되고 唐城伯에 봉해진 데서 유래하였다. 한편 유득공은 「先妣行狀」(『泠齋集』 卷6)에서 "先妣孺人南陽洪氏, 始祖曰先幸……."이라 하여 洪先行을 시조로 밝히고 있는데, 이는 남양 홍씨가 당나라에서 귀화한 당홍계와 토착 성씨인 토홍계의 두 가지 계보가 있는데 연유한다. 당홍계와 달리 토홍계는 고려 고종(재위 1213~1259) 때 금오위별장을 지낸 홍선행을 시조로 모시고 있다.

5-148

풍고 합하가 부채에 쓴 시[753]에 차운하여 아울러 죽석 상서에게 드리다

次楓閤詩扇韻 兼呈竹石尚書

두보의 시는 용상[754]인지라	杜詩龍象也
골수를 간직하면서 문채 또한 지녔지.	有髓亦有皮.
퇴지(한유)가 그 정수를 얻었기에	退之嘬其髓
파옹(소식)이 퇴지를 아름답게 여겼다네.	坡翁淑退之.
우리들 자잘한 장인바치로	吾儕小匠師
어쩌다 남은 법도 주워 모을 뿐인데,	偶拾殘繩規.
근래 공께서 와서 이익을 다투니	公今來爭利
노나라 정승이 아욱을 뽑지 않는 격이라.[755]	魯卿不拔葵.
하물며 찬란한 문채를 숨김에	况又匿全豹
한 점 무늬 뉘라서 엿볼 수 있으랴.[756]	點斑誰能窺.

753 풍고……시 : 김조순의 『풍고집』 권2에 「石見樓主人李見心 持扇求題詩 遂書以贈」가 실려 있으며, 이 시와 운자가 같다.

754 용상(龍象) : 물속의 용과 육상의 코끼리처럼 위력이 自在하다는 뜻으로, 보통 학덕이 높은 승려를 가리키는 불가의 용어이다.

755 노나라……격이라 : 公儀子가 魯나라 정승이 되어, 아내가 베틀을 놓고 비단을 짜는 것을 보고 노하여, 베틀을 던지고 아내를 쫓아 보냈으며, 밥을 먹을 때에 아욱국을 보고 크게 성을 내어 마당에 심은 아욱을 뽑아 버리고 말하기를, "농부와 베 짜는 아녀자들은 어디에서 그 물건을 팔아야 한다는 말인가?(欲令農士工女, 安所讎其貨乎?)"라 하였다는 고사가 있다(『史記』 卷119 「公儀休列傳」). 여기에서 공의자와 달리 아욱을 뽑지 않는다는 것은 대가임에도 불구하고 이익을 다투는 소인의 무리를 포용해 함께 어울리는 풍모를 찬양한 말로 여겨진다.

756 한 점……있으랴 : 晉나라 王獻之가 소년 시절에 도박 놀음을 옆에서 지켜보다가 훈수

역산에서 벤 오동[757]을 바야흐로 타고　桐伐嶧方彈
해곡에서 잘라낸 대[758]를 처음 분다네.　竹割嶰始吹.
아득히 날아오른 붕새 아래 비둘기　杳杳鵬底鳩
고개 쳐들고 남쪽으로 날아감 괴이히 여기네.[759]　仰首怪南爲.
사림의 노성한 이 여기 있어　詞林舊老在
중화의 격조 대함에 매우 기쁘다네.　喜甚逢漢儀.
내가 앞의 쭉정이 됨이 괴로우니　我苦爲前糠
원컨대 공이 천천히 키질해 날려 보내주길.[760]　願公徐揚箕.
부채에 장난삼아 쓴 시 이어 짓고　便面續戲題
훗날 정론이 이르길 기다린다오.　定論待來玆.

를 하자, 그 어른들이 "대롱으로 표범을 보고는 그 반점 하나만을 보는 식이다.[管中窺豹, 時見一斑.]"라고 비웃었던 고사가 있다(『世說新語』「方正」).

757 역산(嶧山)에서 벤 오동 : 역산은 중국 산동성에 있는 산이다. 예로부터 역산에 오동나무가 많이 자랐는데, 이곳의 오동나무로 금슬을 만들면 아주 좋은 소리가 난다고 한다.

758 해곡(嶰谷)에서 잘라낸 대 : 해곡은 곤륜산 북쪽에 있는 골짜기로 아름다운 대가 나는데, 黃帝의 신하 伶倫이 일찍이 이곳의 대를 취하여 음률을 제정했다고 한다(『呂氏春秋』「仲夏紀 古樂」).

759 아득히……여기네 : 『莊子』「逍遙遊」에 붕새가 "회오리바람을 타고 위로 올라가는 것이 구만리이다.[摶扶搖而上者九萬里]"라고 하였으며, 이 붕새가 날아가는 것을 본 매미와 비둘기가 "우리는 기껏 날아 봤자 느릅나무와 박달나무에 부딪치는가 하면 어떤 때는 중도에 땅으로 떨어지기도 하는데, 뭣 때문에 구만리까지 올라가서 남쪽으로 날아간단 말인가.[我決起而飛, 搶楡枋, 時則不至而控於地而已矣, 奚以之九萬里而南爲.]"라고 비웃는 이야기가 나온다.

760 내가……보내주길 : 晉나라 때 孫綽이 평소에 남 조롱하기를 좋아했는데, 한번은 習鑿齒와 함께 길을 가다가, 손작이 앞에 가면서 습착치를 돌아보고 말하기를 "곡식을 일어 모래를 가리면 자갈이 뒤에 처지게 된다.[沙之汰之, 瓦石在後.]"라고 조롱하자, 습착치가 바로 이어 응수하기를 "곡식을 키질하여 까부르면 겨와 쭉정이가 앞으로 나가게 된다."는 고사를 가져다 쓴 것이다.(『晉書』 卷56「孫綽列傳」)

5-149

죽석 상서가 산동 대추를 보내와서

竹石尙書餽山東棗

병인년(1806, 순조6) 여름에 절강성 소주의 상선이 산동 대추 천 4백 석을 싣고 가다가 표류해 제주도에 정박하였다.[761] 조정에서 이를 안타깝게 여겨 은화로 따져서 구매하고 육로를 이용하도록 허락하니 상인들이 기쁨에 겨워 돌아갔다.

丙寅夏, 江蘓商船載山東棗千四百石漂泊濟州. 朝家愍之, 準銀貿取, 許由旱路, 商等蹈舞而歸.

치청[762]의 대추 천 곡을 실은 배	淄青千斛舶
표류해 떠돌다가 탐라에 이르렀네.	飄蕩到儋羅.
자못 래래의 숨은 뜻 알아서	頗解來來隱
애오라지 찬찬 노래 부른다네.[763]	聊爲纂纂歌.

761 병인년……정박하였다 : 『승정원일기』 순조 6년(1806) 3월 4일 기사에 다음과 같은 관련 내용이 보인다. "비변사가 아뢰기를, '방금 제주목사 박종주의 장계를 보니 '외국 선박 한 척이 涯月鎭 嚴莊浦 앞바다에 표류해 왔는데, 그 票文을 살펴보고 問情記의 내용을 참고해 보니 江南省 蘇州府 太倉州의 寶山縣 및 上海縣 사람 22명이 장사하러 가는 길에 표류해 온 것이었습니다. 그들은 타고 온 배가 파손되어 육로를 통해 돌아가기를 원하였고, 또한 싣고 온 대추 1443섬을 銀兩으로 바꾸어 귀국 비용을 마련하고자 하였습니다. 묘당으로 하여금 상께 여쭈어 처리하게 하소서.'라고 하였습니다."

762 치청(淄青) : 淄州와 青州를 아울러 일컫는 말로 지금의 산동성 일대에 해당한다(『資治通鑑』 卷225 「唐紀41」).

763 자못……부른다네 : '來來'는 '棗'자의 위아래를 파자하여 대추를 가리키며, '纂纂의 노래'는 晉나라 潘岳이 지은 「笙賦」를 말한다. 「생부」에서 "대추나무 아래에 무성히 늘어져,

온통 쭈굴쭈굴해도 향기 남아있고 皺均香不壞
가느다란 씨에 살이 많기도 하구나. 仁細肉還多.
이미 난민들이 기뻐 춤추는 것 보았나니 已見難民舞
은(銀)[764] 좀 쓴 것이 무슨 대수리오. 朱提費則那.

붉은 열매 주렁주렁 달렸네. 시들어 떨어지니, 마른 가지로 변하였네. 인생을 즐기지 못하였으니, 죽어서 헛된 시호 받아 무엇하리.[棗下纂纂, 朱實離離. 宛其落矣, 化爲枯枝. 人生不能行樂, 死何以虛諡爲?]"라고 하였다. 참고로 趙性家(1824~1904)가 대추를 노래한 시에서 "來來隱語誰能悟, 纂纂遺歌和者稀."(『月皐文集』 卷2 「十果 棗」)라고 하였다.

764 은(銀) : 원문은 '朱提'로 銀을 뜻하는 말이다. 수시는 중국의 지명인데 이곳에서 좋은 은이 생산되므로 은의 대명사가 되었다(『漢書』 卷24下 「食貨志 下」).

5-150

병인년 여름 옛 책 상자를 살펴보다가 소주의 효렴 황성이 그려준 작약 그림[765] 한 폭을 얻었기에 예아(유본예)를 시켜 본떠 그리도록 하고는 황성이 지어준 칠언절구에 차운하여 짓다 【두 수】

丙寅夏 撿舊篋 得蘇州孝廉黃成芍藥一幅 令藝兒倣寫 仍次其題贈七絶 【二首】

옅은 흰색 선명한 붉은빛 자태가 똑같으니	嫩白生紅作態同
본래 색즉시공의 이치 서로 통하는 법이라.	元來空色義相通.
만다라[766]의 연약한 가지 뼈가 없는 듯도 하니	陀羅枝弱疑無骨
서랑[767]의 분본 가운데 휘날려 떨어지네.	飛墜徐郎粉本中.

어여쁜 한송이 꽃 뭇꽃 가운데 빼어나	一朶嫣然逈出羣
소대의 희필로 아직도 향기 남아있네.	蘇臺戲筆尙留芬.

765 소주(蘇州)의……그림 : 『연대재유록』에 다음과 같은 관련 내용이 보인다. “黃成의 호는 香涇인데 蘇州 사람이다. 書肆에서 서로 알게 되어, 長元 吳會館에 모이기로 약속했는데, 그곳은 사람이 많다고 싫어하여 다시 福祥庵으로 약속했다.……향경이 나에게 작약 한 폭을 그려 주면서, 절구 한 수를 써 주었는데 다음과 같다.
‘눈앞의 고운 모습 모든 꽃에 뛰어나고, 채필을 의지하여 맑은 향기 붙였노라. 다른 해 염의의 일이 혹시 있을는지, 오늘날 구열군을 먼저 만날 줄이야.[眼底丰姿果不群, 且憑綵筆寄淸芬. 染衣或有他年事, 今日先逢九烈君.]’”

766 만다라 : 범어 ‘mandala’의 음역으로 불가에서 천상계에 핀다고 하는 성스러운 연꽃을 말한다. 부처가 설법할 때 하늘에서 연꽃 모양의 각종 만다라 꽃이 비처럼 쏟아졌다고 한다(『法華經 序品』).

767 서랑(徐郎) : 앞 구의 ‘無骨’은 ‘沒骨’과 같은 말로 먹으로 윤곽을 그리지 않고 바로 채색을 하여 물상을 그려내는 수법을 말한다. 몰골은 南唐 때에 徐熙·徐崇嗣 부자가 창시한 화법으로 알려져 있다.

꽃 중에 좋은 적수 없음이 한스러워　　花中可恨無强對
급히 문가에게 묵군[768]을 빌어오도록 했네.　　急向文家乞墨君.

768 문가(文家)에게 묵군(墨君) : '문가'는 이어지는 구절로 보아 대나무 그림을 잘 그린 것으로 유명한 북송의 문인 文同을 지칭한 것으로 생각된다. 묵군은 墨竹을 말한다. 晉나라 王子猷가 대[竹]를 사랑하여 하루도 그대[此君]를 잊을 수 없다 한 데서 유래하여 차군은 대의 별칭으로 쓰인다.

5-151

무더위에 지쳐 툇마루에 누워있다가 나는 새 두 마리를 보고는 장난삼아 짓다

苦熱臥小軒 睇二種飛禽戲賦

궁원의 소나무 끝에 둥지 틀고 지내며 棲集宮園松樹端
먹이 구하여 멀리 한강 변까지 이르네. 求魚遠赴漢江干.
너희 한가롭고 바쁜 일은 관심 두지 않거니와 不須關汝閒忙事
맑은 하늘에 눈처럼 나는 모습 가장 보기 좋구나. 颺雪晴空最好看.

【해오라기[鷺鷥]】

눈알 부릅뜬 채 빙빙 선회하며 나는 자태 弩目盤飛往復回
모습이 매 같지만 날랜 재주는 없다네. 形雖鷹也沒鷹才.
병아리 이미 몸집 커져 낚아채지 못할까 근심하니 雞雛已大愁難攫
길거리 아이들 쥐 몰고 나오기만 기다리는구나. 且待街童送鼠來.

【솔개[鳶]】

5-152

음마장성굴행. 고려악부를 본떠 풍고 합하의 시에 차운하다[769]

飮馬長城窟行 擬高麗樂府 次楓閤韻

젊은 시절부터 병서[770]를 배워	結髮學韜鈐
강개한 마음으로 한 번 죽음 가벼이 여겼네.	慷慨輕一死.
세상에 나아가 현명한 군주 섬기고	立身事明主
이름이 수사를 통솔하는 지위에 올랐지.[771]	名編執殳士.
저 야율씨가	恨彼耶律氏
우리 남소수를 빼앗음 한스럽게 여겨[772]	奪我南蘇水.
날랜 기병으로 겹겹의 관문을 격파하고	輕騎破重關

769 음마장성굴행(飮馬長城窟行)……차운하다 : 김조순의 『풍고집』에는 원시가 확인되지 않으나, 서영보의 『죽석관유집』 1책에 「풍고가 고악부인 「음마장성굴행」을 본떠서 지은 시에 수답하다[酬楓皐擬古飮馬長城窟行之作]」이라는 제목으로 같은 운자의 시가 수록되어 있다.

770 병서 : 원문 '韜鈐'은 고대의 병서인 『六韜』와 『玉鈐篇』의 병칭으로, 일반적으로 병서를 일컫는다.

771 세상에……올랐지 : 시의 전반적인 내용으로 미루어 볼 때 여기에서 현명한 군주는 고려 숙종을 말하고, 수사를 통솔하는 지위에 오른 이는 윤관(1040~1111)을 지칭하는 것으로 보인다. 윤관은 여진 정벌을 결심한 숙종으로부터 전권을 위임받아 기존의 군사 편재와는 다른 別武班이라는 특수 부대를 창설하였다. 별무반은 神騎軍・神步軍・降魔軍 등으로 이루어져 있는데, 신기군은 기병, 신보군은 보병, 항마군은 승병으로 편성되었다. 윤관은 1107년(예종 2)에 17만 대군으로 이루어진 별무반을 이끌고 여진족을 토벌하고 동북 지역에 9성을 축조하였다.

772 저 야율씨(耶律氏)가……여겨 : 야율씨는 916년 여러 부족을 통일하고 거란국을 건국한 야율아보기(耶律阿保機)를 말한다. 한치윤의 『해동역사』 「발해」 조에서 "요나라의 耶律氏(耶律阿保機)가 자주 발해를 쳤으나, 복속시키지 못하였다."고 하였다. 안정복의 『동사강목』 「지리고」에서는 『후한서』를 인용해 "요수는 서남쪽으로 遼隊에 이르러 大遼水로 들어가고, 또 南蘇水가 있어 서북쪽으로 塞外를 경유한다."고 하였다.

수천 리에 위엄을 떨쳤지.	伸威數千里.
아침나절 장백산의 사슴을 활로 쏘고	朝躲白山鹿
저물녘이면 요하의 잉어를 먹는다네.	暮食遼河鯉.
요수는 드넓게 펼쳐져 흐르는데	遼河浩湯湯
장사의 의기는 다함이 없구나.	壯士意未已.
말 기르는 평원에 봄풀이 푸르고	牧廠春蕪綠
변방의 성은 서리 맞아 붉게 빛나네.[773]	塞垣霜華紫.
영토를 개척해 성읍을 세움에	拓地建城邑
해장[774]이 나날이 멀리 옮겨갔지.	奚帳日遠徙.
공을 이룸에 스스로 자랑하기 부끄러워	功成恥自伐
각건을 쓰고 동쪽으로 돌아갔을 따름이라.[775]	角巾東歸耳.
이 일을 생각하면 잠들 수가 없어	念此不能寐
쓰러져가는 집 안에서 칼날 두드린다네.	彈劍敗屋裏.

773 변방의……빛나네 : 원문 '塞垣'은 長城이나 변새의 관문을 지칭하는 말이다. 진나라 때 쌓은 만리장성이 모두 紫色이고, 한나라 변방의 성도 자색이었기 때문에 '紫塞垣'이라 칭하기도 한다.

774 해장(奚帳) : '奚'는 庫莫奚라고도 부르며, 요하 일대에 거주한 유목 민족을 말한다. '帳'은 인구수를 적은 장부책을 말하는데, 여기에서는 이들이 거주하는 영토를 의미한다.

775 공을……따름이라 : 晉나라 羊祜가 征南大將軍으로 있으면서 아우 琇에게 보낸 편지에, "이미 변방의 난리가 진정되었으니, 마땅히 각건을 쓰고 동쪽 길로 고향으로 돌아가 棺을 묻을 터나 만들어야 할 것이다. 백면서생으로 위중한 자리에 올랐으니, 어찌 가득 찼다는 책망을 받지 않을 수 있겠는가."라고 한 고사가 있다(『晉書』 卷34 「羊祜列傳」).

5-153

평강으로 부임하는 서 사군[776]을 전송하며

送平康徐使君之任

작은 현이라 하여 근심할 것 있으랴	何憂一小縣
지난날 경조에서 낭관[777]을 지냈다네.	京兆舊星郎.
오래된 고을 궁예의 도읍지[778]와 이웃하고	故府隣弓裔
졸졸 흐르는 강물 대방군으로 모여든다네.	潺江湊帶方.
독서할 땐 밀납 태워 불 밝히고	讀燒蟲蠟瑩
시 읊조릴 땐 견전(繭箋)[779] 자른 향기 퍼지리.	吟劈繭箋香.
헤어진 뒤 가을꽃이 좋을 텐데	別後秋花好
누가 내 술잔에 술을 따르려나.	誰當屬我觴.

776 서 사군(徐使君) : 『승정원일기』 순조 6년(1806) 6월 22일 기사에 徐畊輔(1771~1839)를 平康縣監으로 임명한 것이 보이니, 여기에서 서 사군은 서경보를 지칭하는 것으로 여겨진다. 서경보는 서영보의 동생으로 음보로 순창·예천의 군수를 지내다가, 1825년(순조25) 알성 문과에 장원으로 급제하여 형조판서·공조판서·대사헌 등을 역임하였다.

777 낭관 : 원문의 '星郎'은 낭관의 별칭으로 하늘의 별자리 중에 郎宿가 있다 하여 붙여진 이름이다. 1806년 3월 서경보를 한성부 主簿에 임명한 기사가 『승정원일기』에 보인다.

778 궁예의 도읍지 : 후고구려를 세운 궁예는 905년에 송악에서 철원으로 도성을 옮기는데, 평강현 서쪽은 철원군과 인접해 있다.

779 견전(繭箋) : 繭紙로 만든 시전지를 말한다. 견지는 닥나무를 원료로 만든 우리나라 종이가 반드럽고 윤택함이 마치 비단과 같다 해서 붙은 명치이다. 명나라 때 屠隆이 편찬하였다고 하는 『考槃餘事』에서 "高麗紙는 누에고치로 만들어서 綾같이 희고 명주같이 질기며, 글을 쓰면 먹을 잘 받아들여서 사랑스럽다."고 하였다.

5-154

영화 찰방 성붕지[780]를 전송하며

送成鵬之迎華察訪

내 지난날 어가 모시고 지났는데	我昔陪鑾過
그대 지금 역마 관장하게 되었구려.	君今掌馹居.
둔전 둘러 벼이삭 붉게 익어가고	匝屯紅穲稏
둑길 따라 연꽃 하얗게 피어나리.	沿埭白芙蕖.
역참의 장교 금빛 갑옷 화려하고	郵將輝金甲
관아의 말은 판여[781] 끌기에 어울리리.	官騶穩版輿.
묻노니, 동화보[782] 지니고 가	問携東畫譜
공무의 여가에 품평할는지.	評品在公餘.

780 성붕지(成鵬之) : 成海運으로 붕지는 그의 자이다. 『승정원일기』 순조 6년(1806) 6월 22일 기사에 성해운을 영화 찰방에 임명하는 기사가 보인다. 영화는 지금의 수원시 장안구 영화동이다.

781 판여(版輿) : 부들방석을 깔아 푹신하게 만든 노인용 가마를 말한다. 潘岳의 「閒居賦」에 "太夫人을 판여에 모시고, 가벼운 수레에 오르시게 하다.[太夫人乃御版輿, 乘輕軒.]"라고 하였다.

782 동화보(東畫譜) : 성해운이 편찬한 『東詩畫譜』를 말하는 것으로 보인다. 성해응의 『研經齋全集』 卷13 「東詩畫譜序」에 따르면 『唐詩畫譜』의 예에 따라 우리나라 한시 중 그림에 어울릴 만한 작품을 뽑아 그림과 함께 수록한 책인데, 현전하지는 않는다.

5-155

죽석 상서가 금강산을 유람하고 돌아와 단풍·계수나무·돌 세 가지를 풍고 합하에게 보내어 각기 절구 한 수를 읊었는데, 그 시에 차운하다

竹石尙書游金剛而歸 以楓桂石三種餉楓閤 各賦一絶 次韻

이슬에 물든 연지빛 가지 바람에 말랐는데	露染臙支風戾乾
호리병에 꽂아 놓으니 만 가지 모인 듯도 하구나.	一壺揷擬萬枝攢.
방촌의 짧은 나무를 높은 누각에 비유하고[783]	木將方寸岑樓喩
수미산을 겨자씨 안에서 본다 하였지.[784]	山把須彌芥子看.

【장안사의 단풍잎[長安寺楓葉]】

계수나무 소나무류에 견주어 신선과 범부처럼 현격한데	桂於松類逈仙凡
겉으로만 보면 분간키 어려워 삼나무로 지목된다네.	皮相紛紜目以杉.
눈처럼 하얀 꽃 필 때 여러 의심 환히 풀리니	洞釋羣疑花似雪
동해 가에 유람왔다가 다시 봄옷으로 갈아입었네.	游東海上更春衫.

【마하연의 계수나무 가지[785][摩訶衍桂枝]】

783 방촌의……비유하고 : 『맹자』「告子 下」에, "그 근본을 헤아리지 않고 그 끝만 가지런히 한다면 방촌의 짧은 나무를 가지고 높은 누각보다 높게 할 수 있다.[不揣其本而齊其末, 方寸之木, 可使高於岑樓.]"라고 하였다.

784 수미산(須彌山)을……하였지 : 수미산은 불교에서 세상의 중심에 있다고 하는 산이다. 『維摩詰經』「不思議品」에서 "높고 넓은 수미산도 겨자씨 속에 들어가니 더 크지도 더 작지도 않다.[以須彌之高廣, 內芥子中, 無所增減.]"라고 하였다.

785 마하연(摩訶衍)의……가지 : 김창협의 『農巖集』 권23 「東游記」에 "화룡담에서 1리를 간 곳이 마가연인데, 암자 뒤로는 마치 병풍을 진 듯한 모습으로 衆香城을 끼고 있고,

우연히 거센 바람 한번 내뿜는 기운에 이루어져[786]	偶得罡風一噫成
나누어 흩어 놓은 형체와 색상 또한 무정하구나.	播分形色亦無情.
묻노니, 누가 치절하게도 이곳에 와 흙을 구워	問誰癡絶來蒸土
만리에 구불구불 이어진 벽돌성 쌓았는가.	萬里逶迤也甓城.

【중향성의 돌[衆香城石子]】

앞에는 穴望峯, 曇無竭峯 등 여러 봉우리가 병풍처럼 빙 둘러서 있으니, 실로 명찰이었다. 뜰에는 삼나무와 전나무가 울창한데, 그중 한 그루는 줄기가 곧고 껍질이 붉으며 잎은 삼나무 잎을 닮았으니, 예로부터 계수나무라고 전해 온 말은 잘못일 것이다."라는 내용이 보인다.

786 우연히……이루어져 : 『莊子』「齊物論」에서 "거대한 땅덩어리가 기운을 내뿜으면 그것을 이름하여 바람이라고 한다. 바람이 불지 않으면 그만이지만, 일단 불기만 하면 온갖 구멍들이 여기에 응해서 성내며 부르짖는다.[夫大塊噫氣, 其名爲風, 是唯無作, 作則萬竅怒號.]"라고 하였는데, 이를 가져다 쓴 말로 보인다.

5-156

우사영정[787]에 써서 받들어 올리다

題奉又思潁亭

한강 남쪽의 풍기 하남 지방과 흡사해	漢南風氣似河南
한 줄기 안개 낀 물결에 짙은 초록빛 비치네.	一帶烟波暎蔚藍.
푸른 들판 한가운데 농사 살피는 정자요	綠野正中觀稼榭
흰 구름 피어나는 곳에 저술하는 암자라.	白雲多處著書菴.
늙어가매 벼슬살이 해가 갈수록 덤덤해지고	宦情投老年年淡
봄을 맞아 은거하는 꿈 밤마다 달게 꾼다네.	歸夢逢春夜夜酣.
옛 영수에 견줘 이곳의 영수가 어떠한가?	古潁何如今潁好
취옹의 시서를 이어 세 번째가 되었구려.	醉翁詩序續成三.

787 우사영정(又思潁亭) : 思潁은 남공철의 호이며, 사영정은 廣陵 王磐山에 있던 남공철의 정자로 남공철의 문집인 『金陵集』 권12에 「又思潁亭記」가 실려 있다. 송나라 구양수가 潁水 물가에 정자를 마련했던 고사를 본뜬 것인데, 영수는 河南省에 있다. 구양수는 한때 수령으로 있었던 영주를 매우 사랑하여 「思潁詩」와 「續思潁詩」를 지은 바 있고, 마침내 영수 가로 물러나 호를 六一居士로 바꾸고 은거하였다(『文忠集』 卷44 「思潁詩後序」).

5-157

차운하여 서유호와 송수경[788]에게 주다

次韻贈徐攸好宋受卿

이웃해 살며 대대로 세교가 돈독해 隣居敦世好
오고 가며 평안한지 안부 물었지. 還往展平安.
나는 시를 지음에 고루함 면하였고[789] 我免爲詩固
그대들 벗을 취함에 단아함 얻었구려.[790] 君能取友端.
노랗게 익어가는 매실 더위 견뎌냄이 어여쁘고 梅黃憐耐熱
묵은 대나무 추위 겪어내고 잘 자랐구나. 竹老飽經寒.
병든 몸이라 단양주[791] 마시기 겁나니 病怕端陽酒

788 서유호(徐攸好)와 송수경(宋受卿) : 서유호의 본명은 徐彛淳(1782~1834)으로 유호는 그의 자이다. 서영보의 아들이며 梅園 徐箕淳의 伯兄이다. 송수경의 본명은 宋持膺으로 유득공과 교유했던 宋俊載의 아들이다. 순조 10년(1810)에 진사시에 합격한 사실이 확인된다.

789 시를……면하였고 : 『맹자』「告子 下」에 高子가 "「小弁」은 소인의 시이니 원망했기 때문이다." 한 것에 대해 공손추가 맹자에게 질문하자 "고루하구나! 고수가 시를 해석함이여. 여기에 사람이 있으니, 월나라 사람이 활을 당겨 쏘려 하거든 자기가 말하고 웃으면서 타이르는 것은 다름이 아니라 그를 소원히 여기기 때문이요, 그 형이 활을 당겨 쏘려 하거든 자기가 눈물을 흘리며 타이름은 다름이 아니라 그를 친척으로 여기기 때문이다. 「소반」의 원망은 어버이를 친히 한 것이다. 어버이를 친히 함은 인이니, 고루하구나! 고수가 시를 해석함이여.[曰固哉, 高叟之爲詩也! 有人於此, 越人關弓而射之, 則己談笑而道之, 無他, 疏之也. 其兄關弓而射之, 則己垂涕泣而道之, 無他, 戚之也. 小弁之怨, 親親也, 親親, 仁也, 固矣夫, 高叟之爲詩也!]"라고 하였다.

790 벗을……얻었구려 : 『맹자』「離婁 下」에 "대저 윤공지타는 단정한 사람이니, 자기의 벗도 반드시 단정한 사람을 취했을 것이다.[夫尹公之他端人也, 其取友必端矣.]"라는 말이 보인다.

791 단양주(端陽酒) : 단오 무렵에 마시는 창포주를 말하는 듯하다. 창포주는 민간의 풍속에서 단오절에 마시면 邪氣와 독을 제거한다는 술로, 창포 뿌리를 잘게 썰거나 가루를 내어 술에 담궈서 발효시킨 것이다. 혹은 창포꽃을 술에 띄워 마시기도 한다.

분단[792]이나 대신 차려봄이 좋겠구려.	權宜設粉團.

792 분단(粉團) : 유두 음식의 하나로 찹쌀가루를 쪄서 손으로 비벼 새알처럼 만들어 찬물에 넣고 꿀물을 타서 먹는 것이 수단이며, 찬물에 넣지 않고 먹는 것은 건단이라 했다. 이 건단에 가루를 입힌 것이 분단이다. 유득공의 『京都雜誌』에 "분단을 만들어 꿀물에 넣어 먹는데 이를 수단이라 한다.[作粉團, 澆以蜜水食之, 號水團.]"고 하였다.

5-158

다시 서유호의 시에 차운하다 【세 수】

又次徐攸好韻 【三首】

자주 찾아가는 곳 어디가 좋던가 數來何處好
성곽 남쪽 옛 독서당 자리라네. 南郭舊書堂.
손님 오면 술잔 부지런히 돌리고 有客勤行酒
홀로 있으면 향불 즐겨 피운다네. 端居愛點香.
여름철 꽃이라 커다란 꽃송이 많고 暑花多大瓣
길게 뻗은 대나무 서늘한 기운 간직했네. 脩竹性微涼.
한가로운 나날의 일과를 물어보니 試問閒程課
동파 시의 남은 향기 모으는구려. 坡詩掇剩芳.

높이 뻗은 나무 이처럼 나이 먹었는데 喬木老如彼
백 년 지나도록 당은 예전 그대로라. 百年不改堂.
대문 바라봄에 귀한 나무 빽빽하고 望門森玉樹
방에 들어서자 책 향기 물씬하구나. 入室藹書香.
뜨락 거닐다가 파초 잎에 시구 써내려 가고 蕉葉行題句
오동나무 그늘에 앉아 서늘함 들인다. 桐陰坐納涼.
덧없는 인생살이 혼탁함에 괴로운데 浮生困穢濁
이마저 없다면 운치있는 일 무어 있으랴. 除此有何芳.

뜨락엔 칭찬할 만한 나무[793] 있지만 庭有可譽樹

793 칭찬할 만한 나무 : 춘추시대 晉나라 韓宣子가 魯나라에 사신으로 왔을 때, 魯 昭公이

거처엔 멀리 조망하는 당이 없다네. 居無遠眺堂.
원추리 삿갓사초 나란히 꽃망울 맺었고 萱薹齊綴蘂
균분[794]의 향기 바람결에 은은히 퍼지네. 筠粉細飄香.
바삐 지냄에 번뇌 생겨남 비로소 깨닫나니 始識忙生熱
본디 고요함에서 서늘한 기운 얻는다네. 元來靜得凉.
체원(棣園)[795]에서 나란히 수창하노라니 棣園聯唱處
활짝 피어난 꽃향기 아름답게 풍겨오네. 韡韡有餘芳.

한선자에게 향연을 베풀어 주자 한선자가 양국이 서로 화친하기를 바라는 뜻으로 「角弓」 시를 노래하였다. 그리고 다시 李武子의 연회에 참석하여 정원에 있는 아름다운 나무를 보고 칭찬하니, 계무자가 "宿이 감히 이 나무를 잘 길러서 「각궁」 시를 노래해 주신 은혜를 깊이 새기지 않겠습니까.[宿敢不封殖此樹, 以無忘角弓.]"라고 하였다(『春秋左氏傳』 昭公 2年). 여기에서 유래하여 '아름다운 나무[嘉樹]'는 친구 간의 交情이 친밀하다는 뜻으로 쓰인다.

794 균분(筠粉) : 대나무 껍질에 흰 가루가 묻어나는 것을 말한다. 백거이의 「畫竹歌」에 "아리따워라 균분의 자태 잃지 않고, 소슬해라 풍연의 정취 얻었구나.[嬋娟不失粉態, 蕭颯盡得風煙情.]"라는 구절이 보인다(『白樂天詩集』 卷12). 또 "새로 솟은 대나무에 기대어 읊노라니, 흰 가루가 刺史 의관을 더럽히네.[閒吟倚新竹, 筠粉汚朱衣.]"라는 표현도 보인다(『白樂天詩集』 卷2 「晩興」).

795 체원(棣園) : 체원에서 棣는 아가위꽃을 말하는데, 『시경』 「小雅 常棣」에서 유래하여 형제간의 우애를 뜻한다. 아래 구에 나오는 '韡韡'도 「상체」편의 시구를 가져다 쓴 것이니, "아가위 꽃이여, 활짝 피어 아름답지 않은가? 지금 어떤 사람도 형제만 한 이는 없지.[常棣之華, 鄂不韡韡. 凡今之人, 莫如兄弟.]"라고 하였다.

5-159

우연히 짓다

偶題

자못 괴이하구나, 평생 멀리 노닒 즐기다가	頗怪平生樂遠遊
지금 병들어 작은 서루에 누워있자니.	如今病臥小書樓.
띠집 처마 늘어진 짚풀 우수수 바람소리에	茅簷鬖拂翛翛響
또다시 강호 만리의 가을 상념 떠올리네.	又想江湖萬里秋.

5-160

죽석 상서가 화성의 능원전을 봉심하고 지은 시[796]에 차운하다

次竹石尙書華城陵園殿奉審韻

일찍이 차비하고 금문[797]에서 숙직하며	曾備金門直
여러 차례 어가[798] 배행하며 총애 입었지.	屢陪豹尾深.
산과 강물 눈에 삼삼히 떠오르는데	山河森在眼
훌쩍 지난 세월에 마음 놀라네.	歲月倏驚心.
경강에서의 삶 지탱해줄 녹봉은 있지만	有俸支京口
한음에 물 댈 밭[799]은 없구려.	無田灌漢陰.
때때로 옛날 일 이야기할 줄 아니	時能說舊事

796 죽석 상서가……시 : 「유월 이십육일에 명을 받들고 화성에서 묵었다. 이튿날 화령전과 건릉과 현륭원을 봉심하였다. 삼가 경신년 봄 북원에서 재계하던 날 밤의 어시의 운을 써서 시를 지었다[六月二十六日 奉命宿華城 翌日奉審華寧殿健陵顯隆園 謹用庚申春北苑齋夜御詩韻]」(『竹石館遺集』 2冊) 시를 말한다. 따라서 여기의 陵園殿은 華寧殿·健陵·顯隆園을 통칭한 것임을 알 수 있다. 화령전은 정조의 영정을 봉안한 전각이고, 건릉은 정조와 孝懿王后 金氏를 합장한 릉이며, 현륭원은 莊獻世子(사도세자)와 아내 敬懿王后(혜경궁 홍씨)를 합장한 무덤이다.

797 금문(金門) : 한나라의 궁문인 金馬門으로, 본디 학사들이 待詔하던 곳이었는데, 전하여 조정을 가리킨다.

798 어가(御駕) : 원문의 '豹尾'는 표범의 꼬리로 장식한 임금이 타는 수레를 말한다.

799 한음(漢陰)에 물 댈 밭 : 『莊子』 「天地」편에 나오는 고사를 가져다 쓴 것으로 보이니, 그 내용은 다음과 같다. 子貢이 漢陰 지방을 지나가다가 항아리에 물을 담아 밭에 뿌리고 있는 노인을 보고 두레박을 만들어 이용하면 적은 노력으로 많은 성과를 거둘 수 있다고 권하였다. 그러자 그 노인이 "機械가 있는 자는 반드시 機事가 있게 되고, 기사가 있는 자는 반드시 기심이 있게 되며 기심이 가슴속에 있으면 순수하지 못하다.……내가 그렇게 할 줄 모르는 것은 아니지만 부끄러워서 하지 않는 것이다.[有機械者心有機事, 有機事者必有機心, 機心存於胸中, 則純白不備.……吾非不知, 羞而不爲也.]"라고 하였다.

농서 땅 나뭇가지의 앵무새와 다를 게 무엇이랴.[800]　　何異隴枝禽.

번역 신익철

800 때때로……무엇이랴 : 『禽經』에서 "앵무새는 농서 지방에서 나오는데, 능히 말을 할 줄 아는 새이다.[鸚鵡出隴西, 能言鳥也.]"라고 하였는바, 원문에서의 '隴禽'은 앵무새의 별칭으로 쓰인다. '농서 땅 나뭇가지의 앵무새[隴枝禽]'는 정조의 사후에도 잊지 못하고 그리워하는 작자의 심경을 비유한 말이니, 『지봉유설』에 다음과 같은 기록이 보인다. "郭浩의 시에 말하기를, '隴口에 산은 깊고 초목은 거칠어, 길 가는 나그네 여기에 이르면 슬픔 견딜 수 없다네. 귀로 차마 앵무새 소리를 들을 수 없나니, 외려 가지에 앉아 上皇의 일을 묻는구나.[隴口山深草木荒, 行人到此斷肝腸. 耳中不忍聽鸚鵡, 猶在枝頭說上皇.]'라고 하였다. 상고하여 보니 『小說』에 다음과 같은 말이 보인다. 隴州에서 해마다 앵무를 貢物로 바치었다. 徽宗이 앵무에게 詩文을 가르친 뒤에 本土에 돌려보내 주었다. 훗날 郭浩가 按邊使가 되어 隴口에 이르니, 붉은 앵무새와 흰 앵무새 두 마리가 가지에 앉아 上皇의 안부를 물었다. 郭浩가 上皇은 이미 돌아가셨다고 하자, 앵무새가 슬피 울어 그치지 않았다."

찾아보기

ㄴ

ㄷ

ㄹ

ㅁ

ㅂ

ㅅ

ㅇ

ㅈ

ㅊ

ㅌ

ㅍ

ㅎ

재단법인 실시학사

실학사상의 계승 발전을 위해 설립된 공익 재단법인이다. 다양한 학술 연구와 지원 사업, 출판 및 교육 사업 등을 수행하며, 실학사상의 전파와 교류를 위해 힘쓰고 있다. 1990년부터 벽사 이우성 선생이 운영하던 '실시학사'가 그 모태로, 2010년 모하 이헌조 선생의 사재 출연으로 공익법인으로 전환되었다.
경학 관계 저술을 강독 번역하는 '경학연구회'와 한국 한문학 고전을 강독 번역하는 '고전문학연구회'라는 두 연구회를 두고 있으며, 꾸준하게 실학 관련 공동연구 과제를 지정하여 그에 맞는 연구자들을 선정·지원함으로써 우수한 실학 연구자를 육성하고 연구 결과물을 사회에 환원하고 있다. 이번에 상재하는 '실시학사 실학번역총서'도 그의 소산이다. 앞으로 아직 세상에 제대로 드러나지 않은 실학자들의 문헌을 선별해 오늘날의 언어로 옮기며, 실학의 현재적 의미를 확인해 나갈 것이다.

홈페이지 http://silsihaksa.org

실시학사 실학번역총서 20
영재 유득공의 영재집 3

1판 1쇄 발행 2024년 10월 30일

기　획 : 재단법인 실시학사
지은이 : 유득공
옮긴이 : 재단법인 실시학사 고전문학연구회
펴낸이 : 김병환
펴낸곳 : 학자원
주　소 : 서울시 강동구 천호대로 1121
전　화 : 02) 6403-1000
팩　스 : 02) 6338-1001
E-mail : hakjaone@daum.net
등　록 : 2011년 3월 24일 제2011-14호

ISBN 979-11-6247-332-0 94810
979-11-87806-78-3 (세트)

값 30,000원

잘못된 책은 교환 가능하며 구입 서점이나 본사로 연락주세요.
이 책은 저작권법의 보호를 받는 저작물이므로 무단전재와 복제를 금지하며,
이 책의 내용을 이용하려면 저작권자와 학자원의 동의가 있어야 합니다.